선현의 지혜와 교훈이 담긴 이야기

고향 마을의 전설

칠산바다의 쥐돔바와 괴돔바

| 서 언 |

선현의 지혜와 교훈이 담긴 이야기

　지구상의 어디든 사람이 사는 곳에는 이야기가 있다. 인류가 어느 한 장소에 정착하여 모둠 생활을 시작하면서부터 사람들은 이야기를 꾸미기 시작하였을 것이다. 그리고 그 이야기는 주로 정착한 곳의 기이한 형상의 자연환경이나 초월적 능력을 지닌 영웅들의 이야기였을 것이며 주인공인 영웅들은 대체로 집단을 이끌어가는 지배자였을 것이다. 그뿐만이 아니라 그 지배자가 씨족이나 부족의 집단을 이끌어가기 위해서는 우매한 사람들이 지배자인 자신을 신성한 신으로 여기고 떠받들게 함으로써 통치해 나가기가 한결 쉬웠을 것이다. 그래서 어느 민족이든 민족의 형성과정에서 나타나는 영웅들은 신으로 추앙받고 그 민족은 신의 자손이라는 긍지를 지녀 자긍심을 갖게 되는 것이다.

　그런데 사람들의 입에서 입으로 전해 내려오는 이야기는 자신들의 삶의 터전에서 비롯된 것들 또한 수없이 많다. 밤하늘에 떠 있는 수많은 별과 구름이나 번개 등 인간의 능력이 미치지 않는 우주 세계를 보고 상상의 나래를 펴서 이야기를 꾸며내거나 자연의 기이한 모양이나 특이한 변화를 이야기로 꾸며냈으며 이 중에 어떤 이야기들은 민간 신앙으로 굳어져 왔다고 볼 수 있다. 예를 들면 해와 달과 별을 [일 월 성신]으로 북두칠성을 [칠성님]이라 받들며 신앙의 대상으로 삼았다거나 당산나무의 [당신(堂神)], 심지어는 가정주부들의 살림살이 공간인 부뚜막의 [조왕신] 등 자연과 생활공간을 신앙의 대상으로 삼은 사례는 수없이 많다. 그리고 이러한 민간신앙들은 자신들의 생활 터전인 자연 환경으로부터 얻어내어 후세들에게 거울삼도록 꾸몄기 까닭에 삶의 지혜와 교훈을 담고 있기 마련이다. 따라서 신화나 전설이 많은 곳일수록 문화 문명이 발달하였으며 고대문명의 발상지에 신화와 전설이 많이 전해 내려오는 것도 그 때문이다.

세계 어느 나라, 어느 지역보다도 신화와 전설이 많은 곳이 우리나라다. 산골 벽촌의 작은 마을이나 바닷가 갯마을 어느 곳에도 신화나 전설들이 숨어있다. 이 전설들은 우리 조상들이 대대로 웃어른들이 들려주는 얘기를 재미있게 듣고 삶의 교훈으로 삼아 지혜롭게 생활해 오면서 또 다음 세대들에게 전해주어 오늘에 이른 구전설화다. 그러나 21세기에 들어 문명이 급속도로 발달하면서 조상 대대로 구전되어오던 이야기들은 하찮은 미신이거나 우스갯거리로 치부되어 잊혀가고 있으니 참으로 안타까운 일이 아닐 수 없다.

필자가 글쟁이가 된 것도 어렸을 때 할머니께서 들려주시던 재미있는 이야기와 아랫집에 살던 사랑방 이야기꾼 김옥진옹의 영향이 컸다고 여겨진다. 단군신화, 월궁항아, 견우와 직녀, 바보 온달, 심청전, 흥부전, 홍길동전은 물론, 우리 마을의 이야기인 가마 샘과 신랑바위의 전설, 시내 건너 석교마을의 싸납쟁이 효부의 이야기 등 겨울철 따뜻한 아랫목에서, 여름철이면 모깃불 모락모락 피어오르는 멍석에 모여 앉아 어른들의 이야기 속에 파묻혀 자랐기 때문이다. 아이들은 이처럼 어른들이 들려주시는 이야기 속에서 정이 깊어지고 지혜가 깨어나고 사리판단이 여물어져 어른이 되어가는 것이다.

사계절이 뚜렷한 아름다운 우리나라! 나지막한 산 밑에 옹기종기 모여 앉은 우리들의 고향마을! 이 땅의 어디든 마을을 이룬 곳엔 전해 내려오는 재미있는 이야기들이 우리의 생활 터전을 더욱 정겹게 꾸며준다. 이 전설들은 이 마을에 사는 사람들로 하여금 애향심을 갖게 하는 바탕이 되고, 자긍심이 되고, 삶을 엮어나가는 거울로 삼아 어려움을 이겨내는 지혜의 길잡이가 되기도 하였다.

그러나 21세기에 접어들면서 가족들의 정겨운 이야기꽃은 시들어버리고 구전되어오던 전설과 설화는 묻혀가고 있다. 이처럼 우리 조상들이 물려준 소중한 정신적 유산이 사라지고 있다는 안타까운 마음이 필자에게 신화와 전설을 되살려내라 재촉한다. 이에 고향마을 곳곳을 여행하며 단순히 눈에 들어오는 아름다운 정경만을 보지 않고 선조들의 삶의 흔적을 더듬어서 구전되어오던 옛이야기들을 발굴해 내고자 노력하였다. 이 고향마을의 전설들은 소재와 주제가 다양하고 줄거리가 재미있어 선조들의 삶을 함께 호흡할 수 있으며 인간으로서 지녀야 할 도리와 가르침이 들어있어 현대인들에게도 읽는 즐거움은 물론 다양한 체험의 기회를 제공해 주리라 믿는다.

| 축 사 |

김준성
영광군수

반갑습니다. 영광군수 김준성입니다.

신록의 계절을 지나 어느덧 더운 바람에 그늘을 찾게되는 계절이 찾아왔습니다. 우리 고장 선조들의 지혜와 가르침이 담긴 『내 고장 전설 기행』 집필을 진심으로 축하드립니다.

코로나19의 어려운 와중에도 지역문화의 발전을 위하여 부단히 힘써주신 한국 문학신문사와 저자 이홍규님을 비롯한 집필에 참여하신 분들의 노고에도 감사의 말씀을 드립니다.

우리 고장 영광은 광활한 평야가 펼쳐있어 예로부터 호불여 영광이라고 지칭 될 만큼 산수가 아름답고 어염시초가 풍부하여 인심 좋은 고장으로 불리고 있습니다.

또한 지명은 땅(지역)에 붙은 이름으로 그 지역의 지리적 특성에 따라 생성되거나 명칭이 부여되는데, 영광이란 지명은 불(佛)과 연관 짓기도 하지만 지명의 의미는 신령스런 빛의 고을로, 자연의 영묘한 빛이 반짝이는 은혜로운 지역이란 뜻을 담고 있습니다.

이렇듯 우리고장 영광은 산수가 수려하고 아름다운 풍광을 지녔으며, 우수한 전통문화유산과 빛나는 조상의 발자취가 곳곳에 스며있는 유서깊은 고장으로, 선사시대부터 현재에 이르기까지 다양한 신화와 전설들을 간직하고 있는 고장입니다.

이러한 우리지역의 독창적인 신화와 전설들을 발굴하고 대대로 삶의 지혜로 삼으며 살아갈 수 있도록 발굴하고 기록하는 것은 매우 중요한 일이라고 생각합니다.

이번에 집필된 내 고장 전설 기행을 통하여 조상 대대로 구전되어오던 이야기들이 하찮은 미신이나 우스갯거리가 아닌, 우리 조상들이 대대로 들려주는 교훈으로 기억되기를 바라며 타지역의 사람들도 우리 고장을 이해하는데 큰 도움을 줄 것이라 기대합니다.

또한, 우리고장의 신화와 전설을 통해 어른들에게는 그 옛날 겨울철 따뜻한 아랫목에서 어르신들이 들려주시던 이야기를 듣는 듯한 향수를 불러일으키는 기회가 되고, 젊은이들에게는 우리고장만의 독특한 이야기를 통해 현대사회에 애향심을 갖게되는 계기가 되기를 바라며, 더 나아가 내 고장에 대한 자긍심이 되고, 삶을 살아가는 길잡이가 되었으면 하는 바람입니다.

"온고지신(溫故知新)"이라는 말이 있습니다. 바로 옛것을 익히고 그것을 미루어서 새것을 안다는 것입니다. 이번에 집필된 내 고장 전설 기행을 통하여, 과연 대대로 내려오는 신화와 전설을 통해 현대사회에 배울 점은 무엇인지 생각하는 소중한 계기가 되기를 바랍니다.

끝으로, 2020년과 2021년은 코로나로 인해 정신없는 나날을 보내고있습니다. 온갖 어려움 속에서도 집필의 끈을 놓지 않고 우리 고장의 전설과 신화 발굴을 위해 노력해주시고, 힘써주신 관계자 여러분께 다시한번 감사의 말씀을 드리며 이 기회를 통해 우리 고장의 신화와 전설이 우리 삶에 더욱 친숙한 존재로 자리매김 하길 기대합니다. 감사합니다.

| 축 사 |

이흥규 작가님의 '내 고장 전설기행' 발간을 진심으로 축하드립니다.

유기상
고창군수

    한반도 첫수도 고창군에서 입에서 입으로 전해지던 전설과 설화 민담을 채록한 이야기 책이 만들어져 반갑고, 기쁩니다. 고창군은 한반도의 첫 수도이면서 역사의 중심이었습니다. 그러니 고창만큼 이야기가 많은 곳이 또 있을까 싶습니다. 고인돌과 마한 왕릉, 선운산, 방장산은 물론 전설, 민담 등 가는 곳마다 스토리가 없는 곳이 없습니다. '옛 것'이라고는 하지만 그 안에 담긴 고창사람들의 삶에 대한 치열함과 진정성을 본다면 오늘의 우리 삶과 크게 다르지 않습니다.

산, 들, 바다, 강, 갯벌이 모두 있어 골짜기 구석구석에서 기묘한 소리를 일으키는 곳이 고창입니다. 당연히 기묘한 상상력이 샘솟을 수밖에 없습니다. 전설은 지역적입니다. 전설이 민족 차원에서 전해지는 신화와 범세계적인 성격의 민담과 구분되는 지점입니다. 무엇보다 전설에는 지역마다 실물이 있습니다. 이야기의 증거처럼 돌과 나무, 인물, 건물, 지명 등이 실제로 존재합니다. 비범한 능력을 갖춘 인물이나 신비한 기운이 있는 사물이 이야기의 중심이 됩니다.

전설에는 반전도 있습니다. 숨겨졌던 인물이 더 뛰어나고, 비범한 인물이 실패하는 등 당연하게 생각하는 기대를 깨뜨려 흥미를 더합니다. 이야기를 전하는 사람들의 의식이 반영돼 있고, 민중은 이야기를 통해 복수합니다. 좌절했던 역사적 경험을 승리로 바꾸려는 바람이 담겼습니다. 지역의 인물과 역사에 허구를 더했습니다. 그 허구에는 실패를 이겨 내려는 의지와 현실을 고발하는 의식이 고스란히 녹아 있습니다.

문화에는 완성본이 있을 수 없습니다. 문화와 예술의 관점에서 일상은 또 하나의 창작물을 제공하기에 지난 시대를 살았던 평범한 사람들의 일상에 주목하는 것은 새로운 문화 콘텐츠를 찾는 의미 있는 작업일 것입니다.

전설·설화·민담은 학술적으로나 교육적으로 널리 활용할 가치가 있는 자료로서 특히 미래의 희망인 청소년들에게 조상의 지혜를 가까이 할 수 있는 좋은 계기가 되리라 생각합니다. 고창군민과 지역을 아끼는 관광객들에게는 고창만의 토속적 스토리와 콘텐츠가 전국으로, 전세계로 발돋움하는 것을 지켜보는 즐거움을 줄 것입니다.

특히 설화집을 영화, 드라마 시나리오, 작가, 소설가들이 상상의 나래를 펼칠 수 있는 작품소재들을 담고 있어 다양한 문화콘텐츠와 결합한다면 상당한 가치를 가질 것으로 기대됩니다.

고창의 역사와 문화는 미래를 약속할 수 있는 샘솟는 원동력이라 할 수 있고, 금전으로 환산할 수 없는 무궁무진한 가치가 있습니다. 고창의 역사와 문화 재정립으로 미래가치를 창출하는 기틀을 하나하나 만들어 나가는데 최선의 노력을 다하겠습니다.

특히 자료의 분량에 있어서나, 그 설명의 충실함, 항목에 따른 여러 사항들을 매우 풍부하게 수록하고 있어 이흥규 작가님의 열정과 노력에 큰 박수를 보내드립니다.

다시한번 귀중한 책을 내주신 지당 이흥규 작가님과 한국문학신문사 임수홍 사장님께 감사드리며, 문화로 발전하는 고창군의 소중한 밑거름이 되리라 기원 드립니다. 감사합니다.

| 축 사 |

최형식
담양군수

　천혜의 자연환경이 펼쳐진 생태도시이자 누정, 가사문학이 꽃 피운 인문도시이며 수많은 문화유산이 산재한 도시, 담양. 그 속에서 우리 선조들은 담양의 생활문화를 향유하였습니다. 이것이 담양만의 이야기가 되었고 여러 세대를 거쳐 많은 이야기가 모이고 섞여 오늘에 이르렀습니다. 이처럼 개성과 역동성이 공존하는 '전해지는 이야기'를 한곳에 모아 정리하기란 쉽지 않을 것입니다. 그럼에도 불구하고 저자는 이를 한 권의 책으로 이루어 내기 위해 노고를 아끼지 않으셨습니다. 또한 이것을 담양 곳곳의 경치와 함께 담아내어 많은 이들이 쉽고 흥미롭게 담양의 이야기를 접할 수 있게 해 주셨으니, 이는 우리 고장의 큰 자산이 될 것입니다.

민족, 종족 등의 기원이나 탄생, 신성하고 전능한 능력을 서술하는 신화와는 달리 전설은 우리들 삶의 주변에 놓여 친숙한 커다란 바위나 오래된 나무, 연못 등 구체적인 사물에 얽힌 조금은 특별한 이야기를 담고 있다는 특징이 있습니다. 그리고 전설은 우리의 할머니, 할아버지, 어머니, 아버지처럼 가깝고 친근한 사람들을 통해 전해진다는 것 또한 특징이라 할 수 있습니다. 그만큼 전설은 누구에게나 익숙하고 친근하며, 그러면서 흥미롭습니다. 담양의 오래된 나무나 작은 호수, 바위 등에 얽힌 이야기를 듣고 바라볼 때 그동안 알지 못했던 담양의 매력이 친근하게 다가올 것입니다.

전설은 구전되면서 많은 사람의 입과 귀를 빌리기 때문에 그들의 생활과 성격, 가치관이 섞이게 됩니다. 그렇게 전해진 오늘의 이야기 하나가 이를 전해준 개인, 단체, 그 지역의 모습을 담게 됩니다. 담양의 전설은 전해 듣는 이에게 현재 담양의 모습을 고스란히 전해 줄 것입니다. 우리는 이 책으로 말미암아 담양 곳곳에 전해지는 옛 담양의 풍경을 되짚어보고, 이제는 오늘날 우리의 이야기를 담아 뒷사람들에게 전해지길 기대해 봅니다.

담양군에서는 담양 이야기의 발굴을 위해 그 전부터 발 빠르게 준비해 왔습니다. 2001년에는 담양지역 설화를 엮은 『담양설화』를 발간하였고, 2011년에는 구비문학을 조사하여 『문화원형대계』를 발간하였습니다. 또한 2017년에는 『천년담양설화』를 통해 구술채록한 담양의 설화를 담아내었습니다. 여기에 오늘 이 역작이 담양 이야기 발굴을 위한 또 하나의 결과가 되었음은 말할 것도 없습니다. 우리 고장의 과거와 현재, 그리고 미래를 위해 힘써 주신 지당 이홍규 선생님께 감사의 인사를 드립니다.

담양군청 전경

차 례

- 서 언 – 선현의 지혜와 교훈이 담긴 이야기   / 3
- 축 사 – 김준성 (영광군수)   / 7
  유기상 (고창군수)   / 10
  최형식 (담양군수)   / 13

제1편 신령스러운 빛이 내린 고장 영광의 전설

☞ **옥당 고을 영광** • 24

1. 법성포에 내린 신령스러운 빛 • 27
2. 소태산과 영산성지 • 32
3. 전대두(田大荳)의 전설 • 36
4. 맹자정(孟子亭) 설화 • 42
5. 홍농(弘農)이란 지명의 유래 • 46
6. 맹호출림형(猛虎出林形)의 발복 • 49
7. 주천자 묘의 전설 • 53
8. 감샘과 사모바위 • 56
9. 모시녀와 삼태기 • 59
10. 칠산바다의 전설 • 64
11. 굴비의 내력 • 68
12. 구사리(九沙里) 설화 • 71
13. 각시섬의 전설 • 74

14. 용을 키운 양 한림 •78
15. 금정(金井)의 전설 •82
16. 자모(子母) 바위의 전설 •84
17. 왕자혈(王子穴)의 전설 •87
18. 안마도 당산봉의 전설 •91
19. 도채비둠벙과 베락바우 •95
20. 곧올재의 전설 •99
21. 쥐돔바와 괴돔바 •102
22. 술내기재 설화 •105
23. 대포리 설화 •108
24. 동학군의 발상지 •111
25. 이감관과 자라 바위 •114
26. 기인(奇人) 이범(李範)의 설화 •118
27. 벼락 맞은 사또 •122
28. 도깨비의 약속 •126
29. 미륵당(彌勒堂)의 전설 •131
30. 낙월도 쌍복바위의 전설 •134
31. 일편단심 용의 사랑 •138
32. 불갑사의 전설 •141
33. 장군정의 전설 •145
34. 송정마을 큰 샘의 전설 •148
35. 고인돌의 전설 •151

차 례

제2편 성(城)과 고인돌의 고장 고창의 전설

☞ 선사시대의 중심지 고창 • 156

1. 모양성(牟陽城)의 전설 • 159
2. 방등산가의 유래 • 163
3. 양고살재의 유래 • 167
4. 검당(檢堂) 마을의 전설 • 170
5. 뱀내골의 전설 • 174
6. 메기바위의 전설 • 180
7. 각시바위의 전설 • 183
8. 용대밭과 소금장수 • 185
9. 벼락 바위와 명성철(鳴聲鐵) • 188
10. 강선교(降仙橋)의 유래 • 191
11. 영천에 서린 효심 • 194
12. 개갑장(開甲場) 이야기 • 197
13. 배 맨 바위의 전설 • 200
14. 장군산의 전설 • 203
15. 염라대왕을 잡아 온 원님 • 206

16. 무장고을 사또의 고민 • 210

17. 사두봉(蛇頭峰)의 전설 • 213

18. 마당바위의 전설 • 217

19. 성산사(聖山寺)의 전설 • 220

20. 진주를 삼킨 거위 • 223

21. 애기바위의 전설 • 227

22. 재치꾼 소진벽 • 231

23. 진흥굴의 전설 • 235

24. 망북단(望北壇)의 사연 • 238

25. 〈희어재〉의 전설 • 241

26. 병바위의 설화 • 245

27. 복구혈(伏狗穴)의 전설 • 247

28. 요술 작대기 • 250

29. 싸납쟁이 효부 • 253

30. 주인집을 찾아간 소 • 257

31. 암치 명의 황의원 • 261

32. 효자의 석종 • 266

33. 씨앗등의 전설 • 269

34. 도깨비와 소년 • 272

35. 할매가 들려준 이야기 • 277

차 례

제3편 죽림(竹林)과 가사 문학의 고장 담양의 전설

☞ 물과 용이 조화를 이룬 선비의 고장 •284

1. 영산강 시원(始原)의 전설 •287
2. 목치(木鴟)와 보리암(菩裏庵) •292
3. 용소(龍沼)의 전설 •295
4. 비호치(飛虎峙)는 벼슬 재 •298
5. 매화마을의 전설 •301
6. 선녀의 목욕탕 각시샘 •306
7. 효자샘의 전설 •309
8. 이영간(李靈幹)과 소년암 •314
9. 백제도원수(百濟都元帥) 이연년(李延年) •317
10. 국난을 예고한 까치 •321
11. 광산김씨 시조의 전설 •324
12. 도깨비 다리 •327
13. 피리 구멍 용연 •330
14. 소도둑 바위의 전설 •335
15. 두지동과 아침 쥐 •338

16. 기녀(妓女) 명월(明月)　• 341

17. 지명에 얽힌 설화　• 344

18. 정(井)자와 통천(通泉)　• 347

19. 왜적을 물리친 노적봉　• 350

20. 석구(石狗)와 석계(石鷄)　• 353

21. 복수비(復讐碑)의 내력　• 356

22. 애기바위의 전설　• 358

23. 죽엽주와 평양감사　• 362

24. 무수리 최숙빈의 설화　• 366

25. 효자리의 전설　• 371

26. 구암(九岩)의 전설　• 374

27. 필이문(必貳門)과 정려비각(旌閭碑閣)　• 377

28. 조선 태조와 삼인산(三人山)　• 380

29. 느티나무에 깃든 전설　• 384

30. 〈팥죽배미〉의 전설　• 387

31. 전우치의 금괴　• 390

32. 아이로 둔갑한 산삼　• 393

33. 삼지내 성황당　• 396

34. 가마골의 비가　• 399

35. 추성리 축지법 대왕　• 404

영광군 대마 산업단지

제1편

신령스러운 빛이 내린 고장
영광의 전설

목멱에서 바라본 영광대교

☞ 옥당 고을 영광

전라남도 영광은 신령스러운 빛이 내린 고장이다. 근세조선 말기까지도 조선 팔도에서 고을 백성들이 가장 살기 좋은 고장을 일컬을 때「남 영광 북 안악」이란 말이 회자 되었다. 이는 우리나라에서 가장 살기 좋은 고장은 한양의 북쪽에서는 황해도 안악군이요, 남쪽에서는 전라도 영광군으로 이 두 고장을 옥당(玉堂) 고을이라 일컫는다. 옥이란 서양의 다이아몬드가 들어오기 전에 우리 조상들이 가장 귀히 여기던 보물이다. 구멍을 뚫은 곡옥은 그 모양이 마치 모체 내의 태아를 닮아 생명의 탄생을 상징하며 다산과 자손의 번성을 의미한다. 그래서 왕관을 곡옥으로 장식하고, 여인들의 귀걸이, 옥가락지, 옥비녀 등 애장품을 모두 옥으로 만들었다. 이처럼 옥은 우리 민족의 상징적인 보물이었으며, 옥당(玉堂) 고을이란 가장 살기 좋은 고장을 의미한다.

이 두 지역의 입지조건을 살펴보면 황해도 안악은 평양의 관문인 남포를 마주 보는 대동강 하구의 드넓은 평야 지대로 대동강과 재령강이 감싸고돌고 남쪽은 구월산이 병풍처럼 둘러 남쪽에서 불어오는 태풍의 바람막이를 해주는 재령평야를 안고 있어 산수가 조화를 이루는 곳으로 농 어업이 주업이던 옛날에는 이보다 더 살기 좋은 고장은 보기 힘들었으리라.

영광은 어떤가? 내륙지방인 장성과 경계를 이루는 고성산과 태청산 등의 노령산맥이 동남쪽의 울타리를 형성하며 벋어내려 장성, 함평과 경계를 이루는 불갑산으로 이어져 바람막이가 되고 북쪽은 작은 언덕으로 이루어진 들녘으로 황토의 야산들이 드넓은 논밭을 형성하고 있으며 서는 황금어장인 칠산바다와 닿아있어 농업과 어업의 최적지로 농수산물이 풍부한 고장이다.

또 법성포는 고려 때는 부용창, 조선 시대에는 법성창이 전라도 곡창지대인 서부지역 여러 고을의 세금을 관할(管轄)하는 무역항으로 중국과 교류가 빈번하였고 따라서 자연히 예악이 발전하고 문물도 흥성하여 임기를 마친 영광 군수는 큰 과오(過誤)가 없는 한 중앙의 당상관으로 승진해 조선 시대 문화의 황금기인 성종 때 이곳을 홍문관의 별칭인 옥당 고을이라 명명하였으며 전라도에서 전주목, 나주목, 순천부 다음으로 인구가 많아 흥선대원군이 호불여영광「戶不如靈光; 호수(인구수)는 영광만 한 곳이 없다.」이라 했다 한다.

영광이 살기 좋은 고장이라 이름난 여러 가지 요건 중에서 가장 큰 비중을 차지하는 산물이 소금과 굴비다. 소금은 식생활에 필수적인 식품으로 어떤 의미에서 식량보다도 더 큰 비중을 차지하고 있었다. 조선 시대에는 신안의 천일염은 자급을 위한 것이었을 뿐 육지로 실어오는 것은 어려웠기에 염산과 백수의 드넓은 개펄에서 나는 천일염은 영호남은 물론 전국에 조달되었다.

굴비는 영광의 브랜드다. 국가 브랜드 대상을 받은 영광굴비는 한국 최고의 생선으로 등극했다. 사실 굴비는 참조기를 말린 것이다. 남지나해에서 알밴 참조기는 사오월에 영광과 서해 칠산 섬 사이의 바다 골짜기를 지나 연평도 앞바다에서 알을 낳는다. 칠산바다에서 잡히는 조기류는 13여 종 정도이며 그중에서 가장 유명한 것이 참조기와 수조기이다. 참조기는 몸빛이 회색을 띤 황금색이며 입이 불그스레하고 몸통 가운데 있는 옆줄이 다른 조기에 견주어 굵고 선명하다. 『동의보감』에는 「약성이 뜨겁지도 차지도 않고 강하거나 약하지도 않고 평이하며 약간 단맛이 있고 전혀 독이 없다.」라고 기록되어 있다. 또 서해안의 민간요법으로는 어린이나 노약자 병약자의 영양 보충에 좋다고 해서 조기(助氣)라는 이름을 얻었다고 하며 이는 「기운을 북돋운다.」라는 의미이다.

이처럼 산물이 풍부한 영광은 사람들이 많이 모여들었고 사람이 많이 사는 고을에서는 이야기 또한 많을 수밖에 없었을 것이다.

1, 법성포에 내린 신령스러운 빛

　남방불교는 북방불교보다 12년 늦은 서기 384년(백제 침류왕 원년)에 호승(胡僧) 마라난타(摩羅難陀)가 전래하였다. 이는 기록으로 남아있는 근거가 뚜렷하지 않아 그가 거쳐 간 지명이나 흔적을 더듬어보고 추측할 수밖에 없다. 마라난타는 동진(東晉)에서 배를 타고 동쪽으로 항해하던 중에 칠산바다에서 풍랑을 만난다. 풍랑에 밀려온 그는 몽녱기의 목을 넘어 구사일생으로 법성포의 숲쟁이 뒤편 바닷가 쇠머리에 닻을 내린다. 목넹기는 한자로 항월(項月)이라고도 하며 홍농읍 칠곡리의 아늑한 해변마을로 법성포 항에서 칠산바다로 통하는 길목에 돌출한 곶 안쪽에 자리 잡은 마을이다. 이 지명의 어원은「목 넘기기」인데 바다에서 풍랑을 만났을 때「이 목만 넘기면 산다.」라고 하는 지형적 특수성 때문에 생긴 이름이다. 이 목넹기에서 내륙으로 삼백여 미터 안쪽 쇠머리가 불교 도래지이다.
　원래 불가에서는 불(佛), 법(法), 승(僧)을 삼보(三寶)라고 하는데 불은 부처요, 법은 불경이요, 승은 성인을 말한다. 마라난타가 닻을 내린 이곳의 지명 법성(法聖)은 법(불경)을 가지고 성(성자-

마라난타)가 도래한 곳이라는 의미다. 이 법성포는 아미타불(阿彌陀佛)의 구원을 받는다는 아무포(阿無浦)라고 불렸다가 서기 992년부터는 부용포(芙蓉浦)라는 이름에 밀려 사라졌다. 부용이란 연꽃의 별칭으로 불교에서는 이 연꽃을 신성과 순결의 표상으로 여기며 불상을 연꽃 위에 모시고 불교의 모든 행사에 연화등(蓮花燈)을 켜는 것도 이 때문이다. 이 부용포는 다시 법성포로 바뀌었다.

이 도래지에서 내륙으로 들어가려면 동쪽을 향해 갈 수밖에 없는데 맨 처음 만나는 곳이 화천리다. 화천리는 화선동(化仙洞)과 천년동(千年洞), 만년동(萬年洞)을 묶어 얻은 이름이다. 화선동의 뜻은 부처님을 믿고 마음의 평화를 얻어 신선처럼 되라는 가르침이며, 천년동 뒷마을이 만년동인데 이 지명들 또한 부처님을 믿으면 천년만년 복을 누리고 살 수 있다는 의미로 얻은 지명이다. 만년동 뒷산을 넘으면 삼당리(세 꼬리마다 당집이 있었던 까닭에 얻은 지명)이며 계속 내륙으로 들어가려면 세미내(쥐꼬리, 소꼬리, 새꼬리)에서 나룻배를 타고 새목(새의 목 나루 ; 乙津)에서 내려야 한다. 이 나루터 새목이 법성포에서 약 4km쯤 떨어진 곳으로 바로 옆 마을이 홍농읍 단덕리 관음당(觀音堂), 월성국(月聖國), 염주고개 너머 염주동(念珠洞), 성재동(聖在洞)이란 이름의 마을들로 이어진다.

관음당은 부처님의 자비심으로 중생을 구제한다는 관세음보살님께 어부들의 안녕을 비는 당제를 지내던 당집이 있어 얻은 이름으로 부처님과 단군님의 공덕을 함께 비는 특이한 이름이다. 이는 단군 신앙과 불교 신앙이 어우러진 이름으로 깊이 연구해 볼 만한 지명이다.

월성국은 인조 때 전주이씨가 정착하면서 지조 높은 선비가 사는 마을이라 하여 단지동(丹芝洞)이라고 개명하였다. 월성국의 모롱곶이에서 바라보면 마을 앞바다가 마치 연꽃처럼 보이고 전도(前島-월성국 앞바다 가운데 있는 섬)가 마치 연꽃 가운데 앉아계신 부처님처럼 보여 생긴 이름이라고 한다. 염주고개는 염주를 손에 들고 불경을 외우며 넘는 고개이며 염주동은 이 고개 넘어 덕림산의 능선이 마치 소쿠리 모양으로 에워싼 안쪽에 집들이 들어앉은 아늑한 마을로 명지동(明地洞) 이라고도 부른다. 명지동 앞 구슬산 아래에는 성재동(聖在洞)이란 마을이 있는데 성인(마라난타)이 이곳에 머물다 가셔서 얻은 마을 이름이다. 이처럼 홍농읍 단덕리에는 불교와 관련이 있는 지명이 산재해 있어 불교의 법성포 도래지 설을 뒷받침해 주고 있다.

마라난타가 단덕리 마래에서 방향을 남으로 돌려 영광 불갑면에 머물며 불교를 전파하고 지은 절이 백제 최초의 절인 불갑사(佛甲寺)다. 불갑사의〈갑〉이란 처음 또는 으뜸을 나타내며 이 땅에서 부처님을 모신 최초의 절이란 의미를 지닌 이름이다. 더불어 불갑사 뒷산의 이름도 불갑산이다. 그 후, 마라난타는 나주와 화순, 보성의 경계인 덕룡산(德龍山) 중턱에 불회사(佛會寺)를 짓고 신도들을 모아 불법을 설파하였다. 불회사의 대법당과 상량문에는 마라난타가 창건했다고 기록되어 있다고 한다. 원래 영광은 백제 때 무시이군(武尸伊君)이었는데 무시이(武尸伊)를 이두로 표시하면「물」이라고 한다. 이는 이 고장의 자연조건이 만과 개펄과 강으로 이루어진 데다가 주민들 대부분이 조기, 소금, 조개류 등 바다에서 나는 생산물에 의지해 생활해 나갔기 까닭에 얻은 이름이다. 남방불교가 들어온 뒤에 이 무시이군은 신라 경덕왕 16년(757)에 있었던 대대적인 군현 정비 때에 무령군(武靈郡)으로 개칭되었다. 무령군(武靈君)은 다시 940년(고려 태조 23년)에 영광군(靈光君)으로 바뀐다. 무령군의 영(靈)자는 「신령」을 뜻하며 영광(靈光) 역시 「신령스러운 빛」이라는 뜻으로 영광은 신령스러운 빛이 내린 고을이란 의미가 담긴 지명이다.

고려 말 고승 뇌옹화상(瀨翁和尙)이 1350년 6월 중국의 정자선사(淨慈禪寺)에 이르렀을 때 그 절의 몽당노숙(蒙堂老宿)이 "그대의 나라에도 선법이 있는가?" 하고 물으니

日出扶桑國 江南海嶽紅 莫間同與別 靈光宣古通
일출부여국 강남해악홍 막간동여별 영광선고통

〈해가 부상국에서 떠서 강남 해악이 붉었으니 같고 다른 것을 묻지 마오. 영광은 예로부터 뻗쳐 통하였도다.〉

라 답하였다 한다. 이는 영광이 불교와 관련 있는 지명이라는 것을 증명해 주는 고사다. 이처럼 마라난타가 이곳에 불교를 전파함에는 어떠한 저항을 받지 않고 오히려 성인으로 받들며 불법을 받아들였던 것으로 추측할 수 있다. 이는 비록 근초고왕(?~375년)이 마라난타가 도래하기 10여 년 전에 부족국가였던 마한 지역을 통일하였다 하나 이 지역에는 아직 중앙의 통치권이 제대로 미치지 않던 곳으로 백제의 무력에 굴복하여 자치를 빼앗겼던 사람들이 불법을 자연스럽게 받아들였던 것으로 여겨진다. 또 이곳은 리아스식 해안으로 바다에 의존하고 살던 사람들에게 불교는 어부들의 안녕과 무사함을 기원하는 신앙심으로 자리 잡았을 것으로 사료 되며 이러한 추측을 가능케 하는 것은 위에서 언급한 화선동, 천년동, 만년동, 월성국, 관음당, 염주동, 성재동 등의 이곳 지명들이 뒷받침해 주고 있다.

2. 소태산과 영산성지

　영광군 백수읍 길룡리는 원불교의 교조인 소태산 박중빈(朴重彬) 대종사가 태어난 곳이다. 그는 1891년 5월 5일 박회경(朴晦傾)과 유정천(劉定天)의 셋째 아들로 태어났는데 그의 성장 과정과 대각의 배경에는 신화 같은 이야기들이 전해오고 있다.

　백수읍 길룡리는 구호동(九虎洞)이란 지명으로도 불리는데 구수산(九岫山-375m)에서 벋어 내린 아홉 개의 지맥이 모두 호랑이 형국으로 소태산이 대각을 했다고 하는 노루목의 노루 한 마리를 아홉 마리의 호랑이가 노리고 있는 모양이어서 얻은 지명이다. 인걸은 태어나면서부터 자연의 영향을 받는다는 논리는 동서양인 모두가 가슴속에 지닌 생각이지만 특히 동양에서는 풍수가 인걸을 만든다는 믿음이 더 큰 것이 사실이다. 이 길룡리는 7개의 자연부락으로 되어있으나 특히 옥녀봉 아래의 영촌(靈村)이란 마을은 이 고장 사람들이 신령스러운 마을로 여기며 소태산이 태어난 마을이다.
　그의 선대에는 밭 4,000여 평과 논 1,000여 평을 짓고 사는 중

농이었다. 그런데 중빈이 10세 때인 1,900년에 대 홍수로 전답이 휩쓸려 떠내려 가버리는 바람에 이곳에서 300m가량 위에 있는 구호동으로 옮겨와 살았다. 열 한 살 때 시월에 시제를 지내는 군서면의 북종산으로 따라갔는데 선영의 묘에 제상을 차리기 전에 산신제를 지내는 것을 보고는

"아버지! 선영에 제사 지내기 전에 왜 산신제를 먼저 지냅니까?"

하고 여쭈었다. 그의 부친은 어린아이가 기특하다고 생각하며

"산신은 이 산을 주재하는 신으로 할아버지보다 더 능력이 있는 신이므로 먼저 제사를 올린단다."

하고 일러주었다. 그 후 그는 산에는 능력 있는 산신이 계시는 것으로 믿었다고 한다.

예로부터 삼두구미(三頭九尾)에 만인가호지지(萬人可浩之地)란 말이 전해 내려온다. 백수에는 〈용머리〉 등 머리라는 지명이 세 곳이 있고 구시미, 대치미, 동백구미 등 〈구미〉라는 지명이 아홉 곳이 있다. 그만큼 백수읍은 만인이 복을 누리며 살 수 있는 고장이라고 할 수 있다.

어려서부터 모든 사물에 의문을 품고 깊이 생각해 보는 습성이 있었던 소년 중빈은 산신이 신력이 있다는 말을 들은 뒤 구호동 서당을 다니다가 그만두고 그의 집에서 3km 거리의 개미 절터

(일명 삼밭 재)에 있는 10여 평 남짓 크기의 마당바위에 올라앉아 "산신령님이시여! 나타나시어 저에게 가르침을 주소서."

하고 5년이나 마음을 수양하고 기도드렸으나 산신령이 나타나지 않음으로 20세 때에는 귀영바위로 옮겨 기도하다가 24세 때 다시 노루목이란 곳으로 옮겨와 수련을 계속했다. 이 노루목은 그가 태어난 영촌마을로 가기 전에 뽕나무밭이 많은 잠실에서 바라보면 빤히 보이는 곳으로 노루목에서 바라보면 옥녀봉의 커다란 바위 절벽이 신령스럽게 보인다. 그는 이곳에 초막을 짓고 2년을 수도하던 중에 26세 때인 1916년 4월 28일 새벽에 스스로 즉심시불(卽心是佛)의 원리를 터득했다고 한다. 도를 깨친 그는 〈만물이 개벽되니 정신을 개벽하자.〉고 외치며 동지를 규합하여 옥녀봉 밑에 구간도실(九間道室)을 짓고 수도 하면서 마을 밑 와탄천 가에 간척 사업을 벌였다. 동지 9명과 함께 1년 만에 2만6천여 평의 간척지를 완성하고 1923년에 지금의 원불교 영산출장소가 있는 범현동으로 옮겨 영산원을 지었다. 1972년 원불교에서 세운 〈만고일월(萬古日月)〉이라는 기념비를 세운 곳이 바로 소태산 박중빈의 대각 터다.

이듬해 그는 전북 익산으로 옮겨 사람들에게 깨달음을 전파하기 위해 엿 행상을 하고 동양척식회사 소작을 하며 포교에 힘쓰다 1943년 53세의 나이로 운명하였다. 소태산이 바라보며 대각을 언은 옥녀봉 절벽에는 일월의 상징이자 원불교의 상징인 원(동그라미)이 그려져 있다. 원은 우주의 근본이다. 일월도 지구도 우주도 모두 원이다. 흐르는 세월도 원이며 지구상의 만물이 태어나고 죽는 것도 돌고 도는 하나의 회자 되는 굴레이며 보이지 않는 원이라고 할 수 있다. 원불교 신자가 아닌 사람들도 소태산은 옥녀봉 정기를 받고 태어난 인물로 이곳을 만인이 살 수 있는 땅으로 만든 전설의 인물이라고 말하며 특히 원불교 신자들은 이곳을 영혼의 고향으로 여기고 있다.

3. 전대두(田大荳)의 전설

영광은 석기시대부터 사람들이 많이 모여 사는 큰 고을이었으나 영광을 관향(貫鄕)으로 삼은 성씨는 귀하다. 영광 전씨는 고려 창업을 도와 개국공신이 된 전종회(田宗會)를 시조로 하고 있으나 계대(繼代)가 실전되어 첨사를 지낸 전개(田漑)를 1세 조로 삼아 세계를 이어오고 있다. 이 영광전씨 시조(始祖)에 대한 다음과 같은 전설이 전해오고 있다.

고려 때의 일이다. 당시 세도가인 회동대감 댁에 큰 경사가 났다. 이 댁에 수가랑(秀佳娘)이라는 외동딸이 있었는데 자색이 아름답다는 소문이 멀리 원나라까지 퍼져 원나라 황제가 후궁으로 삼아 데려가겠다는 통보가 온 것이다. 이는 회동대감은 물론 나라에서도 경사가 아닐 수 없었다. 그러나 본인 수가랑에게는 청천벽력(靑天霹靂-맑은 하늘에 날벼락)이었다. 지금까지 자신을 아름답게 가꾸어 온 것은 남의 나라 후궁으로 가기 위한 것이 아니었다. 남의 나라 후궁으로 갈 바에는 차라리 종놈에게 몸을 맡기는 편이 낫다고 생각하고 자기 집 종인 꺽쇠를 불렀다.

"꺽쇠야. 원나라로 끌려갈 날이 점점 가까이 다가오는데 어찌하면 좋겠니?"

"소 소인은 소인은 그저……."

꺽쇠는 말을 잇지 못하고 수가랑을 올려다보았다. 청순하고 아름다운 그녀의 얼굴에 수심이 가득하고 샛별 같은 눈에 눈물이 그렁그렁 맺혔다.

"꺽쇠야. 우리 멀리 도망가자. 나를 찾을 수 없는 곳으로 데려다주어. 응?"

"아가씨! 제가 어떻게 감히 대감마님을 거역할 수 있겠습니까? 소인은 이 댁에서 태어나고 자라면서 아가씨를 등에 업고 키워서 아가씨에 대한 정이 깊지만 차마 대감마님을 거역할 수는 없습니다."

"그러면 내가 원나라 후궁으로 끌려가도 좋단 말이냐?"

"아가씨 그런 것은 절대로 아닙니다."

"나는 죽었으면 죽었지 후궁으로는 가지 않을 거야. 만약 꺽쇠가 나를 데리고 가지 않겠다면 나는 오늘 밤에 목을 매어 죽고 말 거야."

하고 막무가내로 떼를 쓰는 것이었다.

"아가씨, 절대로 죽어서는 안 됩니다."

"그러니 꺽쇠 제발 나를 살려 줘. 우리 아무도 모르는 곳에 가서 온순 도순 살아. 응?"

"제가 어떻게 감히 아가씨를……."

"행랑채에서 나를 좋아한다고 했다면서 꺽쇠는 내가 싫어졌나 봐."

"아가씨께서 그걸 어떻게……."

"몸종 향아가 말해주었지. 지금 내가 싫지 않으면 우리 내일 밤에 멀리 도망가. 응?"

가까스로 고개를 끄덕인 꺽쇠의 대답을 들은 수가랑은 밤이 깊어지도록 내일 밤 떠나기 위한 준비를 해놓고 나니 슬픔이 복받쳐 올랐다. 창가에는 초승달이 나뭇가지에 걸려 자신을 바라보고 있었다. 자신을 낳고 키워주신 부모님 곁을 떠나야 한다고 생각하니 한없이 눈물이 흘러내렸다. 수가랑은 눈물을 닦을 생각도 안 하고 가야금을 탔다. 가야금 소리가 멎었을 때 스르르 장지문이 열리고 촛불이 흔들리더니 어린 동승이 수가랑 앞에 나타났다.

"수가랑은 들으시오. 내일 밤 떠나면 며칠 내로 위태로움이 닥칠 것이오. 위험이 닥치거든 한입(一口)에 쌀 뿔(ㅛ)하고 열(十)이 모인 곳(田)으로 피하시오. 그리고 이것은 천두(天斗)라는 콩인데 어서 이 콩을 삼키시오."

수가랑은 제정신이 아니었다. 동승이 내미는 콩을 받아 삼켰다. 수가랑이 콩을 받아 삼키자 동승은 온데간데없이 사라지고 동승이 서 있던 자리에 콩 한 알이 놓여있을 뿐이었다. '변을 당하거든 한입에 쌀 뿔하고 열이 모인 곳으로 가라고? 그곳이 어디일까?' 수가랑은 동승이 주고 간 콩을 손에 쥔 채 그만 깊은 잠이 들고 말았다. 창이 훤히 밝아 잠에서 깬 수가랑은 자신의 배를 보고 깜짝 놀랐다. 배가 아기를 밴 것처럼 불러있는 게 아닌가. 손에 쥔 콩에서는 싹이 돋아나고 있었다. 하도 어처구니없는 일에 놀란 수가랑은 정신을 가다듬고 싹이 돋은 콩을 마당 한 귀퉁이에 심었더니 금새 싹이 돋아 사람의 키 보다도 더 큰 나무가 되었다. 아기를 밴 것처럼 배가 부른 수가랑을 본 수동대감은 땅을 치며 대성통곡을 하였다. 머지않아 원나라 왕비가 될 양가의 규수가 애를 배다니 장차 이 일을 어찌해야 한단 말인가.

"너 이것아, 어찌하여 이 꼴이 되었단 말이냐? 사실대로 말하여라."

수가랑은 어젯밤에 일어난 일들을 거짓 없이 말했으나 믿을 수가 없었다.

"이 애비를 놀리는 것이냐? 배 속의 아이 애비는 누구란 말이냐?"

그러나 수가랑은 더 대답할 수 없었다. 자신도 믿기 어려운 사실을 말해봐야 아무 소용 없는 일이라 여기고 입을 다물었다. 수동대감은 집안 망신에 나라의 명을 어긴 딸을 마땅히 죽여없애야 원나라에 딸이 병이 들어 죽었다고 변명할 수 있다고 여기고

"썩 물러가거라. 네 방에서 한 발자국도 밖으로 나가서는 안 되느니라. 알아들었느냐?"

하고 단단히 이르고 사랑채로 내려갔다. 해는 벌써 기울고 어둠이 밀려오기 시작했다. 수가랑은 시름을 달래려고 가야금을 탔다. 한 곡을 연주하고 마당의 콩 나무를 바라봤다. 콩 나무가 가지를 흔들며 손짓해 부르는 것 같아 나무 가까이 다가가 열매를 만져보았다. 그러자 그녀는 알 수 없는 힘에 이끌려 콩 나무 그늘 속으로 빨려 들어갔다. 그때 복면을 쓴 한 괴한이 비수를 번뜩이며 별당의 담을 넘어 들어왔다. 그러나 별당에 있어야 할 수가랑은 보이지 않았다. 이 보고를 받은 수동대감은 하인들을 불러 집안을 이 잡듯이 뒤졌으나 별당 아씨는 자취도 없는 것이었다. 수동대감은 노발대발 소리쳤다.

"고이얀 것, 멀리는 못 갔을 것이다. 어서 뒤쫓아 잡아 오너라."

하인들이 달아난 수가랑을 잡으러 모두 밖으로 나가자 기다리고 있던 꺽쇠가 살금살금 콩 나무 그늘로 다가와

"아가씨! 제가 모시고 갈게요. 어서 나오셔요."

하고 재촉했다. 꺽쇠는 수가랑을 업고 냅다 뛰어 달아났다. 이를 본 사람들은 '저기 도망간다. 어서 잡아라!' 하고 소리치며 달려온다. 힘이 장사인 꺽쇠는 수백 리를 달려 도망하였으나 힘이 다하여 엉겁결에 강가의 콩밭으로 뛰어들었다. 순간, 수가랑과 꺽쇠의 모습은 종적도 없이 사라지고 말았다. 뒤쫓던 하인들이 타고 온 말들은 콩밭에 이르자 콩잎을 뜯어먹느라 아무리 채찍질을 해도 꿈쩍도 하지 않았다. 하인들이 말에서 내려 아무리 찾아

도 수가랑과 꺽쇠가 보이지 않자 할 수 없이 되돌아가고 말 말았다. 하인들이 모두 물러가고 난 뒤 동녘에서 해가 떠오르자 수가랑은 콩밭에서 사내아이를 낳았다.

수가랑은 이 아이를 밭에서 낳았다 하여 성을 전(田)씨로 하고 콩을 먹고 낳았다 하여 이름을 대두(大荳)라 불렀다. 이 아기를 낳은 곳이 영광 고을로 전대두는 영광 전씨의 시조(始祖)라고 전한다.

이 전설에서 우리가 주의해야 할 점은 영광 전씨의 시조 전종회는 고려의 왕건을 도운 개국공신이므로 고려 후기인 300여 년 후에 원나라의 후궁으로 뽑혀 갈 수가랑이 낳은 아기가 전씨의 시조가 되었다는 이야기는 전혀 맞지 않은 얘기다. 만약 전종회를 시조로 삼은 전설이었다면 수가랑이 당나라의 후궁으로 뽑혀갈 처지였다고 해야 옳다.

그러나 전해오는 전대두(田大荳)의 전설에 수동대감의 딸인 수가랑이 원나라 후궁으로 뽑혀갈 처지였다는 이야기의 내용으로 보아 영광 전씨는 고려의 창업을 도와 개국공신이 된 전종회(田宗會) 이후의 계대(繼代)가 실전되어 첨사를 지낸 전개(田漑)를 영광 전씨의 1세 시조로 삼아 전해 내려온 전설임이 분명한 것이다.

4. 맹자정(孟子亭) 설화

정유재란 당시 일본엔 아직 주자학이 보급되지 않았다. 원래 일본은 문(文)보다는 무(武)를 중시하였으며 도요토미 히데요시가 집권하던 전국시대는 글을 아는 사람이 거의 없었다. 일본의 유일한 지식층이었던 승려들만이 불경과 함께 유교를 공부했다. 수은 강항(姜沆) 선생은 왜적에게 포로로 잡혀가 여러 번 탈출을 시도했으나 매번 실패하고 새로운 도시 후시미성 즉 지금의 교토로 압송된다. 바로 이곳에서 강항과 후지와라 세이카의 운명적인 만남이 이루어진다. 당시 승려였던 후지와라는 일본에 온 조선통신사를 만나 한시와 유교 경전을 접하게 되면서 주자학에 매료되었다. 그러던 차에 후지와라는 교토에 이송된 강항의 소식을 듣게 되고 수은을 직접 찾아왔다. 말이 통하지 않던 두 사람은 필담으로 대화를 나눴다. 일본 교토의 천리대학에는 강항과 후지와라가 나눈 대화 내용이 남아있다. 강항의 학문적 깊이에 탄복한 후지와라는 그 길로 승복을 벗고 강항의 제자가 된다.

이렇게 후지와라에게 전해진 주자학은 막부시대에 접어들면서 일본의 정치이념으로 자리 잡게 된다. 강항과 후지와라는 사서오경에 누구나 접할 수 있도록 내용을 쉽게 풀어서 책을 만들었다. 일본에 주자학이 보급된 데에는 후지와라라는 일본 승려가 있었고 그 뒤엔 수은 강항 선생이 있었다. 수은 강항 선생은 이렇게 해서 일본 주자학의 아버지로 불리게 된 것이다. 강수은 선생이 쓴 문집으로는 수은집(睡隱集)과 간양록(看羊錄)이 있는데 간양록은 일본 기행문이다. 일본 주자학의 대부로 불리는 수은 선생은 영광군 불갑면 금계리 유봉마을에서 태어났다. 그는 어릴 때부터 매우 총명한 아이로 맹자정 이야기가 전해 내려오고 있다.

한 소년이 서당에 가는 길에 느티나무 아래서 책 장수를 만났다.
"책 구경 좀 할 수 있을까요?"
하고 물으니 책 장수가 보기에 이제 천자 책도 제대로 때우지 못하였을 어린애가 아닌가. 이에 책 장수는
"네가 이 책을 읽을 수 있으며 살 수 있겠느냐?"
하고 되물었다. 소년은 스스럼없이
"읽어보고 살 만하면 사지요."
하고 대답한다.
"그럼 보려므나."
허락을 얻은 소년은 그 자리에서 맹자 일곱 권을 한참 동안 뒤적여 본 뒤
"잘 보았습니다."

하고 책을 돌려주는 것이었다. 책 장수가

"아니, 책을 살 생각이 없단 말이냐?"

하고 물으니

"이미 책 내용을 다 알았으니 책이 소용없습니다."

한다. 괘씸한 생각이 든 책 장수는 소년을 골려 줄 양으로

"네가 정말 다 알았다면 나와 내기를 하자. 네가 맹자 한 권을 다 외우면 내가 이 책을 너에게 줄 것이고 네가 만일 한 곳이라도 틀리면 이 책을 사야 한다."

하고 말하니 고개를 끄덕인 소년은 한자리에서 잠시 살펴본 맹자 한 권을 글자 한 자 틀리지 않고 줄줄 외우는 것이 아닌가! 그때야 책 장수는 이 소년이 신동임을 알고

"내기에서 내가 졌으니 이 책을 너에게 주마."

하고 책을 주려고 하자 소년은

"내용을 다 외우고 있으니 받지 않겠습니다."

하며 돌아갔다. 그러나 책 장수는 이 신동과의 신의를 저버릴 수 없어 느티나무 가지에 책을 매달아 놓고 떠나갔는데 이 나무가 맹자나무요, 그 곁에 세운 정자가 맹자정이다.

이는 영광군 불갑면 안맹리에 전하는 설화로 수은(睡隱) 선생의 일곱 살 때 일이라 한다. 그러나 지금 그 자리에는 정자나무가 없어 그 흔적을 찾을 길이 없다. 이에 뜻을 모은 종중의 유림들이 이를 기리기 위해 맹자정 대로변에 수은 선생의 기적비를 세웠다.

5. 홍농(弘農)이란 지명의 유래

20세기 초까지도 홍농읍은 삼면이 바다여서 섬이나 다름없는 반도였다. 홍농읍의 전체적인 지형은 육지로부터 서해 칠산바다를 향하여 기상이 늠름한 적토마가 달려온다는 의미로 말마(馬), 올래(來) 자를 써서 마래(馬來)라고 하였으며 마래 잔등(작은 등성이) 아랫마을 지명이 마래(馬來)다. 이 마래(馬來) 반도는 황금어장인 칠산바다로 열린 리아스(Rias)식 해안으로 개펄에만 나가면 각종 먹거리가 널려있었던 고장이다. 그래서 선사시대에 사람들이 많이 모여 살았기 때문에 영광군에서 홍농읍에 고인돌이 가장 많이 분포되어 있다. 지석묘는 봉대산 기슭에 마치 장기판처럼 45기가 집중되어 있어 근동 사람들은 장기바위라고 부른다. 홍농의 지석묘는 모두 60기이다. 특히 마래마을의 거대한 지석묘는 넓은 지역의 많은 무리를 거느리던 대 부족장의 묘로 짐작된다.

아주 좁은 마래(馬來) 능선이 육지와 연결되어 겨우 섬을 면한 홍농은 금정산, 봉대산, 망덕산, 덕림산 기슭의 언덕배기에 밭뙈기를 일구어 채소나 양념거리를 심을 수밖에 없는 비탈진 박토여서 주민들이 바다에 나가 고기잡이를 하거나 개펄에서 조개류나 김, 미역, 다시마 등 바다풀을 뜯어 연명할 수밖에 없는 환경인데다가 갯마을에서 염도가 높은 갯물을 솥에 끓여 소금을 구워 생계를 이어나가던 곳이다. 그런데 어찌하여 클 홍(弘) 농사 농(農)자의 지명으로 부르게 된 것일까? 그 유래는 다음과 같다.

　조선의 제16대 왕인 인조(1623년~1649년 재위 27년) 때 병마절도사 이란 장군은 춘신사(春信使)란 명칭의 사신으로 청나라에 다녀온 뒤 역관을 앞세운 친명파들의 모함으로 옥사한다. (1628년) 그 후 그에게 씌운 죄가 모두 모함이었다는 사실로 밝혀지자 (1639년) 이듬해 봄에 인조는 국풍(國風) 이석우에게 명하여 이란 장군의 고향에 묘소를 잡아주도록 하고 사패지지(賜牌之地 - 나라의 임금이 신하에게 내려주는 땅)를 하사(下賜)한다. 국풍(國風)이란 왕을 모시는 능소(陵所)만을 잡는 지관을 말한다. 왕명을 받은 국풍 이석우가 영광 고을의 지형을 샅샅이 누비던 중 법성포 뒷산인 인의산에 올라 북쪽 지세를 바라보니 마래면은 서쪽으로 벋은 긴 반도의 남쪽과 북쪽 바다가 나중에 육지가 되어 이곳은 장차 큰 농사를 짓는 고을이 되리라고 예언하여 〈홍농(弘農)〉이라 명명하였다고 한다. 그 뒤 마래면은 지명이 홍농면으로 바뀌었다.

　1905년 을사늑약 이후 홍농 반도의 남쪽 바다는 일본인 천기가 법성 쇠머리와 홍농 매물고지를 막아 간척지 농토로 변하였고

(1925년), 북쪽 바다는 홍농 질마지의 신지와 용의 형국인 상하면 자룡마을의 용머리를 잇는 무냉기를 막아 이 또한 간사지 농토가 되어 비로소 큰 농사를 짓는 고을 홍농(弘農)이 된 것이다. 국풍 이석우가 예언한 뒤 꼭 285년 만에 바다가 육지로 변하였고 갯물이 빠진 10여 년 후에 간사지 논에서 벼를 수확하게 된 것이니 풍수장이 이석우는 300여 년 후의 지형을 예견한 것이다.

남북 바다가 육지로 변한 홍농은 달리는 적토마(赤土馬)가 너른 들판을 가로질러 칠산바다로 내닫는 기상이 드러남으로써 산과 들과 바다가 어우러져 조화를 이룬 홍농으로 재탄생(再誕生)한 자연환경이요, 자연경관이다. 더불어 계마리의 계동(桂洞), 안마(安馬), 용정(龍井) 마을의 땅밑 즉 말 앞다리 밑의 지질이 단단한 암반으로 굳어있어 웬만한 지진에도 흔들림이 없는 지형이어서 1970년대 초에 영광원자력발전소가 들어서며 이 마을들이 발전소의 터전이 된 뒤 인구가 급격히 늘어 홍농읍으로 승격되었다.

6. 맹호출림형(猛虎出林形)의 발복

　홍농읍 봉대산 줄기가 칠암폭포 뒷산에서 남쪽으로 뻗어 내려 뭉쳐있는 산은 칠암마을의 오른쪽 능선인데 이 산은 칠암저수지 북쪽 산으로 아주 가파른 등성이가 급하게 뻗어 내려오다가 우뚝 서 있는 모양이다. 이 산등성이는 마치 호랑이가 봉대산 숲속에서 튀어나오는 형국인데 이를 맹호출림형(猛虎出林形-용맹스러운 호랑이가 숲을 뛰쳐나오는 형국) 명당으로 본다.

　이 자리에 홍농읍 단덕리 단지동 출신인 가선대부 동지중추부사(嘉善大夫, 同知中樞府事-종2품)를 지낸 이석령(李錫齡 1652-1733)의 묘가 있다. 그의 아들은 호조판서(戶曹判書) 양무일등공신(揚武一等功臣) 봉작(封爵)을 받은 이중경(李重庚 1680-1757)으로 명당의 발복이 당대에 나타났다고 하며 다음과 같은 이야기가 전해온다.

"어머니! 오늘은 대궐에 안 가셔요?"
　날이 새기만 하면 대궐에 가자고 졸라대는 아이가 있었다. 그런데 방금 중궁전의 나인이 왔다가 가는 것을 본 아이가 어머니께 여쭙는 것이었다.

"그렇게 대궐에 가고 싶니?"

"예, 이모님이신 중전마마도 뵙고 이모부인 임금님도 뵙고 싶어요."

이제 네 살 난 아이는 제법 어른스레 투정을 부린다.

"그래, 오늘은 중전마마의 연락을 받았으니 입궐해야겠다. 너도 데리고 갈 테니 이 옷으로 갈아입어라."

공조판서 중경(重庚)의 내당(內堂)인 서씨(徐氏) 부인은 네 살 난 둘째 아들 장오(章吾)의 손을 잡고 대궐로 향한다. 영조의 비인 정성왕후(貞聖王后)를 만나 뵙기 위해서다.

정성왕후는 달성부원군 서종제의 딸로 1692년(숙종 18년) 12월 7일 가회방에서 태어났다. 1694년에 태어난 영조 대왕보다 2세 연상인데 13세가 되자 숙종의 왕자로 11세인 연잉군과 가례를 올리고 달성군 부인이 되었다. 그러나 정성왕후는 슬하에 자식이 없어 손위 언니의 둘째 아들인 장오를 보면 친아들 이상으로 귀여워하였다. 그래서 귀염을 부리는 조카가 보고 싶어 달포가 멀다 하고 언니를 대궐로 불러들였다.

그래서 장오는 자연히 영조 대왕을 뵙는 기회가 많았는데 큰아들(사도세자)을 미워하는 왕이지만 멀게는 왕손이며 가깝게는 이질이 되는 장오를 영조 대왕도 무척 귀여워하시며 무릎에 앉히고 볼을 어루만지기도 하였다. 그야말로 장오는 아무도 앉을 수 없는 임금님의 무릎 위에 앉아 재롱을 부리는 천하의 귀염둥이였다.

그날도 장오는 임금님 무릎에 앉아 귀염을 떨어댔다.
"허어! 이 녀석 참으로 영특하게도 생겼다."
임금님은 장오의 머리를 쓰다듬어주신다. 임금님 무릎에 앉아 용포를 어루만지던 장오가 임금님 용안을 빤히 올려다보더니
"상감마마, 이 옷은 무엇으로 만들었는데 이렇게 보드랍고 예쁘옵니까?"
하고 재롱을 떨며 여쭙는다. 이에 영조는
"이 옷이 네 눈에도 좋게 보이느냐?"
"예, 저도 이런 비단으로 지은 옷을 입고 싶어요."
하고 망설이지도 않고 즉답을 드린다. 영조는 이 아이가 귀엽고 영특한데 어디 얼마나 지혜로운가 보자 하고는 내시를 불러 가장 좋은 비단 한 필을 가져오라 이른 후,
"장오야, 이 비단을 너에게 줄 터이니 가지고 가거라. 꼭 네가 가지고 가야지 다른 사람을 시켜서는 아니 되느니라."
하고 엄명을 내린다. 네 살 난 아이 힘으로는 이 비단 한 필을 도저히 가지고 갈 수는 없는 무게다. 어린 장오는 두 손으로 들어도 보고 이리저리 살피며 고개를 갸웃거리더니 묶여있는 끈을 풀고는 비단 한 끝을 손으로 꽉 움켜쥐더니 질질 끌고 가는 게 아닌

가. 그러자 둥글게 말렸던 비단이 풀어져 장오의 꽁무니를 따라 아름답게 펼쳐지며 끌려가는 것이었다. 이 모습을 본 왕과 중전 그리고 시종들은 박장대소(拍掌大笑)를 하였다고 한다.

이 아이가 자라서 5세 6장의 첫 장수가 되는데 그가 바로 이란 장군의 6세손 이장오 대장이다. 중경의 둘째 아들인 장오 대장은 좌우 포도대장과 판의금부사, 형조판서를 역임하며 왕의 측근으로 임금을 가장 가깝게 모시며 대궐을 지키는 임무를 수행한다. 그리고 연이어 5세에 6장신(將臣)이 배출된다. 즉 장오(章吾)로부터 시작하여 아들 득제(得濟-좌우 포도대장, 형조판서) 큰손자 석구(石求-삼도통제사, 좌우 포도대장) 둘째 손자 철구(鐵求-좌우 포도대장, 금위대장) 증손자 경우(景宇-어영대장, 훈련대장, 판의금부사, 형조판서) 고손자 봉의(鳳儀-좌우 포도대장, 형조판서, 판돈령 원수)로 조선 후기 200여 년 동안 역대 왕들의 최측근으로 대궐을 지키는 막중한 임무를 수행하며 권력의 핵심에 머물러 맹호출림형의 명당 발복을 누렸다고 한다.

7. 주천자 묘의 전설

 호남 노령의 정맥이 고창 방장산을 통과하여 구황산과 고산을 지나면 영광 고성산으로 이어져 불갑산에 이르는데 고성산은 영광군 대마면 성산리 뒷산으로 산명(山名)이 고성산(高聖山)이였으나 일제가 1914년 행정구역 개편을 하면서 고성산 정상을 기점으로 남쪽에 있는 삼계면을 장성으로 편입시키고 고성산 이름도 높고 성스러운 산이라는 고성산(高聖山)을 고쳐 고성산(古城山)으로 바꾸고 그 정기를 끊기 위해 정상에 쇠기둥을 박아버렸다고 한다. 이 고성산의 남쪽 기슭에 삼계면에 자초리라는 마을이 있는데 이 마을에 중국의 명나라를 건국한 주원장의 조부가 거주하였다고 전하며 다음과 같은 전설이 전해온다.

 자초리 마을에는 두 명의 형제장수가 살고 있었는데 형제는 모두 기골이 장대하고 인물이 훤칠한 장수로 용맹과 지혜를 겸비한 것이 비슷하여 우열을 가리기가 어려웠다. 하루는 형이 동생을 불러
 "아우야! 이 세상에서 으뜸은 하나밖에 없는 것이다. 그러니 너

와 내가 힘겨루기를 하여서 진 사람은 목숨을 내놓기로 하자."

하고 제안하였다. 이에 동생은

"형님! 그러면 어떻게 힘겨루기를 하면 좋겠습니까? 형님이 하자시는 대로 따르겠습니다."

하고 말했다.

"음, 우리 형제가 차마 칼부림으로 겨룰 수는 없으니 이렇게 하자. 고산과 고성산은 모양과 크기가 비슷하니 나는 고창 쪽에 있는 고산에 성을 쌓고 너는 영광 쪽에 있는 고성산에 성을 쌓아 삼 년 안에 먼저 쌓은 사람이 이기는 것으로 하면 어떠냐?"

"예, 좋습니다. 형님!"

이리하여 형제는 목숨을 건 성 쌓기 시합을 벌였다. 형 장수는 평소에 성격이 포악하고 간교하여 방법이야 어찌하던지 상대방을 이기려는 부정적인 성격을 지녔고 그와 반대로 동생은 매사에 소홀함이 없이 상대를 배려하고 존중하며 이해와 관용을 베푸는 긍정적인 성격의 소유자였다.

성을 쌓기 시작한 지 삼 년이 지나자 형은 아우보다 규모를 축소하여 기간 내에 성을 완성하고 약속한 날짜에 두 산의 중간지점에 도착했으나 불행하게도 아우는 원칙대로 아무런 하자가 없도록 기초부터 확고히 축성한 관계로 기간 내에는 도저히 완성할 수 없었다. 형은

"이유야 어찌 되었든 너는 약속에서 졌으니 너의 목을 베어야

겠다."

하고 동생 목을 가래로 쳐서 죽였다고 한다. 그래서 이 재를 「가래재」라고 불리게 되었다고 한다. 두 장수의 어머니는 너무나 안타까운 소식에 식음을 전폐하고 견디다 못해 어느 날 고산성 남쪽에 있는 투구봉 벼랑에서 붉은 치마를 뒤집어쓰고 몸을 날려 생을 마감하고 말았다. 그래서 투구봉을 다른 말로 치마바위라고 부르게 되었다. 어머니가 슬픔에 겨워 세상을 떠난 후, 형은 뒤늦게 자기의 잘못을 뉘우치고 고성산 산성 아래에 동생의 시체를 장사지내고 어디론가 말없이 떠나 버렸다고 한다. 풍문으로 형 장수는 원나라로 들어가 원나라 장수가 되었다고 한다.

동생이 죽을 때 동생 부인의 뱃속에는 3개월 된 태아가 자라고 있었는데 그녀는 남편의 죽음이 너무도 슬퍼 따라 죽으려고 했지만, 뱃속에 자라는 태아를 생각하며 차마 죽지 못하고 역시 원나라로 들어가 유복자를 낳아 훌륭하게 키웠다고 한다. 이 아이가 곧 원나라를 멸망시키고 명나라를 세운 주원장의 아버지라고 전해오고 있다. 그러니까 정당하게 시합하고 부정한 형에게 죽은 동생이 명나라를 세운 주원장의 할아버지가 되는 셈이다.

그래서 고성산 기슭의 차초리 뒷산 어딘가에 주천자의 묘가 있다는 전설이 심심찮게 전해오고 있다.

8. 감샘과 사모바위

　영광군 홍농읍 단덕리 단지동 마을은 원래 마을 이름이 월성국이였다. 이는 불교와 관련이 있는 지명으로 남방불교의 전래자(384년-백제 침류왕 1년)) 마라난타가 법성포에 도래해 내륙으로 전파해 오면서 이 마을 뒷산에 이르러 앞바다를 바라보니 마치 바다가 호수처럼 보이고 그 지형이 마치 연꽃 모양을 닮았다. 그런데 그 연꽃 한가운데 섬이 하나 있는데 그 섬의 형상이 연꽃 위에 앉아계시는 부처님처럼 보여 월성국이라 명명하였다고 한다.
　그 후 1640년경 이조판서를 추증받은 전주이씨 이 상연공이 이 마을에 정착하며 지조 있는 선비의 마을이라는 의미를 지닌 붉을 단(丹) 자와 지초 지(芝) 자를 써서 단지동(丹芝洞)이라 명명하여 오늘에 이르고 있으며 옛날부터 이 마을에 전해 내려오는 감샘과 사모바위의 전설은 다음과 같다.

　이 마을 웃뜸(웃동네)과 아랫뜸(아랫동네) 중간 큰길에 열 마지기 논배미가 있어 사람들이 지나다닌다고 하여 지남배미라고 부르는데 이 논과 경계를 이루는 밭 두둑 밑에 큰 연못(샘)이 있어 아무리 가물어도 물이 마르지 않아 이 마을의 상답으로 여긴다. 원래 이 고장은 눈이 많이 오는 곳으로 겨울이면 무릎이 넘게 쌓이는 것이 예사였다.

　어느 해 겨울 함박눈이 한없이 퍼붓던 날, 이 마을 뒷산 능선을 넘어가는 명지(明地)고개(마라난타가 염주를 굴리며 넘은 고개라고 하여 염주고개라고도 함) 너머 마을로 신부를 태우고 가던 가마가 지남배미를 지나며 허리까지 차오르게 쌓이는 눈 때문에 앞이 잘 보이지 않아 길이지 샘인지 분간 못하여 그만 가마와 가마꾼이 이 샘에 빠져버리고 말았다. 그 위에 눈이 쌓이고 쌓여 가마가 빠진 줄 아무도 모르고 있다가 이듬해 봄에 날이 풀리자 가마와 가마꾼이 떠올라 마을 사람들이 와보니 신부와 가마꾼 모두 얼어 죽은 채로 흐트러짐 없이 원래의 모양 그대로 있더라는 것이다. 이 소문이 날개돋인 듯 퍼지자 신부는 무장고을 김진사네 막내딸이요, 신랑은 고개 너머 마을의 양씨 총각이었다고 한다. 양가에서 혼주들이 오고 마을에서는 이 가마를 명지고개 넘어 대덕산 골짜기에 묻어주어 그 골짜기 이름을 가매골(가마골) 이라고 한다.

　그리고 지남배미 위로 닷 마지기 긴 밭이 나란히 있는데 밭 한 가운데 사모관대의 사모(신랑이나 벼슬아치들이 머리에 쓰는 관) 처럼 생긴 바위가 있는데 이 바위에서 보면 가마 샘이 바로 코앞이다. 신랑이 혼례를 치르고 첫날밤을 보낸 신부를 못 잊어 날마다 이곳에 앉아서 가마 샘을 바라보고 그리워하며 울다가 굳어서 바위가 되었다고 한다. 옛날에는 신랑이 신부 댁에 가서 혼례를 올리고 첫날밤을 보낸 뒤 신랑만 집으로 돌아오고 신부는 한해 또는 삼 년을 친정에서 묵힌 뒤(시가의 가풍과 부인이 갖추어야 할 온갖 행실을 배우고 익히는 과정) 신행하는 것이 양가의 예의범절이었다.

그 후 마을 사람들은 이 바위를 사모(紗帽)바위 또는 사모(思慕)바위 (신부를 사모하는 바위)로 부르고 가마 샘은 (ㅏ) 자가 줄어든 감샘이라 부르게 되었다. 그리고 감샘에서 밤에 여자들이 목욕하면 아무렇지도 않지만 남자 특히 총각이 목욕하면 **빠져 죽**는다고 하며 그 까닭은 새각시 물귀신이 총각을 신랑으로 여기고 끌어당겨 **빠져 죽**는다는 것이다. 그래서 총각들은 밤이면 이 샘 근처에 얼씬도 안 한다. 그런 까닭에 이 샘이 큰길 옆에 있지만 무더운 여름날 여자들은 이 샘가에서 마음 놓고 목욕을 한다.

이 감샘의 전설이 주는 교훈은 눈이 많이 오는 고장에서 한겨울에 날씨를 어기고 함부로 원행(遠行)을 하지 말라는 주의사항을 일러주고, 혼례를 치른 부부의 정을 그르치지 말고 일부종사하라는 가르침, 그리고 아녀자에 대해 함부로 흑심을 품어서는 안 된다는 교훈이 담겨있다고 할 것이다.

9. 모시녀와 삼태기

 우리 민족을 백의민족(白衣民族)이라 일컫는 것은 고려말에 문익점 선생이 원나라에서 붓 대통 속에 목화씨를 숨겨와 재배에 성공한 뒤에 흰 무명 배 옷을 입은 뒤부터라고 할 수 있다. 그러니까 지금으로부터 700여 년 전까지는 우리 선조들이 입었던 옷은 겨울에는 짐승의 가죽이요, 여름에는 삼배와 모시옷이 일반적인 의복이었다고 할 수 있을 것이다. 그만큼 모시와 삼배는 선조들의 일상생활에 없어서는 안 될 소중한 작물이었다.
 영광에는 모시와 삼배를 주로 심었던 흔적이 많다. 홍농읍의 상삼, 하삼 마을은 넓은 삼밭이 있어서 붙은 지명이며 영광의 모시잎 떡이 유명한 것도 옛날에 영광 고을에서 모시를 많이 재배하였다는 증거다. 그런 만큼 모시와 관련된 전설이 전해오는 것 역시 어쩌면 당연지사(當然之事)다.

 아주 옛날 영광의 어느 마을에 모시를 잘 다루는 처녀가 살고 있었다. 처녀는 아침에 모시를 베어 모시배를 짜서 오후에는 모시배로 밥 소쿠리 덮개를 만드는 재주가 비상한 처녀였다. 이 일을 보통 사람이 하려면 모시를 베어서, 껍질 벗겨서, 삶아서, 실을 내어 모시베를 짜서 덮개까지 만드는데 아무리 손 빠른 사람도 사흘 이상이 걸리는 일이었다. 그런데 이 처녀는 그 일을 하루에 다 하는 재주를 지녔으니 신기한 재주를 가진 처녀라고 소문이 났다. 이 〈모시녀〉는 누구든 총각과 내기를 하여 자신의 재주를 이기는 총각이 아니면 절대로 시집을 가지 않겠다고 우기는 바람에 이미 혼기가 찼지만, 부모들은 어쩔 수 없이 시집을 보내지 못하고 있었다. 이 소문을 들은 〈석삼내〉라고 하는 총각이 처녀네 집으로 찾아 왔다.

"나는 이웃 마을의 석삼내라는 총각이오. 내가 어찌 석삼내냐 하면 하루에 모를 쪄서 논 서 마지기에 모를 심을 수 있는 재주를 가진 사람이라고 석삼내라고 부릅니다. 일꾼 세 사람이 할 일을 혼자 하루에 다 하는 재주를 가졌지요. 아가씨와 내가 내기를 합시다. 해 뜰 때 시작하여 서녘 하늘에 해가 넘기 전까지 서 마지기 논에 모를 다 심으면 나한테 시집오기로 약속합시다."

이 말을 들은 모시녀는

"그렇게 하지요. 내일 아침 해 뜨기 전에 우리 집으로 와서 동산마루에 해가 올라오기 시작하면 일을 시작합시다."

하고 약속을 하였다. 그리고 이튿날 아침 일을 시작하였다. 아, 그런데 어쩌랴! 서산마루에 해가 닿자마자 모시녀는 밥 덮개를 다 만들어 자리를 털고 일어났는데 해가 산마루에서 얼굴을 감추는 순간 석삼내는 모 세포기를 남기고 말았다. 일 초의 시간이 모자라 내기에 지고 모시녀에게 장가를 들지 못하게 된 것이다. 어쨌든 내기에 진 것은 진 것, 석삼내는 모시녀네 논 서 마지기에 모를 심어주고 모시 덮개를 얻어 발길을 돌릴 수밖에 없었다.

이 소문을 들은 〈배룩남〉이라는 총각이 모시녀내 집으로 찾아왔다.
"나는 건너 마을에 사는 배룩남이요. 나는 하루 저녁에 벼룩 석 되 세 홉을 잡아 굴레를 씌워 잔디밭에서 굴리는 재주를 가졌소. 그래서 우리 마을에는 벼룩이 없어 사람들이 편안하게 잠잘 수 있소. 해가 지면 시작해서 해가 뜨면 끝내기 내기니 어떻소. 나와 시합을 합시다."
하고 내기를 청했다. 모시녀는 좋다고 승낙하고 그날 해가 지기를 기다렸다. 서산에 해가 둥근 얼굴을 감추자 모시녀네 집에서 벼룩 잡기와 모시 덮개 만들기가 시작되었다. 하룻밤 동안 모시녀네 집 벼룩이란 벼룩은 모두 잡혔다. 동녘에 해가 솟아오르자 모시녀는 다된 덮개를 내놓고 배룩남은 석 되 세 홉의 굴레를 내놓았다. 굴레를 놓자마자 벼룩 한 마리가 굴레를 벗고 폴짝폴짝 뛰어 도망가는 게 아닌가. 배룩남은 어이가 없었으나 어쨌든 진 것은 진 것, 베룩남은 모시녀네 집 벼룩만 모두 잡아주고 모시녀에게 장가들 마음을 접을 수밖에 없었다. 모시녀는 애가 탔다. 세상에 나를 이길 수 있는 총각이 한 명도 없단 말인가. 나를 이기는 총각이 없으면 나는 처녀로 늙어 죽더라도 시집을 가지 않으리라고 스스로 다짐하였다.

그러던 어느 날 몸집이 거대하고 우락부락하게 생긴 청년장사가 찾아와
"나는 송산골에 사는 〈송장사〉요. 이 마을 뒷산에 있는 돌을 모두 날라다 하루에 아가씨네 집을 빙 둘러 돌담을 쌓을 수 있소. 나와 내기를 합시다."
하고 내기를 청했다. 이튿날 아침에 모시녀와 송장사가 시합을 하였다. 해가 서산마루에 퐁당 빠지자 모시녀는 덮개를 다 만들었는데 송장사는 바위 한 개가 모자라 집 둘레 돌담의 마무리를 못 하고 말았다. 그러나 송장사는 성질이 급한 사내여서 이 정도 하였으면 내가 이긴 것이나 마찬가지이니 나에게 시집오라고 우겼지만 모시녀는 끝내 안된다고 거절하였다. 성이 난 송장사가 모시녀의 허리춤을 움켜잡아 힘껏 내던지니 모시녀는 하늘로 날아올랐다. 십 리 밖에 사는 삼태기 총각이 하늘을 보니 한 아가씨가 날아오는 게 아닌가!
"어이쿠! 땅에 떨어지면 죽고 말 터인데 저 처녀를 살려내야겠다."
하고 즉시 대나무를 베어 커다란 삼태기를 순식간에 만들어서

날아오는 처녀를 받아 살려놓고 보니 소문으로만 듣던 모시녀였다. 삼태기가 모시녀를 받은 곳이 바로 영광읍 도동리로 모시녀는 자신을 살려준 삼태기 총각의 재주가 자신의 재주보다 훨씬 뛰어남을 알고 혼인하여 아내는 모시를 길러 옷을 만들고 남편은 대바구니를 만들어 팔아 행복하게 잘 살았다고 전한다.

10. 칠산바다의 전설

　칠산바다란 영광의 서쪽 바다로 바다 건너 산맥이 물에 잠겨 일곱 개의 산봉우리가 섬으로 솟아있는데 영광과 섬 사이의 바다를 일컬어 칠산바다라고 한다. 이 칠산바다는 원래 지명이 조천(朝天)이라는 이름의 육지로 일곱 고을이 이었는데 바다가 되었다는 다음과 같은 전설이 전해 내려오고 있다.

　조천의 한 고을에 장생원이 살고 있었다. (일설에는 서씨라고도 함) 하루는 장생원의 집에 의복이 남루한 과객이 하룻밤 유숙하자고 하였다. 장생원은 마음씨가 착한 사람이어서 비록 의복이 남루한 거지 차림의 과객이었지만 「문전 나그네 흔연대접」이란 말을 되새기며 손님을 정성껏 접대하였다. 이튿날 아침 과객이 떠나며 고맙다고 인사하고
　"하룻밤 신세만 지고 드릴 것이 없으니 아주 중요한 말씀 한마디 올리겠습니다. 머지않아 이 조천 고을이 바다가 될 터인즉 그 시기는 저 산봉우리 돌부처의 코에서 피가 흐른 뒷날이 될 것입니다. 부디 제 말을 가볍게 여기지 마시고 미리 대비하신다면 생명

을 부지하실 것입니다."

하고 떠나갔다. 장생원은 이 너무나 엄청난 얘기를 듣고 이 말이 진실이라면 천여 명 가까운 조천 고을 사람들의 목숨이 경각에 달린 일인데 어찌해야 하나 고민하였으나 답이 없었다. 그러나 과객이 비록 의복은 남루하였으나 눈빛과 행동이 범상한 인물이 아니니 틀림없는 사실일 것이라고 결론을 내리고 마을 사람들에게 이 사실을 말하고 미리 목숨을 부지할 대비책을 마련하라고 일러주었다. 이 소문은 꼬리를 물고 고을 전체로 퍼졌으나 사람들은 무슨 말 같지도 않은 소리냐고 헛웃음들을 치며 이 소문을 낸 장생원을 미친 사람 취급을 하고 비웃기까지 하는 것이었다. 그러나 장생원은 날마다 아침이면 일찍 일어나 산에 올라 돌부처 코를 확인해 보고 하루의 일과를 시작하였다.

이 고을 어느 마을에 천지신명을 믿지 않고 마음씨가 고약한 심술쟁이 백정이 살고 있었는데 이 소문을 듣고
"에라! 멍청이들, 장난 한번 제대로 쳐보자."
하고서는 그 날 잡은 소피를 밤에 아무도 몰래 가지고 산에 올라가 부처님의 코에 바르고 내려왔다. 이튿날 아침 장생원이 산에 올라 돌부처의 코를 보니 코피를 질질 흘리고 있지 않은가? 이를 보고 놀란 장생원은 부리나케 달려 내려와 어젯밤에 코피가 났으니 오늘 밤이 오기 전에 큰일이 일어나리라고 대충 이삿짐을 싸

서 식구들을 데리고 뒷산으로 오르기 시작하였다.

이 소문은 이 고을 원님에게 알려져 육방관속들은 장생원을 잡아다 민심을 현혹한 죄를 곤장으로 다스려야 한다고 간했다. 그러나 고을 원님은 그 소문을 듣고 생각해 둔 바가 있었던지

"장생원의 말이 옳으니 살고 싶은 자들은 빨리 산으로 올라라."

이르고 자신도 바삐 서둘러 준비를 하고 장생원의 뒤를 따르는 것이었다. 관속들은 사또도 미쳤다 하고 비웃었다. 사또가 산 중턱쯤 오르는데 아뿔싸! 천지가 진동하는 천둥이 울리더니 하늘이 터진 듯 비가 쏟아지고 조천 고을의 마을들은 순식간에 물에 잠기고 점점 더 물이 차오르고 있지 않은가? 장생원은 걸음을 재촉하여 산에 오르는데 등성이에 한 소금장수가 소금 지게를 괴고 앉아 있어 어서 산으로 오르자고 하니 소금장수가

"장생원 걱정하지 마오. 물은 이 지게 작대기에서 멈출 것이니 더 높이 오를 필요 없소이다."

하고 여유를 부리는 것이었다. 장생원 가족은 소금 지게 조금 위에 앉아 쉬고 있는데 이 고을 원님이 땀을 뻘뻘 흘리며 올라오고 있는 모습이 눈에 들어왔다. 물은 넘실넘실 금방 원님을 잡아 삼키려는 순간이다. 장생원은 급히 뛰어 내려가 원님을 등에 업고 올라왔다. 장생원의 발목을 잡아당길 듯 따라 올라오던 물이 지게 작대기에 이르자 더 올라오지 못하고 지게 통발 밑에서 찰랑거리고 있는 게 아닌가. 이미 조천 고을은 바다로 변하고 고을의

높은 산 일곱만 섬으로 변한 것이다. 이 섬들은 제일 북쪽의 위도로부터 시작하여 안마도 송이도 낙월도로 섬의 산봉우리가 일곱 개여서 칠산이라 부르며 영광과 칠산 사이의 바다를 칠산바다라고 일컫는다.

이 거짓말 같은 사실을 눈으로 직접 보고 겪은 장생원과 사또와 소금장수는 천지조화의 변화는 인간의 힘으로는 막아낼 수 없다는 것을 새삼스럽게 가슴에 새기며 여생을 형제처럼 우애하며 살았다고 전한다. 이들이 살아남은 지점이 염산면 야월리 가음산(歌音山 260m) 이라고 하며 염산면(鹽山面)은 전국에서 소금으로 이름 높은 고을이 되었다.

11. 굴비의 내력

 사오월에 알을 밴 참조기는 칠산바다를 지나 연평도 앞바다에서 알을 낳는다. 이 칠산바다에서 잡은 참조기는 몸빛이 회색을 띤 황금색이며 입이 불그스레하고 몸통 가운데 있는 옆줄이 다른 조기에 견주어 굵고 선명하다. 『동의보감』에 「약성이 뜨겁지도 차지도 않고 강하거나 약하지도 않고 평이하며 약간 단맛이 있고 전혀 독이 없다」라고 기록되어 있다.
 조기 조리법은 다양하다. 누렇게 알을 밴 생 조기는 매운탕이 별미다. 조기의 알은 느끼하지 않고 담백하여 여타 생선의 맛과 비교할 수 없다. 간을 하여 열흘 정도 말린 마른 조기는 불에 굽거나 조림 또는 조기찜이 밥맛을 돋운다. 조기를 오랫동안 저장해 둘 수 있도록 바짝 말린 것을 굴비라 한다. 여타 지역에서는 조기를 소금물에 담갔다 말리는 데 비해 영광굴비 맛의 비결은 소금에 절이는 방식과 말리는 기상조건에 있다. 법성면 발막과 홍농읍의 명당개미와 월평 등지의 갯벌에서 얻은 염도가 높은 바닷물을 가마솥에 10시간 정도 끓여 생산한 질 좋은 자염을 조기 아가미에 넣고 켜켜이 재는 것을 「섶간」이라 하며 이 섶간 한 조기를 옹기에

30여 시간 절여두었다가 꺼내서 짚으로 엮어 덕장에서 약 3개월 정도 말린 것을 굴비라 한다. 법성포 굴비가 여타 지역보다 월등히 뛰어난 것은 누렇게 알밴 칠산바다 조기의 어물로서의 우량성과 서해안의 바람과 고품질의 자염, 그리고 천년을 이어온 장인의 염장법에 있다. 법성포는 평균 기온이 10.5℃, 습도 75.5%, 초당 풍속 4.8m의 기상조건 그리고 칠산바다에서 불어오는 북서풍인 하늬바람의 영향으로 건조 조건이 월등하다.

원래 법성포 굴비는 독에 보리를 넣고 굴비를 보리 속에 묻어 보관하였다. 보리는 가을에 심어 겨울을 지나 늦은 봄에 거두는 작물로 냉(冷)한 곡식이다. 이 보관법은 냉동시설이 없던 옛날 굴비를 오래 보관하기 위한 냉장 보관의 한 방법이라 할 수 있으며 선조들의 지혜를 엿볼 수 있다. 이 찬 보리 속에 묻어놓은 굴비를 보리굴비라 하며 굴비의 으뜸으로 친다. 고추장 굴비는 굴비의 뼈를 모두 발라낸 뒤 고추장에 버무린 굴비로 별미이며 전통적으로 굴비를 조리하는 방법이다.

말린 조기를 굴비라는 이름으로 부르게 된 어원은 조기를 짚으로 엮어서 덕장에 매달아 말리면 마르는 동안 묶인 부분이 저절로 구부러들어 마른 조기가 굽은 조기가 되어 굴비라는 이름을 얻게 된 것이라고 사료 되지만 일설에는 다음과 같은 전설이 회자 되기도 한다.

고려 16대 예종 때 이자겸은 그의 딸 순덕을 왕비로 들여 그 소생인 인종이 왕위를 계승케 하였다. 그리고 인종에게는 이모가 되는 그의 3녀와 4녀를 시집보내 중복되는 인척 관계를 맺고 권세를 독차지하고 은근히 왕이 되려는 야심을 품었다. 경원이씨인 이자겸은 이씨가 왕권을 잡는다는 십팔자도참설(十八子圖讖說)을 믿고 두 차례나 왕을 독살하려 했지만, 자신의 딸인 왕비가 인종을 도움으로써 실패했다. 그 뒤 최사전이 이자겸의 측근인 척준경을 꾀어 이자겸을 체포한 후 법성포 맞은편 지금의 영광 백수읍 한시랑 마을로 유배시켰다. 그는 유배지에서 조기를 먹게 되었고 마침내 칠산바다에서 잡아 소금에 절인 조기를 진상하며 비굴하게 자기의 잘못을 용서받기 위한 아부가 아니라는 의미로 비굴을 거꾸로 굴비(屈卑)라 명명하였다고 한다. 그때부터 영광굴비는 임금님 수라상에 진상되고 궁궐에서부터 영광굴비가 명물로 등장하여 각광(脚光)을 받게 되었다.

12. 구사리(九沙里) 설화

 단지동에서 망월재(望月岾)를 넘으면 작은 들 건너 마주 보는 마을의 이름이 구사리이다. 이 구사리 마을 뒷산 능선이 퇴끼등(토끼등)이다. 이 지명은 2010년(신묘년)에 우리나라 지명이 각종 동물의 형상을 딴 지명이 많은데 의외로 토끼를 상징한 지명이 이곳뿐 이라고 중앙의 일간지 개재된 사실이 있다. 이 퇴끼등 끝의 마을이 어장밑이고 어장밑에서 바다 건너 마주 보이는 뾰족 튀어나온 산이 산당산이다. 이 산당산과 어장밑 사이의 바다가 바깥 바다보다 깊어 썰물 때 그물을 쳐서 미처 빠져나가지 못한 고기를 잡는 곳이어서 어장(漁場)의 밑이라는 지명으로 불리는 마을이다.

 아주 옛날 어느 해 큰 태풍이 불어 고기잡이 나간 남정네들이 걱정되어 이 마을의 가족들은 잠을 이루지 못하였다. 태풍이 물러가고 날씨가 맑아지자 남편을 기다리던 한 여인이 퇴끼등 아래로 내려가 보니 누구인지 모르는 아홉 구의 시체가 바닷가에 떠밀려와 질펀히 죽어있지 않은가.

"여보시오. 동네 사람들 여그 사람이 죽었소."

하고 외쳤다. 마을 사람들이 모두 나와 혹여 자기 가족이 아닌가 살펴보았지만 모르는 시체였다. 그러나 마을 사람들은 시체를 그냥 두고 볼 수 없어 퇴끼등에서 어장밑으로 이어지는 능선 골짜기에 아홉 구의 시체를 자기 가족처럼 여기고 정성스레 묻어주고 산당산에서 신령님께 극락왕생을 빌어주었는데 그 뒤부터 이곳을 구사(九死)리라 부르게 되었다.

산당산은 마을이 아니고 당집만 있는 나지막한 산인데 해마다 앞바다에서 고기 잡는 어부들이 무사하기를 빌기 위해 어장밑에서 마주 보이는 땅끝 바위에 당집을 짓고 당산할미가 어부들의 안녕을 빌어 산당산이라고 한다. 산당산에는 지금은 당집은 없어지고 김씨 문중의 묘와 제실, 묘지기 집만 있다.

그 후 이 능선 밑 바닷가(어부들이 죽어 떠서 밀려온 곳)에 박씨와 황씨가 정착하여 살면서 구사리(邱沙里 ; 모래 언덕마을)로 그 의미를 바꾸어 부르고 있으나 이곳은 개펄로 이루어진 곳이어서 모래와는 아무런 상관이 없는 곳이다. 아홉 구의 시체를 묻은 골짜기는 차차 공동묘지가 되어 관음당 단지동 성재동 염주동 마래마을 아이들이 홍농초등학교에 다니려면 이 공동묘지 골짜기를 지나가야 하니까 부모님들까지도 꺼리어 행정구역이 전라남도지만 자녀들을 전라북도 공음초등학교로 보냈었다.

이 마을의 전설이 주는 교훈은 어부들이 사는 어촌에서 절기와 날씨 그리고 조금, 그믐 등 밀물과 썰물의 때를 살피고 가려서 어장에 나갈 것을 경계하고, 갯가에는 풍랑을 만나 시체가 떠밀려오기 예사여서 모르는 남이라도 장사지내줄 가족이 찾지 못한 시신은 내 가족처럼 여기고 장사지내 극락왕생을 빌어주어 사람으로써의 도리를 베풀라는 가르침이 담긴 전설로 여겨진다.

13. 각시섬의 전설

　각시섬은 영광군 낙월면의 부속 섬이다. 이 섬은 둘인데 조금 큰 섬을 대각시도(大角氏島), 작은 섬을 소각시도(小角氏島)라고 하며 소각시도는 7가구 대각시도는 15가구의 어민들이 살고 있다. 이 두 섬은 무안 해제 반도의 백학산 기슭에서 바라보면 어느 때는 여자의 모습으로 보이기도 하고 또 어느 때에는 병풍처럼 보이기도 하여 날씨의 변화에 따라 모습이 변화무쌍하다. 이 두 섬이 〈각시섬〉이라 일컫는 데는 애틋한 비련의 전설이 전해오고 있다.

　무안 해제 백학산 기슭의 갯마을에 금실 좋은 부부가 살고 있었다. 남편은 바다에 나가 고기잡이를 하고 아내는 바닷가에서 부지런히 해초를 따서 살림을 꾸려나가 부족함이 없이 행복하였다. 그런데 알뜰한 이 가정에 불행이 닥쳤다. 남편이 갑자기 원인을 알 수 없는 병으로 드러눕게 되자 아내 혼자의 힘으로 해초를 뜯어서 병간호하랴 살림 꾸려나가랴 그동안 모아놓은 밑천도 모두 날아 가버렸다. 그러나 아내는 낮에는 백학산에 올라가 약초를 캐고 석양에는 해초를 뜯어 지극정성으로 남편 병구완을 하였다. 인근에서 유명한 의원을 모두 찾아다니며 남편의 병 치료에 정성을 다하였으나 영험하다는 의원들마저도 남편의 병 원인을 밝혀내지 못하여 전전긍긍하고 있었다.

아내가 시름에 잠겨 먼 수평선을 바라보며 한숨만 쉬고 있던 어느 날, 이웃 마을 노파가 찾아와 위로하며 지나가는 말로

"예로부터 저 섬에 선약(仙藥)이 있다고 들었다만……."

하고 중얼거리지 않는가.

"할머니 참말인가요? 그 약이 어떻게 생겼다고 하던가요?"

하고 애원하며 가르쳐달라고 졸랐다.

"이 사람아! 저 섬에 갔다가 살아 돌아온 사람이 없네. 남자들도 그러한데 여자 몸으로 어찌하려고?"

그러나 오직 사랑하는 남편을 구하고자 하는 일념뿐인 아내는

"내 정성을 하늘이 안다면 죽지 않을 것이요, 정성이 부족하여 남편을 위해 죽는다 해도 여한이 없으니 가르쳐 주셔요."

하고 사정을 하며 매달렸다.

"자네 정성이 그렇다면 할 수 없지. 그러나 나를 원망하지는 마소."

하고 만병통치약인 불귀도(不歸島)의 신선초를 설명해 주었다. 남편을 살릴 수 있다는 희망으로 부푼 아내는 섬에 다녀올 동안 남편이 먹을 미음을 쑤어 머리맡에 놓으며

"아주 좋은 선약이 있는 곳을 알았으니 다녀올 동안 드시고 기다리세요."

말하고 불귀도를 향해 떠났다. 섬에 도착한 아내는 섬을 구석구석 찾아 헤매던 끝에 바위 벼랑에 있는 약초를 발견하고 하느님께 감사하며 힘겹게 벼랑을 타고 올라 약초를 잡는 순간 바위벽 구멍마다 독뱀이 스르르 튀어나오는 게 아닌가. 아내는 피할 겨를도 없이 그중에서 재빠른 놈에게 하체를 덥석 물려 바다로 떨어지고 말았다. 비명을 지르고 까무러친 아내가 차가운 바닷물에 빠져 정신을 차리고 보니 자신의 아랫도리는 자신이 보기에도 징그러운 구렁이로 변해있는 것이 아닌가. 그러나 아내의 손에는 신선초가 꼭 쥐어져 있었다. 몸은 구렁이로 변해 버렸지만, 남편을 살려내야겠다는 일념은 한결같아 아내는 헤엄을 쳐 마을로 돌아왔다.

한편 남편은 아내가 떠난 뒤 약초를 구하러 떠난 섬을 바라보니 사랑하는 아내의 모습으로 보였다. 남편은 아내가 머리맡에 놓아둔 미음도 다 마시지 못하고 애처롭게 아내를 부르다 죽었다. 석양 무렵에야 집에 돌아온 아내는 죽은 남편을 보고 슬피 슬피 울었다. 아내가 울음을 터뜨리자 하늘에서는 비가 억수로 쏟아졌다. 아내는 약초를 남편의 머리맡에 놓아두고 날이 새기 전에 불귀도로 헤엄쳐 돌아갔다. 밤비가 갠 아침에 마을 사람들이 부부의 집에 와 보니 죽은 남편의 머리맡에 신선초가 놓여 있지 않은

가. 그래서 불귀도를 바라보니 불귀도 가까이 헤엄쳐 가는 구렁이의 모습이 보였다. 할머니는 저 구렁이는 필시 약초를 구하려다 독뱀에 물려 구렁이로 변신한 각시일 것이라며, 그래도 남편을 사랑하는 마음이 지극하여 용왕님이 죽이지는 않고 몸만 변신시킨 것이라고 하였다.

마을 사람들이 남편을 장사지내며 불귀도를 바라보니 마치 섬이 너울너울 춤을 추는 각시처럼 보였다. 남편의 제삿날이면 이 불귀도는 슬피 우는 여인의 모습으로 보였다. 그 후부터 사람들은 불귀도를 각시섬이라 부르며 당집을 짓고 매년 큰 당제를 지내며 어부들이 무사하기를 빈다고 전한다.

14. 용을 키운 양 한림

영광군 불갑면 방마리 방뫼(芳山) 마을은 지금은 수은 강항(姜沆) 선생의 내산서원이 들어서 있다. 내산서원은 영광읍에서 불갑사로 가는 길 중간쯤에 있으며 불갑저수지의 정 남쪽에 솟아 있는 방마산 줄기의 남쪽에 위치하여 산세가 수려하고 아늑한 동남향이어서 내산서원 주차장에 들어서면 마치 고향마을에 들어서는 느낌마저 든다. 그런데 이 내산서원이 들어서기 훨씬 이전인 고려 중엽에는 이곳에 있었던 마을 이름이 방뫼였으며 지금도 방뫼라 일컫는 사람들이 있다.

고려 중엽에 이 방뫼 마을에 양씨 성을 가진 아이가 살고 있었다. 양 도령(도련님)네는 살림은 비록 가난하였지만, 신분이 양반이었고 홀어머니가 어지신 분이었던지 바느질 품을 팔아 일곱 살인 양 소년을 방마산 골짜기에 있는 서당에 보냈다. 소년은 고생하시는 어머니를 생각하고 열심히 공부하며 어린 나이에 먼 시오리 산길을 하루도 빠지지 않고 서당에 다녔다.

그러던 어느 날 서당에서 돌아오는 고갯길 마루에 올라 잠시 걸음을 멈추고 쉬고 있는데 낚싯대를 맨 노인이 불갑천 쪽에서 올라오더니 그물 구덕을 내려놓고 바위에 걸터앉는다. 양 도령이 그물 구덕을 들여다보니 노란 잉어 한 마리가 눈을 가느스름하게 깜빡이며 숨을 헐떡이고 있지 않은가. 소년이 좀 더 가까이 다가가 바라보니 가까스로 숨을 헐떡거리는 잉어의 처량한 모습은 소년에게 살려달라고 애원하고 있는 것처럼 보였다.

"저 좀 살려주세요. 도련님! 제발 이 불쌍한 잉어 좀 살려주세요."

하고 구슬프게 애원한다. 금잉어를 바라보는 소년의 눈에서는 자신도 모르게 눈물이 주르르 흘러내린다. 소년의 호주머니에는 며칠 전 삼촌이 심부름을 시키고 준 돈 한 잎이 들어있다. 동전을 만지작거리던 소년은 용기를 내어

"할아버지! 저 노란 잉어 저에게 파세요."

"저 금잉어는 부잣집 마나님들이 몸보신하는 비싼 잉어다. 그런데 어린 네가 무슨 돈이 있어 살 수 있겠느냐?"

"저 돈 있어요. 자 보셔요."

하고 바지 주머니에서 동전 한 잎을 꺼내어 영감님께 드린다. 영감님은 어처구니없는 표정으로 껄껄 웃더니

"허허! 고놈 참, 마음이 착하구나. 네 눈에는 잉어가 그리도 불쌍하게 보이느냐? 돈은 필요 없다. 네 마음이 갸륵하여 주는 것이니 네 알아서 하거라."

하고 구덕에서 잉어를 꺼내 소년에게 준다. 소년은 마다하는 영감님 손에 동전을 놓고 쏜살같이 고개를 내려왔다. 고개 중턱에는 큰 연못이 있는데 바위틈에서 솟아 나온 물이라 맑고 시원하여 나무꾼들이나 고개를 넘는 사람들이 이 물을 마시고 연못 가에서 쉬어가는 쉼터이다. 소년은 연못 물에 잉어를 살그머니 넣으며

"금잉어야! 잘 살아라. 날마다 너를 보러 올게. 내가 부르면 꼭 나와!"

하고 놓아 주었다. 잉어는 죽은 듯이 잠시 멈추어 있더니 뻐끔뻐끔 물을 마신 후 머리를 살래살래 흔들어 인사를 하고 연못 속으로 사라진다.

다음날부터 소년은 서당에 오가며 연못에 이르러

"금잉어야! 나 왔다. 잘 있었니?"

하고 부르면 잉어는 물 밖으로 고개를 내밀고 뻐끔뻐끔 인사를 하였다. 소년이 호주머니에서 곡식 가루를 꺼내 뿌려주면 잉어는 잽싸게 받아먹곤 하였다. 그런지도 어느덧 3년이 지나 소년이 열 살이 되는 생일날 다음부터는 잉어를 불러도 나오지 않았다.

세월이 어느새 6년이 더 흘러 소년의 나이도 16세가 되어 다음 달에 있는 과거를 보기 위해 3일 후에는 개성으로 떠나야 한다. 그날 밤 꿈에 황색 도포를 입은 노인이 나타나

"나는 그대가 살려준 금잉어요. 나도 3일 후에는 용이 되어 하늘로 오른다오. 내가 승천하기 이틀 전에 그대에게 내 몸을 보여

드릴 테니 내일 정오에 연못으로 오시오."

 말하고 사라진다. 양 도령은 이튿날 정오에 연못으로 가 연못 속을 들여다보았다. 오시 정각이 되자 연못 물이 부글부글 끓어오르더니 누런 황룡의 꼬리가 슬그머니 솟아 올라온다. 그러더니 점점 몸통이 드러나니 찬란한 황금빛 비늘에 눈부셔서 눈이 멀어 버릴 것만 같다. 눈앞이 캄캄하고 정신이 어찔어찔하여 도저히 더는 바라볼 수 없게 된 양 도령은 저절로 눈이 감기며

"그만!"

 하고 외치니 용은 사라지고 잔잔한 연못은 맑기 그지없다. 그날 밤 꿈에 또 황색 도포를 입은 노인이 나타나

"그대가 만약 내 머리까지 보았다면 그대는 이 나라의 왕이 될 것이나 내 몸통까지만 보았으니 과거에 급제하여 정승은 될 것이요. 그대가 높은 벼슬에 오르면 나를 살려준 것처럼 어려운 처지에 있는 백성들을 구제하여 행복하게 살 수 있도록 보살피기 바라오."

 하고 사라졌다. 양 도령은 용의 말대로 과거에 급제하고 벼슬이 한림학사에 올라 백성들을 위해 선정을 베푸는데 큰 몫을 했다고 전한다.

15. 금정(金井)의 전설

영광군 홍농읍 계마리 가마미(可馬尾)의 말 머리에 해당하는 금정산 정상 조금 못미처 절벽 밑 바위틈에는 금정암이 마치 제비집처럼 들어앉아 있다. 풍수들은 이 금정산을 말의 형국으로 보아 영광원자력발전소 쪽의 산머리 부분을 말 머리로 보고 가마미 해수욕장 뒷부분을 말의 등으로 가마미 쪽을 말의 꼬리로 봐서 〈가마미〉란 지명을 얻은 것이다. 이 금정산 말 머리의 눈에 해당하는 부분 절벽에 위태롭게 앉아있는 암자가 금정암이다. 이 금정암에 오르려면 가마미에서 말 목을 타고 오르는 가파른 길이어서 매우 힘든 길이다. 이 금정암에는 바위틈에서 흘러나오는 샘이 있는데 이 샘을 금정(金井 ; 금샘)이라고 하며 금정의 전설은 사람들에게 큰 교훈을 주는 이야기이다.

금정의 바위틈에서는 끼니때마다 사람 수만큼 하얀 쌀이 나왔다. 어느 여름날 금정암에 스님이 한 분이 오셨다.

"동자야! 먼 길에 오신 스님 공양을 드셔야겠구나. 어서 밥을 지어라."

하고 일렀다. 동자는 밥을 짓기 위해 샘에서 나오는 쌀을 바가지에 받아내는데 무더운 여름 날씨에 불을 때서 밥을 지으려니 짜증이 나는 데다가 쌀이 조금씩 천천히 나오고 있으니 부화가 치밀어 올랐다.

"에잇! 이놈의 쌀 구멍 어서 빨리 많이 나와라."

하고 부지깽이로 쌀 구멍을 마구 쑤셔댔다. 그러자 시꺼멓게 불에 탄 쌀이 조금 나오다가 그만 그마저도 멈춰버렸다. 그 후로는 이 금정에서 다시는 쌀이 나오지 않는다고 전한다.

이러한 전설은 조금씩 내용이 다르지만, 우리나라 전국 방방곡곡 여러 고장에서 전해 내려오는 전설이기도 하다.

이 전설이 주는 교훈은 첫째 매사에 너무 욕심부리지 말 것, 둘째 아무리 급해도 빨리하려고 서두르지 말 것, 셋째 자연이 주는 혜택을 고마운 마음으로 여기라는 가르침이 담겨있는 것이다. 아마 이 전설을 아는 사람들은 평소에 이 교훈을 새기면서 자녀들에게도 가르쳤으리라 생각된다.

16. 자모(子母) 바위의 전설

영광군 홍농읍 칠곡리 월곡마을은 옛날에 옹기그릇을 굽는 곳이어서 옹점(甕店)이라 하다가 늙은이가 머문 곳이라 하여 옹정(翁停)으로 바꾸어 불렀다고 한다. 그러다가 마을에서 글깨나 읽던 이가 마을 명이 맘에 들지 않아 어찌 고칠까 생각하던 어느 날, 석양 노을 속으로 지는 달이 뒷산 마루를 비끼어 칠산바다로 떨어지는 모습이 아름다워 월곡이라 칭했다 한다. 이 월곡마을 앞 바닷가에 칠산바다를 배경으로 아기를 업은 엄마 모양으로 생긴 큰 바위가 하나 서 있는데 다음과 같은 전설이 전해 내려오고 있다.

아주 옛날 월곡마을 바닷가 바위틈에서 민물 샘이 솟아 나와 여자들이 빨래하는 빨래터였다. 어느 맑은 날 한 아주머니가 이 빨래터에서 아기를 업고 빨래를 하였다. 한참 빨래에 열중하고 있는데 맑은 하늘이 갑자기 캄캄해지더니 거센 회오리바람과 큰 파도가 밀려와 그만 빨래하는 아주머니를 덮치고 말았다. 갑자기 몰아친 파도에 휩쓸려 떠내려간 아주머니는 한참을 바닷물 속에서 허우적거리다가 겨우 뭍으로 나왔다. 그런데 정신을 차리고 보니 등에 업은 아기가 어디론가 빠져나가고 없는 것이 아닌가.

"아이고! 내 아기. 아이고! 우리 아기."

엄마는 미친 사람처럼 아기를 불러대며 바위틈 이곳저곳을 헤매고 다녔으나 아기는 온 데 간 데가 없어 찾지 못했다. 아주머니는 날이면 날마다 바닷가에 나와 아기를 생각하고 미친 사람이 되어 서럽게 울면서 용왕님께 빌었다.

"용왕님! 내 아기 좀 살려 보내주셔요. 저는 우리 아기 없으면 못삽니다. 용왕님! 저를 불쌍히 여겨주시고 제발 우리 아기 좀 보내주셔요."

하고 아기를 살려 보내주시시라고 용왕님께 빌었다. 아기가 눈앞에 어른거려 미치광이가 된 엄마도 한 달이 채 못 된 어느 날 파도에 휩쓸려 바다로 떠내려가 죽고 말았다.

이 처량한 모습을 본 용왕님이 엄마와 아기를 가엽게 여겨 월곡마을 앞바다에 엄마가 아기를 업은 모양의 큰 바위로 만들어 세웠다고 한다. 이 바위를 마을 사람들은 〈아기 업은 엄마 바위〉 또는 〈자모(子母) 바위〉라고 일컫는다.

이 모자 바위의 전설은 바닷가 갯마을 사람들에게 큰 가르침을 주고 있다. 첫째 날씨의 변덕이 심한 바다에서는 언제 풍랑이 일지 모르니 고기잡이배들과 어촌마을 사람들은 미리 조심하라는 가르침, 둘째 부모는 자식을 늘 가슴 속에 품고 있으니 자식은 부모에게 효도하라는 교훈, 셋째 바닷가는 언제 위험이 닥칠지 모르는 위험한 곳이니 함부로 여기지 말고 항상 주의하라는 교훈이 담겨있다.

17, 왕자혈(王子穴)의 전설

영광군 법성면 화천리 후장동(後場洞) 마을에 전후회(田後悔)라는 한 가난한 농부가 살고 있었다. 마음씨가 착하고 성실한 부부로 소문 난 후회네는 후장동 마을 뒤의 산 밭을 열심히 파 일구어 어렵게 생활하였으나 내외가 매우 금실 좋았다. 다만 자식이 없었지만 아직은 젊은 부부인지라 걱정이 없었다.

어느 여름날, 그날도 부부는 땀을 뻘뻘 흘리며 부지런히 김을 매고 있는데, 지나가던 스님이 한참 동안 서서 산세를 살피고 난 후 후회 부부가 일하는 모습을 보더니

"이 보오. 목마른데 물 한 모금 얻어 마실 수 없겠소?"

하고 물을 청했다. 후회는 아내에게

"여보, 우리는 가난하여 부처님께 공양을 넉넉히 못 하는 형편인데 스님께서 물을 청하시니 당신이 얼른 샘에 가서 물 한 동이 길러오구려."

하고 말하였다. 일손을 놓은 아내는 저 아래 마을로 내려가 샘에서 물을 길어와 스님에게 공손히 권했다. 스님은 세상 사람들이 중을 생각하기를 목탁이나 치며 구걸하는 때깔 중으로 여기고

천시하는데 땀을 뻘뻘 흘리며 일하던 아낙이 저 산밑에 있는 마을까지 내려가 물을 길어와서 대접하는 것을 보고 물을 맛있게 마신 후,

"물 잘 마셨소이다. 내 보아하니 부부가 금실은 좋은데 아직 아이가 없구려. 지금 내가 앉아 물을 마신 이 자리에 묘를 쓰면 자손 중에 큰 인물이 나올 것이니 내 말을 허투루 여기지 말고 꼭 이 자리에 묘를 쓰도록 하시오."

일러주고 총총히 사라졌다. 전후회 부부는 이튿날 스님이 일러준 곳에 부친 묘를 이장하였다. 묘를 쓴지 꼭 열 달 만에 아들을 낳았다. 그런데 이 아기는 사람들이 도무지 이해할 수 없는 버릇이 있었다. 보통 아기들은 혼자 놔두면 울고 사람이 보아주면 울지 않는 것이 상식인데 이 아기는 사람이 옆에 있으면 울고 혼자 놔두면 울지 안았다. 가뜩이나 가난한 살림살이에 아기를 혼자 놔두고 부부가 밖에 나가 일해야 하는 형편인지라 참으로 다행스러운 일이라 여기고 아기 혼자 놔두고도 걱정 없이 일을 나갔다. 그러나 부모 마음이 어디 그런가? 아무리 혼자 놔두면 울지 않는 아기지만 일을 나가는 부모 마음은 아기가 걱정되기 마련인지라 이웃집 할머니에게

"우리 아기 저 혼자 잘 노나 한 번씩 들여다 봐 주세요."

하고 부탁했다. 이웃집 할머니는 부부가 일 나간 지 한참 후에 아기가 배고파 잠이 깨어 울 때가 되었는데도 아무 소리가 없어

살그머니 다가가 아기가 아직도 잠만 자고 있나 하고 몰래 문틈으로 들여다보니 방안에서는 믿기 어려운 일이 벌어지고 있는 것이었다.

아직은 제힘으로 몸도 뒤집기 어려운 갓난아기가 저 혼자서 벌떡 일어나더니 두 팔을 들어 올려 기지개를 켜자 금방 늠름한 소년으로 커지는 게 아닌가! 아기가 양어깨를 벌리고 두어 번 위아래로 흔드니 양쪽 겨드랑이에서 날개가 돋아난다. 더욱 놀라운 것은 아기가 윗목에 있는 좁쌀 항아리에서 좁쌀 한 줌을 꺼내어 공중에 휙! 뿌리니 좁쌀 알들이 모두 창칼로 무장한 병사들로 변하였다. 그리고 날개가 돋은 아기는 공중을 날아다니며 병사들을 지휘하니 병사들은 일사불란(一絲不亂)하게 움직이며 전쟁놀이 연습을 하고 있다.

이 광경을 본 할머니는 그만 심장이 멎어 기절할 지경으로 충격이 컸다. 할머니는 지금까지 살아오는 동안에 왜구들의 잦은 노략질로 전쟁이라면 아예 겁부터 났다. 왜구들이 쳐들어오면 젊은 사람은 목숨을 부지하기 어려웠고 할머니도 전쟁통에 아들을 둘이나 잃었다. 나이 먹은 사람들도 피난 보따리 이고 지고 굶어가며 고생해 온지라 창칼 들고 싸우는 전쟁이라면 지긋지긋하여 생각조차 싫었다. 놀란 할머니는 밭에서 일하고 돌아온 전후회 부부를 보자마자 자신이 본 사실을 얘기해 주고는

"이보게 큰일 났네. 이 아기는 자라면 앞으로 우리 마을에 큰 재

앙을 몰고 올 아기일세. 그러니 미리 액 막음을 해야 하네. 만약에 그렇지 않으면 이 동네가 큰 화를 당하고 말 것이네."

하고 일러주었다. 이 말을 들은 전후회는 자신만의 일이라면 생각해 볼 일이나 마을에 큰 재앙을 가져온다는 말에는 어쩔 수 없었다. 이는 묘를 쓰고 태어난 아기이니 필시 묘와 관계가 깊은 일이라 여기고 스님이 가르쳐 준 묘를 파서 다른 곳으로 옮겼다. 동네 사람들이 멀리서 바라보니 묘를 파고 관을 들어내자 파란 김이 솟아 나와 하늘로 올라갔다. 후회가 아버지의 이장을 하고 집에 와 보니 아기는 이미 죽어있어 후회 부부가 후회해 봐야 소용없는 일이었다. 풍수들은 이 자리를 왕자혈(王子穴)의 길지라고 한다.

그 후 이 밭과 산을 김씨가 매입하여 선조의 묘를 썼는데 비록 명당의 혈 기운은 빠져나갔으나 미처 빠져나가지 못한 혈기가 남아있었던지 이 자리에 묘를 쓴 김씨 집안에서는 자손들이 성공하였는데 이는 명당 왕자혈의 발복을 받은 것이라고 하며 대 길지는 임자가 따로 있다고 전한다.

18. 안마도 당산봉의 전설

전국의 어느 마을이나 사람이 많이 모여 사는 큰마을에는 당산나무가 있다. 이 당산나무는 사람들의 쉼터요, 화합의 장소로 마을 사람들은 마을의 수호신으로 여기며 정월에 당산제를 지냈다. 특히 바닷가 어촌마을에서는 어부들의 안녕과 풍어를 비는 당제나 용왕제를 지내는 것이 출어의 첫 행사였다. 이처럼 당산제는 일반적으로 모든 마을에서 행해온 행사지만 안마도(鞍馬島) 당산제는 기이한 전설이 전해 내려오고 있으며 제사 방법도 특이하다.

아주 오랜 옛날 안마도 동촌마을에 신씨(申氏) 할머니가 살고 있었다. 어느 날 이 할머니가 밭에서 일하고 밭 가 잔디밭에서 쉬다가 잠시 졸았는데 꿈에 갑옷을 입고 무장을 한 씩씩한 장군이 나타나

"나는 당나라 장군인데 한 번도 전쟁에 출전을 못 하고 죽어서 영혼이 떠돌다가 하늘에서 내려다보니 이 섬이 내가 탄 말을 닮아 북쪽의 산 너머 선창 가에 와 있으니 나를 이 산봉우리에 묻고 매

년 설날이면 농악으로 풍악을 울리고 제사를 지내주오. 그리하면 이 섬에 닥쳐오는 모든 재앙을 막아주겠소"

하고 사라졌다. 꿈에서 깨어난 할머니는 방금 꾼 꿈이 생시에 있었던 일처럼 떠올라

"참! 요상스런 꿈을 다 꾸었네?"

하고 마을 사람들에게 일러주었다. 이 말을 들은 마을 사람들이 산 너머 바닷가로 가보니 갯가에 이상한 궤짝 하나가 떠밀려와 있는 게 아닌가. 사람들이 상자를 열어보니 상자 안에 어른 한 발쯤 됨직한 긴 머리털 묶음과 큰 주머니와 철마 두 필이 들어 들어있었다. 큰 주머니에는 중국의 돈(주화)이 가득 들어있고 쇠로 만든 말은 크기가 어른 주먹의 두 배쯤 되는 철마였다. 마을 사람들은 의논 끝에 꿈에 장군이 일러준 대로 산꼭대기의 땅을 깊이 파고 큰 항아리 속에 이 물건들을 넣어 묻었다. 그리고 항아리 주변에는 동백나무를 심어 함부로 접근하지 못하게 하였다. 그 뒤 마을 사람들은 이 봉우리를 당산봉이라 부르며 해마다 설날이면 이 봉우리에 모여 풍악을 울리며 제사를 지냈다.

이 섬의 주민들은 안마도의 동쪽에 있는 동촌마을을 장군의 큰 아들, 신기마을을 둘째 아들, 월촌마을을 막내딸로 삼아 차례로 잔을 올리고 장군의 자식인 이 세 마을의 액운을 막고 재앙을 물리쳐달라고 지성으로 빌었다고 한다.

이 제사는 일반 당산제와는 달리 특이한 방법으로 지낸다. 즉 당 할아버지와 할머니의 상징으로 길이 50㎝, 지름 6㎝의 대통 두 개에 동백나무 가지를 꽂은 다음 흰 광목천으로 대통 전체를 감고 천 끝에는 긴 머리털과 큰 주머니를 단다. 이 대통을 모시는 사람은 대통 하나에 두 명씩 모두 네 명이 목욕재계하고 제사를 주관한다. 제물로는 깨끗한 집의 수소를 잡아 올리며 끼니마다 새 밥을 지어 올리고 풍물을 울리며 제를 지낸다.

제물을 바친 후에는 동촌마을에서 농악을 치며 당산 봉우리에서 당 할아버지와 할머니의 상징인 대통(신주)을 모시고 내려와 동촌마을에서 초하루 밤을 새운다. 초이튿날은 둘째 아들인 신기마을에서 신주를 모시고 와서 농악을 울리며 밤을 새우고, 초사흗날은 막내딸인 월촌마을로 모시고 가서 하룻밤을 지낸 후, 초나흗날은 세 마을 농악대가 합세하여 큰집인 동촌마을로 다시 모시고 와서 함께 축제를 벌이며 밤을 새운다. 초닷새 날은 당산봉에 올라가 당 항아리에 신주를 모신 후 대통 두 개만 가지고 내려와 동촌마을에서 정중히 모신다. 이 마을 사람들은 당산봉을 신령스러운 산으로 여겨 당산봉 쪽을 향해 소변을 보면 성기가 붓고 침을 뱉으면 입술이 부어서 말을 못 했다고 한다.

어느 해 송이도 사람들이 자신들이 사는 섬에서도 영험하신 신을 모시기 위해 배를 타고 몰래 건너와 당산봉의 철마를 훔쳐 싣고가다가 배가 안마도 앞바다에서 빙글빙글 돌며 움직이지 않자 이는 당 할아버지 할머니의 노여움을 사서 그런다고 뉘우치고 다시 제자리로 갖다 놓고 나니 배가 움직였다고 한다.

이 당산제는 1968년까지 이어왔으나 당산봉에 해군기지가 설치되면서 제를 지낼 수 없게 되었다. 그러나 당산봉에서 당산제를 지내지는 않지만, 지금도 안마도에서는 정월과 유월 연 2회 동촌, 신촌, 월촌 세 마을 주민들이 함께 산신제와 당산제를 지내고 있다.

이 당산제는 섬에서 사나운 파도와 싸우며 살아가야만 하는 사람들이 영험한 신께 마을과 주민들의 안녕과 복을 빌며 고달픈 삶에 용기와 희망을 품게 하는 행사인 것이다. 그뿐만 아니라 인근 마을 사람들이 다 함께 모여 농악을 울리며 제사를 지냄으로써 형제처럼 의좋게 살며 단합하는 기회를 마련하고 한 신을 믿는 정신적 교감으로 여러 마을 사람들의 마음을 하나로 통합하는 데 큰 의의가 있다고 할 것이다.

19. 도채비둠벙과 베락바우

영광군 홍농읍 동쪽에 위치한 덕림산 정상은 마치 둥그런 쪽박을 엎어놓은 모양이며 산봉우리가 넓어서 산기슭 마을 사람들이 이 봉우리 정상에서 산 놀이를 하였으나 현재는 헬기장이다. 이 〈둥굴산〉 정상에서 북쪽 능선을 타고 서쪽 골짜기로 내려가면 덕림정사를 지나 풍암마을에 이르고 남쪽으로 가파르게 내려오면 둥굴재인데 이 둥굴재 주변은 작은 마을이 들어앉을 만큼 매우 넓다. 둥굴재 정상에서 서쪽 가파른 꼭대기에 있는 거대한 바위는 위가 평평하여 올라가면 예닐곱 명이 쉴 수 있을 만큼 넓다. 이 바위는 정확히 두 쪽으로 갈라져 있는데 벼락을 맞아 갈라졌다고 한다. 이 베락바우 (벼락 바위)에서 서쪽을 바라보면 드넓게 트인 칠산바다가 한눈에 보여 전망이 아주 좋은 곳이다. 베락바우에서 동남쪽으로 내려가면 명지동에 이르고 서쪽으로 내려가면 한새밭 등을 지나 한현마을에 이른다.

원래 산등성이는 맥을 타고 내려오는 것이 일반적인데 베락바우로부터 가파르게 내려와 산 등보다는 골짜기에 가운 지형은 아래에서 뭉쳐 한새밭 등을 이루고 한현과 신장리의 맥으로 이어진다. 이 한새밭 등은 베락바우로부터 이곳까지 가파르게 내려오기 때문에 베락바우에서 돌을 굴리면 한새밭까지 굴러와서 한새밭 북쪽 풍암마을 쪽 골짜기는 바위와 돌과 진흙으로 엉겨 돌 아닌 곳을 밟으면 발이 진흙 속에 빠지기도 한다. 이 골짜기는 음침하고 구렁이와 뱀이 많이 우글거려 독새(독사) 골이라고도 하며 사람들이 꺼림칙하게 여겼다. 하는 수 없이 이 골짜기를 지날 때는 작대기로 앞을 두들기며 뱀을 쫓고 난 후에 지나갔다. 이 한새밭 등 북쪽 골짜기에 있는 연못이 바로 도채비 둠벙 (도깨비 연못)이다.

아주 오랜 옛날 이 연못에 이무기가 한 마리 살고 있었다. 이무기는 비만 오는 날이면 도채비로 변신하여 처녀들을 잡아먹었는데 처녀 1,000명을 잡아먹으면 용이 되어 하늘로 승천할 수 있기에 처녀만 보면 잡아먹고 베락바우 위에 올라가 춤을 추었다. 처녀 999명을 잡아먹고 한 명만 채우면 용이 될 판인데 근처 마을에는 처녀가 없어 고민하던 중에 한현마을의 양씨에게 고명딸이 있었으나 아직 처녀가 못되어 처녀가 되기만 기다리고 있었다.

양씨는 자식이 없다가 늦게 여식을 낳고 아내가 죽어 동냥 젖을 얻어 먹여 길렀는데 딸이 일곱 살이 되자 양씨는 원인을 알 수 알 수 없는 병으로 눕게 되었다. 그때부터 양효녀가 동냥도 하고 남의 집 잔심부름도 하여 아버지를 극진히 모셨다.

양효녀가 열네 살 처녀가 된 경칩 일이 되자 이무기는

"옳지, 이제 기회가 왔다. 이제 이 처녀만 잡아먹으면 나도 용이 되어 하늘로 올라갈 수 있다."

하고 춤을 추며 도채비로 변신하여 양효녀를 잡아다 베락바우 아래에 묶어놓고 바위 위에 올라가 처녀 한 번 쳐다보고 혀를 널름거리며 춤을 추고 또 한 번 쳐다보고

"허 고년 참 만나게도 생겼다."

혀를 널름거리고 침을 질질 흘리며 춤을 추었다. 양효녀는 자신이 잡아먹히는 것은 두렵지 않으나 병든 아버지를 생각하며 하늘에 정성껏 기도를 올렸다.

"하느님 제발 저를 살려주옵소서. 제가 죽는 것은 두렵지 않으나 앓고 계신 아버지를 혼자 두고 저는 죽을 수가 없나이다. 아버지의 병이 나으실 때까지만이라도 제발 제 목숨을 잇게 하여주옵소서."

하고 간절히 하느님께 빌었다. 도채비가 처녀를 아홉 번 쳐다보고 입맛 다신 후 이제 열 번째에는 잡아먹을 순간이다.

도채비가 베락바우 위에서 긴 혓바닥을 널름거리며 처녀를 잡으려고 손을 벋는 순간,

"우르르 쾅!"

우렛소리가 천지를 진동하며 번개가 베락바우 위의 도채비를 향해 내리쳤다.

천둥소리와 번갯불에 놀라 기절한 양효녀가 한참 만에 정신이 돌아와 주변을 두리번거리고 살펴보니 도채비는 번갯불에 타서 재만 남아 바람에 흩어져버리고 베락바우는 둘로 갈라져 있었다. 양효녀는 퍼뜩 아버지가 생각나서 급히 둥굴재 아래로 굴러 내려와 집 앞에 이르러

"아버지!"

하고 부르며 마당에 들어서니 지금까지 칠 년 동안을 방에 누워 꼼짝도 못 하시던 아버지가 방문을 열고 걸어 나오며

"나는 천둥소리가 하도 요란하고 번갯불이 번쩍이는 바람에 깨어보니 네가 없어서 걱정을 많이 했다."

하고 딸의 손을 덥석 잡는 것이었다. 그 뒤 삼 년 후에 양효녀는 한 마을 김씨 총각에게 시집가서 아버지를 모시고 행복하게 잘 살았다고 전한다.

20. 곧올재의 전설

 영광 고을 관아는 원래 와우산 남쪽 산기슭에 있었으나 왜구의 침입이 잦아 동쪽으로 옮겼다고 하며 조선 시대에 들어와 성산(城山 146m)을 선창으로 계선주 삼아 배가 정박해 있는 모양으로 조성하였다. 〈곧올재〉는 관람산과 옥녀봉 사이의 고갯길로 80m의 높이로 이 고개를 넘으면 묘량면 연성리 성동 마을이며 대마면을 거쳐 장성으로 가거나 고창을 지나 한양으로 가는 길이다. 육십여 년 전까지도 이 고개를 넘어 장성과 영광의 경계인 태청산(593m)으로 나무를 하러 다니던 고개이며 대마와 고창군 대산으로 가는 큰길이어서 내왕하는 사람들이 많은 고개이다. 이 고개의 이름이 〈곧올재〉가 된 데에는 다음과 같은 전설이 전해 내려온다.

 백제 근초고왕이 370년 이 고을을 점령하기 전에는 마한의 한 부족국인 성진국(城眞國) 이었다. 이 성진국에 한 금실 좋은 젊은 부부가 살고 있었다. 남편인 도손은 열심히 농사를 짓는 부지런하고 선량한 사람으로 근동의 어른들로부터 칭송이 자자한 젊은

이였다. 아내가 임신하여 배가 불러오자 도손은 고된 일을 하면서도 예쁜 자식을 얻을 생각을 하니 신바람이 나서 저절로 일하는 손이 빨라지고 콧노래가 흘러나왔다.

그러던 어느 날 이웃 부족이 쳐들어 왔다. 성진국 군사들은 죽을힘으로 막았으나 워낙 예상치 못한 갑작스러운 침범으로 밀리는 형편에 주민들은 옥등재를 넘어 태청산으로 피난을 하였다. 도손은 만삭이 된 아내를 업고 피난을 하는데 옥등재 모롱이에 다다르자 아내가 크게 진통을 하는지라 내려놓으니 아내는 엄청난 진통 끝에 아기를 낳고는 혼절하였다. 피난 가는 사람들은 모두 재를 넘어 가버리고 혼자 남은 도손은 한 번도 아기를 받아 본 일이 없이 처음 겪는 일인지라 안절부절 어쩔 줄을 모르고 허둥대는데 아내가 무어라고 작은 소리를 내어 귀를 가까이 대고 들어보니 물! 물! 하고 들릴 듯 말 듯 한 작은 신음이었다. 고갯마루에서 물을 구할 길이 없는 도손은

"여보! 곧 올게. 조금만 참고 기다려."

하고 적병들이 우글거리는 읍내로 달려 내려와 샘에서 물을 뜨는 순간 적군에게 붙잡히고 말았다.

"네 놈은 웬 놈이냐? 다른 사람들은 모두 도망갔는데 네놈만 마을에 남아 있는 것을 보니 적의 첩자가 분명하다."

하고 마구 때리는 것이었다.

"저는 첩자가 아닙니다. 피난길에 아내가 아기를 낳아 물을 가

지러 내려왔습니다. 방금 아기를 낳은 아내가 기다리고 있으니 제발 한 번만 살려주십시오."

하고 울면서 매달렸으나 끝내 적군들은 도손을 살려두지 않았다. 도손을 죽는 순간까지도 "곧 갈게!"를 속살이며 숨을 거두었다. 도손의 아내는 돌보는 이 없이 고갯마루에서 핏덩이 아기를 품고 "곧 올게!"를 되뇌며 죽었다.

전쟁이 끝나고 피난처에서 돌아온 사람들이 보니 아내는 고갯마루에서 마을 쪽을 향해 손을 뻗고 도손은 우물 옆에서 고개를 향해 손을 뻗고 죽어있는 게 아닌가. 사람들은 도손이 피를 흘리며 누워있는 아내를 향해 "곧 올게! 조금만 참아." 하고 외치며 마을로 내려가는 모습이 생각나 이 부부와 아기를 고갯마루에 묻어주고 난 뒤부터 이 고개를 〈곧올재〉로 불렀다고 전한다.

이 전설은 적의 침공에 나라를 지키지 못하여 불행을 감수해야만 하는 약한 나라의 백성들이 겪는 슬픔을 말해주고 있다. 이후로도 영광 고을의 백성들은 왜구의 침공 때마다 슬픈 눈물을 흘리며 이 고개를 넘었다. 이 재에 스며있는 정신은 나라를 다스리는 사람들은 지혜롭고 바른 정치를 하여 강한나라, 힘 있는 나라, 온 백성이 마음 놓고 복되게 사는 나라를 만들어야 한다는 깊은 뜻이 들어있는 것이다.

21. 쥐돔바와 괴돔바

영광군 홍농읍 계마리의 어촌인 가마미 앞바다에는 조그만 섬이 둘이 있다. 이 섬을 사람들은 조금 큰 섬을 〈괴돔바〉 즉 "고양이 좀 봐!" 조금 작은 섬을 〈쥐돔바〉 즉 "쥐 좀 봐!"라고 하는데 그 유래는 다음과 같다.

아주 오랜 옛날얘기다.

점심때까지도 맑고 푸르던 하늘에 갑자기 거센 바람이 일더니 검은 구름을 몰고 와 고막이 터질 듯 우렛소리 요란한 천둥과 번개가 하늘을 가르며 장대비가 쏟아졌다. 사람들은 무서워 옴짝달싹도 못 하고 모두 방안에 갇힌 신세가 되고 말았다. 천둥과 번개를 치며 장대비는 연사흘 밤낮을 내리퍼부어 대니 낮도 밤처럼 어두웠다. 어린아이들은 더 무서워 벌벌 떨며 이불 속에 얼굴을 파묻고 날이 갤 때를 기다릴 수밖에 없었다.

사흘 밤이 지나고 아침이 되자 언제 그랬냐는 듯 동녘에서 밝은 해가 떠오르고 하늘은 티끌 하나 없이 푸르고 맑았다. 사람들은 모두 밖으로 뛰어나와 이젠 살았구나 하고 숨을 크게 내쉬었다.

아! 그런데 마을 앞바다에 지금껏 보지 못했던 섬이 둘이나 솟아 있지 않은가.

"오메! 쩌그 저 앞바다에 섬 쪼께 보씨요. 먼 놈의 섬이 두 개나 새로 생게 뿌렀구만 그랴! 워쩌면 바다가 다 솟아나와 섬이 생게 뿌렀을 게라우~"

사람들이 새로 생긴 섬을 바라보다 사방을 둘러보니 월곡과 가마미 사이의 길게 벋은 능선이 사라지고 깎아지른 절벽으로 변해 있는 것이었다.

"저것 조까 보씨요이~ 월곡으로 가는 고개도 읎어져 뿐졌어라우~."

"긍께로 서해의 용왕님이 말 꼬랑지 깔딱재를 깎아다가 섬을 두 개나 맹글어 뿐진 것 아니라고?"

"워메! 무서워라! 용왕님 심이 월매나 씨먼 산을 다 깎어다가 섬을 맹그라 분지실께라?"

놀란 사람들은 산을 깎아서 섬을 만드신 용왕님의 어마어마한 힘을 생각하고 혀를 내두르며 두려움에 떨었다. 그리고 섬 모양을 자세히 살펴보니 앞에 있는 작은 섬은 모양이 쥐처럼 보이고 뒤에 있는 조금 큰 섬은 고양이처럼 보이는 것이었다. 사람들은 쥐처럼 생긴 섬을 쥐 섬 (鼠島- 서도) 고양이처럼 생긴 섬을 고양이 섬 (猫島- 묘도)라고 하였다. 그런데 섬이 웅크리고 앉아있는 모습이 고양이가 쥐를 잡아먹으려고 노리고 있는 모양이며 쥐는 고양이가 무서워 쩔쩔매고 있는 모양인지라 사람들은 섬을 바라볼 때마다 아이들에게 이 섬들이 생긴 이야기를 들려주고 쥐 섬과 고양이 섬을 가리키며

"저 쥐 좀 봐, 괴 좀 봐!"

하고 일러주었다. 이 말을 아직 발음이 덜 된 한 아기가 옆집 아주머니가 오자 손가락으로 섬을 가리키며

"쥐돔바! 괴돔바!"

하고 소리쳤다. 아주머니와 가족들은 아기가 귀엽기도 하고 혀 짧은 말이 재미있어 사람들이 오기만 하면 아기에게 섬을 가리키며 물었다. 그리고 아기가 '쥐돔바! 괴돔바!' 하고 외치면 사람들은 아기를 따라 하며 웃었다. 이처럼 마을 사람들이 세 살짜리 아기의 흉내를 내다보니 여러 사람 입에 오르내리게 되어 어느새 섬 이름으로 굳어져 버렸다고 한다.

이 전설은 바닷가에 사는 사람들에게 거센 태풍의 힘이 얼마나 큰가를 가슴에 새겨 대자연의 변화에 순응하는 마음을 지니게 하고 작은 일도 사람들의 입에 오르내리다 보면 나중에는 모든 사람의 마음속에 정착되어 크게 확대되어버리는 것이니 말을 함부로 해서는 안 된다는 가르침이 숨어있는 것이다.

22. 술내기재 설화

　영광군 홍농읍 단덕리 대덕산에서 서남쪽으로 휘어진 한 능선의 맥이 토끼 등을 타고 구사리 뒷산으로 이어져 어장밑에서 멈추는데 나본정에서 샘목 나루를 건너 법성포로 가려면 이 등성이를 넘어야 한다. 이 대덕산과 토끼등 사이의 등성이를 넘는 고개를 술내기재라고 하는데 술내기재는 대덕산 큰 줄기를 돌아서 등성이를 넘어야 한다. 나본정 마을 앞에서 구사마을 앞까지는 제법 먼 거리이며 넘기도 힘든 고개다. 게다가 술내기재는 나본정 등성이를 넘어 작은 골짜기를 지나 또 더 큰 등성이를 넘어야만 하는데 이 작은 골짜기는 아주 음침한 곳이어서 대낮에도 넘으려면 두려움이 앞서는 곳이다.
　그뿐만이 아니다. 이 골짜기에서 대덕과 구사 쪽의 큰 등성이 길은 대덕산 쪽을 깎아서 가파른 황토벽을 끼고돌아야만 고갯마루에 올라설 수 있는데 마루 정상 못미처 황토벽에는 어른 한 사람이 들어갈 만한 구멍이 뚫려있다. 구멍 안은 큰 굴로 들여다보면 어두워서 아무것도 보이지 않는다. 사람들은 이 굴을 고래장 굴이라고 한다. 고래장이란 고려 때 80세가 넘은 부모님을 굴속에 산 채로 묻었다고 일컫는 고려장을 말한다. 이는 일제가 우리를 미개한 민족으로 깎아내리고 고묘(古墓)를 파헤쳐 유물을 도굴해가기 위한 술책과 음모였음이 밝혀졌지만, 사람들은 이 고개를 지나며 고래장 속에서 귀신이 나온다고 하여 무척 두려워했었다. 그리고 이 고개는 술내기재로 바뀌기 전에는 대덕 고라당재로도 불렸었다. 음침한 골짜기를 이 지역 사투리로 고라당 이라고 하며 흔히 고라당에서는 비가 부슬부슬 내리는 날 밤이나 그믐날 밤에는 귀신이 나온다고 믿고 있었다.

궂은 비가 부슬부슬 내리는 어느 캄캄한 그믐날 밤에 사랑방에서 이 재를 넘을 수 있느냐? 없느냐? 내기가 벌어졌다. 그중에서 주서방이 넘을 수 있다고 장담하고 내기를 걸었는데 장담한 주서방이 넘어갔다 돌아오면 원 없이 술을 사주고 못 넘으면 주서방이 상대방에게 원 없이 술을 사주어야 한다는 술내기였다. 넘을 수 있다고 호언장담한 주서방은 나본정 모퉁이를 돌아 고라당 가까이 오자 비는 부슬부슬 내리는 데다가 그믐밤이라 앞이 캄캄하여 길마저 분간할 수 없어 발을 헛디디며 오금이 저린다.
그러나 사나이 대장부가 한 번 한 약속인데 질 수는 없다는 오기로 더듬더듬 가슴을 졸이며 고라당 골에 가까이 다가가니 더욱 캄캄하여 아무것도 보이지 않아 고갯마루로 고개를 쳐든 순간, 키가 장대처럼 크고 다리도 없이 몸통만 공중에 떠 있는 하얀 귀신이 히히히 웃으며 달려드는 게 아닌가. 혼비백산 한 주서방은 '걸음아 날 살려라.' 하고 죽자사자 뒤로 도망을 치다 넘어져 무릎이 깨지고 옷은 흙 범벅이 되어 사랑방에 돌아와 쓰러져 버렸다. 정신이 돌아온 주서방은 재를 넘지 못한 벌로 사랑방 사람들에게 술을 샀다. 그 후부터 〈고라당재〉는 〈술내기재〉로 불렸다고 전한다. 나중에 밝혀진 일이지만 하얀 귀신은 내기를 건 상대방이 친구와 함께 미리 가서 간짓대에 하얀 옷을 매달아 귀신 흉내를 낸 것이라고 한다.

이 설화의 교훈은 농한기에 사랑방에 모여서 쓸데없는 내기를 하지 말고 짚신을 삼거나 멍석이라도 짜서 소득이 있는 일을 하라는 것과 젊은 혈기만 믿고 함부로 만용을 부리지 말라는 가르침이 담겨있다.

23. 대포리 설화

  홍농읍 성산리 죽동(竹洞-대포리)에는 다음과 같은 설화가 전해 오고 있다.

  1736년 전북 고창군 무장면에서 신안주씨(新安朱氏) 주화익(朱化益)이 정착할 곳을 찾아 헤매던 중에 망덕산 기슭에 이르러 몸이 피곤하여 따뜻한 잔디밭에 앉아 쉬다가 얼핏 잠이 들었는데 하얀 수염을 길게 늘어뜨린 한 백발노인이 나타나서

  "대나무 위에 봉황새가 앉아있는 마을을 찾아가거라."

  하고 일러주어 깨어보니 꿈이었다. 꿈에서 깨어난 주화익(朱化益)은 이는 신령님이 살 곳을 일러주시는 계시라 여기고 가던 길로 계속 가다가 한 고개를 넘으니 나지막한 산기슭에 대숲이 우거져 있는지라 자세히 살펴보니 신령스럽게 보이는 매가 왕대나무 가지에 앉아있어 이곳이 신령님께서 가르쳐주신 곳이라고 여기고 이곳에 눌러앉아 살게 되었다고 한다. 이 대포리는 대 죽(竹)자를 써서 〈죽동〉이라고 하며 신령님이 계시해준 신령스러운 마을이라 소문이 퍼져 사람들이 모여들어 두 마을로 커졌다. 처음 생긴 마을을 안 대포리(내 죽동) 차차로 늘어난 마을을 밖 대포리

(외 죽동)이라고 한다.

  이 마을 사람들은 봉황새는 대나무 열매를 먹고 사는 상서로운 새이니 대포리는 상서로운 기운이 돋는 마을이라고 자부하며 자기 동네를 신령님이 돕는 신성한 마을로 여긴다. 이 마을 뒷산에 금계포란(金鷄抱卵)이란 명당이 있는데 국풍(國風 왕릉을 잡는 지관) 이석우가 점혈(點穴)하여 후장(厚葬-1640년)한 이란 장군의 묘와 신도비가 서 있다. 이 신도비는 숙종(肅宗) 10년 경인(庚寅-1710년)에 홍농읍 성산리 묘역에 세워진 신도비이다. 영의정 명곡(明谷) 최석정(崔錫鼎 1646~1715 최명길의 손자)이 비문을 짓고 전서(篆書)했으며 글씨는 영의정을 지낸 명필 약천(藥泉) 남구만(南九萬 1629~1711)이 쓴 비문으로 당시 정치사 연구에 귀중한 자료로 전라남도 문화재 제273호로 지정되었다.

  이 대포리 마을 바로 앞산(봉대산) 기슭에는 성산리 지석묘군(전라남도 지방기념물 123호)이 있는데 마을에서 홍농읍 소재지로 넘어가는 고갯길 위에 위치하며 45기가 남북 4열로 배치되어 있다. 이 고인돌군이 산재해 있는 범위는 100×30m에 2~3m의 간격으로 밀집해 있는데 지역주민들은 산신령이 장기를 두는 〈장기바우〉라 부르고 있다. 받침돌이 괴고 있는 고인돌은 17기뿐이며 나머지는 땅에 밀착되어 있거나 밑부분이 땅에 묻혀있다. 고인돌의 분포형식은 받침돌이 있는 것과 없는 것이 섞여 있다. 이처럼 대포리 마을 앞에 고인돌 45기가 있다는 것은 선사시대에 이곳에 사람들이 많이 모여 살았다는 것이고 그만큼 손쉽게 먹을 것을 구할 수 있는 곳이었다는 것을 증명해 주는 것이다.

24. 동학군의 발상지

　우리가 일반적으로 알고 있는 상식으로는 동학혁명의 시작은 전봉준 부대의 1894년 2월 15일 탐관오리인 전라북도 고부 군수 조병갑의 징벌로 기억하고 있지만 실제로 동학 혁명군의 발원지는 무장과 홍농읍의 접경지였다. 무장에서 가장 서쪽인 공음면 구수내(구지기, 굴수내, 구시내)와 홍농읍 마래마을 사이의 바닷가 모래밭에서 처음으로 동학군을 창설하고 훈련 시킨 발상지이다.

　참고로 동학군 발상지가 홍농읍이었다는 근거를 밝히면 1916년 2월 9일 조선총독부 부령으로 전라남도 영광군과 전라북도 고창군 간에 부분적인 경제 지역 조정이 이루어졌는데 그 4조에 보면
　4. 전라남도 영광군 홍농면 덕림리의 일부(2개소), 풍암리의 일부(2개소), 반룡리의 일부, 영중리의 일부로 도로를 건너 전라북도 고창군으로 돌입한 지역을 고창군에 편입한다.
　라고 되어있는 총독부령을 근거로 볼 때 1916년 이전인 1893

년에는 마래의 도로 건너 지역과 구수내 도로 건너 지역이 홍농면이었고 따라서 동학군 창설 발상지는 홍농면 덕림리 마래와 구수내 사이의 등성이로 홍농읍이 동학군 창설의 발상지 이였음이 명백한 사실이다.

1893년 12월 10일 김개남 전봉준 등 13명의 접주들이 고창군 공음면 구수내마을 송문수 집에서 회동하고 처음으로 동학군을 모집하여 군대를 편성하고 훈련하였기 까닭에 이곳을 동학군의 발상지로 복원하였다. 이 홍농읍의 마래와 공음면의 구수내 마을 사이의 들은 1910년 법성의 쇠머리와 홍농의 매물고지를 막기 전에는 바닷물이 이곳까지 들어오던 모래사장으로 구수산 아홉 골에서 내려오는 물에 의해 연병장 같은 모래사장이 크게 조성되어 단체가 집합해 훈련 할 수 있는 좋은 조건을 갖춘 곳이다.

이곳에서 동학군을 처음 모집하고 훈련한 동학군은 두 달 후인 1894년 2월 15일에 전라북도 고부군에서 봉기를 한 것이다. 그러나 조정의 회유로 동학군은 해산하였다. 그러나 안핵사 이용태는 첫 봉기를 '동학도의 반란'으로 규정하고 "동비들의 뿌리를 뽑겠다."고 선언하며 반란 관련자들을 '동비'(東匪)라 하여 동학도로 취급하였다. 그 과정에서 동학과는 상관없는 전라북도, 충청남도 지역의 농민들을 동학도로 몰아 역적죄로 처벌하였다.

이용태의 강경책에 분개한 전봉준과 농민들은 이에 굴복하지 않고 총기류와 농기구 등으로 무장한 뒤, 태인 대접주 김개남, 무장(茂長) 대접주 손화중 등과 함께 봉기하였다. 이것이 '1차 봉기', '백산 봉기', '삼월 봉기' 등으로도 불리는 '동학농민혁명'의 시작이다. 전봉준을 총대장, 김개남, 손화중을 장령(將領)으로 삼은 농민군은 1894년 음력 3월 하순에 백산에 모여 궐기한 뒤 전주성을 점령한다.

이처럼 마래마을 앞들이 동학군의 발상지라는 것은 이 지역주민들이 동학군에 다수 참여했음을 의미한다. 즉 이 동학군에는 무장과 홍농읍 주민들 그중에서도 의기가 넘치는 젊은이들이 많이 참여하고 앞장섰으리라 짐작된다. 다만 동학혁명이 관군과 왜군에 의해 진압되고 혁명의 봉기에 참여한 사람들이 관에 체포되면 살아남기 어려운 실정에서 살아남은 사람도 숨기 마련이며 죽은 사람도 가족이 숨길 수밖에 없기에 동학 혁명군에 동참한 인명부나 기록이 없어 이처럼 자랑스러운 혁명군에 앞장선 정의로운 이들이 누구인지는 알 수 없다. 그러나 이 고장에서 일어난 일에 이 고장의 피 끓는 젊은이들이 다수 참여하였으며 희생자도 많았으리란 추측은 가능한 것이다. 이처럼 우리나라 최초의 민간 혁명으로 일컫는 동학군을 최초로 결성한 홍농읍은 민주 혁명의 발상지로 성스러운 곳이라 할 수 있다.

25. 이감관과 자라 바위

 조선조 중엽 영광군 대마면 성산리 금평마을에 이감관이라는 사람이 있었는데 그는 살림이 넉넉하여 남부럽지 않게 살았으나 슬하에 일점혈육이 없었다. 그러나 그는 마음씨가 착하고 도량이 넓은 사람이어서 마을에 어려운 일이 생기거나 이웃의 어려운 일을 보면 자기 일처럼 나서서 해결하고 흉년에는 가난한 이웃을 도와 마을 사람들의 신뢰도가 높았다.

 어느 해 가뭄이 들어 사람들이 목마르게 비를 기다리고 있었던 어느 날, 이른 아침 이감관이 삽을 들고 논을 둘러보러 가는데 마을 공동 샘가에 솥뚜껑만 한 자라 한 마리가 나와서 샘물을 마시고 있는 게 아닌가. 이감관은 이는 그냥 넘겨버릴 수 없는 일이라고 생각하고 마을 사람들을 불러 모아
 "가뭄이 든 오늘 아침 신령스러운 동물인 자라가 우리 마을 샘에 나타난 것은 우리 마을의 큰 경사입니다. 자라는 옛날부터 장생하는 동물로 〈학(鶴) 천년 구(龜) 만년〉이라고 하였습니다. 이는 〈학은 천년을 살고 거북이는 만년을 산다.〉는 뜻입니다. 우리

가 이렇게 한 마을에 모여 오순도순 사는 것은 전세의 인연이라고 생각합니다. 이웃 간에 형제처럼 사이좋게 살려면 우리 마을 공동으로 자라 수호신을 모시는 제단을 만들어 함께 제를 올리며 마을의 안녕과 모든 주민의 가정에 행복을 기원하는 것이 좋을 것입니다. 여러분 의견은 어떻습니까?"

 하고 물으니 마을 사람들은 처음에는 갑작스러운 의견이라 의아한 표정들이었으나 곰곰이 생각해 보니 마을 사람들이 하나가 되어 화목하게 살려면 마을 단일 신을 모시고 함께 제를 올리며 소망을 기원하는 것이 마을공동체로 단합하는 좋은 의견이라고 모두 찬성하였다.

 "그러면 어디다 어떤 방법으로 제단을 만드는 것이 좋겠습니까?"

 하고 한 사람이 물었다.

 "우리 마을 사람들의 수복(壽福)을 비는 수호신 제단을 만드는데 소홀히 할 수야 없지 않겠습니까? 마을 뒷등에 제 닷 마지기 밭을 수호신 제단 터로 내놓겠습니다. 마침 고송산 중턱에 자라 모양의 큰 바위가 있으니 이 바위를 옮겨다 제단 위에 모시고 매년 자라가 나타난 3월 그믐날인 오늘 날짜에 제를 올리는 게 좋겠습니다."

 이에 온 마을 사람들이 힘을 모아 고송산 중턱에서 바위를 옮겨오고 돌을 모아 제단을 만들어 자라 바위를 올려놓고 동제를 지냈다. 그날 밤 오경부터 비가 내려 못자리마저 말라가던 논에 물이 넘실거려 가뭄으로 모내기 걱정이 태산 같던 사람들의 가슴을 후련하게 씻어주었다. 그날 이후부터 이 금평마을은 재앙이 없어지고 마을 사람들은 점차 살림이 늘어 부자 마을로 변해갔다. 그럴수록 이 마을 사람들은 어려웠던 때를 되새기며 어려운 일이 닥친 집에는 마을 사람들이 모두 나서서 해결하여 마을 사람 모두가 친형제처럼 살았다.

 어느덧 이감관이 늙어 자리에 눕게 되었는데 동제 전날 마을 사람들을 불러 모아 유언하였다.
 "나는 이제 살 만큼 살고 죽을 날이 눈앞인데 자식이 없으니 내 재산을 모두 금평마을 공동재산으로 기부하는 바이오."
 하고 눈을 감았다. 마을 사람들은 모두 나서서 마을 공동으로 장례를 치르고 동제 전날 이감관님 돌아가신 것은 큰 뜻이 있다고 믿고 매년 동제 지내는 날 이감관의 제사를 함께 지냈다.
 몇 해가 지난 뒤, 마을 사람 중에서 우리마을이 이렇게 잘사는 마을이 된 것은 이감관과 자라바위 덕택인데 자라의 머리가 금평천 쪽으로 향하고 있는데 마을 쪽으로 향하도록 돌려놓으면 더욱 잘사는 마을이 될 것이라고 주장하여 자라 머리를 돌려놓았다. 그러나 자라 머리를 돌려놓은 뒤, 마을이 원인 모를 재앙이 닥쳐오고 앙화(殃禍)가 미치는 가정이 늘어나게 되자 이는 필시 자라 머리를 돌려놓았기 때문이라고 여기고 자라 머리를 다시 원위치로 돌려놓은 다음부터 마을에 다시 화평과 복락이 찾아 왔다고 전한다. 이 얘기에는 과욕은 재앙을 불러온다는 교훈이 들어있음을 알 수 있다.

　그 후, 이 마을에 존장 격인 신참봉이 있었는데 이와 같은 영험을 보고 느낀 바 있어 이감관이 기증한 마을 공동 산에서 소나무를 벌채하여 자라 바위 옆에 이감관의 송덕비를 세웠다. 자라 바위와 송덕비는 금평마을의 상징으로 지금도 제자리에 있으며 삼월 그믐날이면 어김없이 제사를 지내오고 있다.

26. 기인(奇人) 이범(李範)의 설화

　영광군 대마면 복평리는 광해군 때에 낙향한 호조참판(戸曹參判) 이규빈(李奎賓 1549-1623)의 후손들이 집성촌을 이루고 사는 마을들로 이루어져 있다. 특히 섬암(蟾岩)마을은 과거에 급제한 선비들이 많은 마을로 이 마을 위쪽에 방축(方丑)이란 마을이 있고 방축마을 아래에는 방축제가 있는데 저수지 둑 옆에 공배석(拱北石)이라고 쓰여있는 높이 2.4m 폭 1m가량의 입석이 서 있다. 이 방축제(方丑提)와 공배석에는 다음과 같은 설화가 전해온다.

　조선조 순조 때 방축마을에는 이범이라는 사람이 살고 있었다. 그는 어려서부터 남달리 골격이 장대하고 용모가 뛰어날 뿐만 아니라 재주가 비범하여 장차 큰 인물이 될 것이라고 인근 사람들이 입을 모았다. 그러나 그는 태어날 때부터 기구한 운명을 지니고 태어났다. 어느 날 그의 부친이 사랑에서 낮잠을 자는데 갑자기 해(태양)가 입으로 들어와 목구멍으로 삼켜버리는 꿈을 꾸었다. 이는 분명히 훌륭한 자식을 낳을 태몽이라고 여기고 안방으로 들

어가 부인에게 꿈을 얘기하고 동침을 요구하였다. 그러나 부인은
"대낮에 이 무슨 해괴한 짓이에요."
하고 막무가내로 거절을 하였다. 흥분을 억제하지 못한 그는 몸종을 불러 동침을 하였는데 몸종은 그날부터 태기가 있어 몸종에게 허리를 졸라매게 하고 부인은 잉태한 것처럼 무명 배를 두둑이 감아 열 달이 되었다. 몸종이 아들을 낳자 아기는 이제 막 출산한 아기가 정상적인 아기 보다도 골격이 클 뿐 아니라 얼굴이 관옥같이 훤칠하여 부인이 낳은 아기로 위장하여 길렀다.

예로부터 나라에 무슨 일이 생기면 먼 지방에 있는 선비들은 한양까지 가려면 한 달 이상이 걸리므로 마을에서 일정한 장소를 정하여 그곳에서 임금님이 계시는 한양을 향해 북향사배(北向四拜)하고 나라의 안위를 기원하였는데 이 마을에서는 선돌(立石)이 서 있는 곳에서 이를 행하였다. 이 범은 11세 때에 이러한 사실을 알고 이 선돌에 공배석(拱北石)이라고 손수 글씨를 써서 새기고 북향사배(北向四拜)를 하며

"앞으로 열심히 무예를 닦고 학문을 익혀서 나라에 큰일을 하며 충성을 다하겠나이다."

하고 다짐 한 뒤 더욱 열심히 무예를 닦고 학문에 정진하였다.

그러나 어떤 비밀도 언젠가는 들통나고 마는 것, 이범이 성년이 되어 과거시험에 나서려는 시기에 몸종의 몸에서 태어난 서자라는 사실이 밝혀지자 이범은 비통한 실의에 빠지고 만다. 당시는

안동김씨가 세도를 부리던 때로 서자는 과거시험도 치를 수 없고 아버지를 아버지라 부를 수 없던 시대였다. 제아무리 비범한 재주를 지닌 사람일지라도 천대를 받으며 능력을 펼칠 수 없었던 어두운 시대였다. 이러한 처지에 직면한 이범은 세상을 원망하며 양반들의 일에 방해를 일삼아 근동에서 망나니로 전락하고 말았다. 특히 아랫마을 섬암에 과거에 급제하여 벼슬에 오른 사람들이 많음을 시기한 그는 혼자 힘으로 방축과 섬암 사이의 언구재 능선을 잘라 방축제의 물을 넘기는 수로를 만들어 버려 풍수설에 의한 섬암마을의 주맥(主脈)을 끊어 마을 터를 못 쓰게 만들고 더는 인물도 못 나오게 하는 심술을 부렸다. 이와 같은 심술은 그치지 않았으나 근동 마을 사람들은 그가 힘이 장사인 데다가 인물이 비범한지라 아무런 대응도 하지 못 했다.

　이러한 소문은 나라에까지 알려져 이 사실을 조사하기 위한 관원이 내려왔다. 조사관이 내려올 것을 사전에 알아차린 이범은 관원이 오는 길목인 〈이래잔등〉에 하마비를 세우고 그곳에서 자신의 집까지 화문석을 깔고 영접하여 관원을 놀라게 하였다. 또 관원이 자기 집에 머무는 동안 매끼 마다 색다른 진수성찬으로 접대하니 관원이 그를 시험하기 위해 반상기를 모두 방축제에 던져 버렸다. 그러나 이리 할 것을 미리 짐작한 이범은 방축 안에 미리 그물을 쳐 놓았다가 그릇을 건져내니 관원은 그 비범함에 놀랐다고 한다.

그 후 이범이 나라에 어떤 이로운 일을 하였는가는 전해진 바 없으나 근동 주민들은 이범이 걸출한 인물이며 서자로 자신의 포부를 펴지 못한 한이 많은 기인으로 아까운 인물이었다고 전해온다. 이는 꾸민 얘기가 아니라 그 시대에 있었던 실제 이야기다.

이러한 설화는 이 마을에만 전해오는 것이 아니라 걸출한 서자가 태어난 마을에는 이런 얘기가 전해오기 마련이다. 광주광역시 광산구 등림동에 전해 내려오는 홍총각 얘기도 이와 비슷한 이야기이다. 그 대표적인 설화가 바로 장성의 홍길동 이야기라고 할 수 있을 것이다.

27. 벼락 맞은 사또

 예로부터 가뭄이 들면 하늘에 기우제를 지냈었다. 경기도 광주의 검단산은 임금님이 기우제를 지내던 산이다. 임금님도 하늘에 비를 내려주시기를 빌며 기우제를 지냈는데 가뭄이 들 때 한 고을의 수령이 기우제를 지내는 것은 당연한 행사였다. 영광군에는 군수가 기우제를 지내는 곳이 산으로는 홍농읍의 금정산이었고 용왕제는 염산면 야월리 신촌마을 앞의 바다였다. 이 용왕제는 전설처럼 기이한 이야기가 전해온다.

 영광군 염산면 야월리 신촌마을의 용왕제는 바닷속에 제단이 있어 군수가 제관이 되어 바닷속에 들어가 수중 제단에 산돼지를 바쳐 용왕님께 제를 올리면 비가 온다고 전해 오고 있는데 용왕제를 지낸 후, 제관은 비가 오기 전에 영광읍 성안으로 들어와야만 살 수 있다는 계율이 있었다. 그 까닭은 제를 지낸 후, 비가 올 때 제관이 성안으로 들어오지 못하면 벼락을 맞기 때문이라고 한다. 그래서 지금까지 용왕제를 지낸 군수들은 벼락을 맞지 않으려고 바닷속 깊이 들어가 수중 제단에서 제를 올리지 않고 해변에서 제를 올리고 돼지를 물속에 던져 넣고서는 재빨리 되돌아왔다. 이처럼 성심으로 제를 올리지 않았기 때문인지 용왕제를 지내도 비가 내리지 않았다.

지금부터 약 300여 년 전 숙종 때의 이야기다. 남부지방에 내리 3년간이나 가뭄이 들어 나라가 어려움을 겪었다. 나라의 곡창지대인 남부지방에 가뭄이 들면 온 나라 백성들이 굶어야 하는 형편이었다. 나라에서는 구황촬요(救荒撮要)라는 책을 훈민정음으로 펴내어 한글만 아는 가난한 백성들도 굶어 죽어가는 목숨을 살려내게 하는 비방을 쓸 수 있게 하였다. 그리고 고을마다 기우제를 지내 비를 내려주시기를 빌었으나 아무런 효과가 없었다. 백성들은 계속되는 가뭄으로 대 흉년을 맞아 기아에 허덕이고 민심은 흉흉해지고 있었다.

이때의 영광 군수는 임호(林濠)라는 분이었다. 임 군수도 금정산에서 기우제를 정성으로 올렸으나 기다리는 비는 내리지 않았다. 이에 임 군수는 마지막으로 신명을 다 바쳐 용왕제를 올릴 결심을 하고 재물을 준비하여 염산면 신촌마을 앞 수중 제단으로 향했다. 임호 군수는 목욕재계하며

"내 오늘 벼락을 맞아 죽을지라도 바닷속에 들어가 제단에 제물을 성심껏 올리고 비를 내려주시기를 빌리라."

작심하고 바닷속으로 들어가 제단에 산돼지를 바치고 용왕님께

신명을 다 하여 빌었다.

"용왕님이시여. 지금 이 나라 백성들이 기아에 허덕이다 굶어 죽어가고 있나이다. 제발 비를 내려주시어 불쌍한 백성들의 목숨을 구해주소서……."

간절한 기도로 용왕제를 올린 군수가 바다에서 나와 걸음을 재촉하여 돌아오는 길이지만 바닷물에 흠씬 젖은 제복이 무겁게 발길을 붙잡는 바람에 걸음이 더딜 수밖에 없었다. 영광 읍성이 눈앞에 보였다. 그때 일진광풍이 휘몰아오더니 하늘에 먹구름이 몰려들기 시작하였다. 군수는 지친 발걸음에 안간힘을 쓰며 발걸음을 재촉하였다. 아! 그러나 어이하랴. 군수가 성문 십여 보 앞에 이르는 순간 하늘에서 뇌성벽력이 크게 일며 번갯불이 번쩍 긴 줄기를 뻗어내려 군수를 내려치는 게 아닌가. 임 군수는 벼락을 맞아 그 자리에서 즉사하고 말았다. 그리고 하늘에서 작달비가 내리퍼부었다.

"아! 참으로 반가운 비로다. 삼 년 만에 맞아보는 이 비, 얼씨구~ 절씨구~ 좋고도 좋다."

이 고을 백성들은 모두 밖으로 뛰어나와 삼 년 가뭄에 꿀물 같은 단비를 맞으니 힘이 저절로 솟아 즐거운 마음으로 농사일을 부지런히 하였다.

나중에 이 단비가 내리게 된 까닭은 사또가 용왕제를 지내고 벼락 맞은 덕분이라는 소식을 전해 들은 이 고장 사람들은 백성들의 살길을 열기 위하여 목숨을 바친 군수님의 희생에 감복하였다. 다른 군수들은 자신의 목숨을 잃을까 봐 성의 없이 용왕제를 지내서 제를 지내고도 효험이 없었는데 이 임호 사또께서는 자신의 안위는 생각지 않고 오직 고을 백성들을 위하여 목숨을 초개같이 버리신 장한 수령님이라고 칭송하며 진심으로 감사를 드렸다.

그리고 누가 시키지 않았음에도 이심전심으로 놋쇠 숟가락을 모았다. 진심으로 고마운 마음을 담아 모은 숟가락으로 군수님이 고을 백성들을 사랑하는 성심을 기리며 추모비를 세워 사또님의 넋을 위로하였다. 이 임 군수의 추모비는 후일 이 고장에 부임하는 목민관들의 귀감(歸勘)이 되었다. 이 추모비는 일제가 놋쇠로 무기를 만들기 위해 갈취해 가려고 하였으나 영광 군민들의 완강한 저항으로 훼손만 하고 가져가지는 못했다. 해방 후 영광 사림(士林)들이 뜻을 모아 수선하여 군청 경내에 다시 세워 오늘에 이르고 있다고 한다.

28. 도깨비의 약속

　도깨비는 우리 선조들이 귀신 중에서도 가장 친근감을 주는 귀신으로 생각해 왔다. 그래서 도깨비는 어느 때는 조롱거리가 되기도 하고 어떤 경우에는 전지전능한 신이 되기도 한다. 도깨비의 어리석음 덕분에 부자가 된 이 이야기가 있는가 하면 도깨비의 올바른 판단으로 못된 인간을 징벌하기도 하고 도깨비방망이로 무소불위의 힘을 발휘하여 가난한 사람이 부자가 되기도 한다. 이는 우리 선조들이 도깨비를 인간보다 초월적이면서 동시에 어리석지만 따뜻한 신으로 생각해 왔기 때문이다. 이처럼 도깨비는 의지할 곳 없는 가난한 사람들이 상상 속에서나마 기댈 수 있는 유일한 원조자로 여겼었다. 그래서 도깨비 얘기는 우리나라 전국 방방곡곡에 전해오는 이야기가 많다.

　영광읍 우평리는 산기슭의 평평한 평지여서 사람들이 농사짓고 살기에 적합한 곳이었으나 500여 년 전까지는 사람이 살지 않았다고 한다. 그 까닭은 도깨비들이 사는 마을이었기 때문이다. 그런데 지금부터 약 500여 년 전에 한 사람이 가족을 거느리고 살기 좋은 곳을 찾아 헤매다가 우평에 이르러 뒷산을 바라보니 황소가 비스듬히 누워있는 것처럼 보이고 그 앞의 들이 논을 일구어 농사짓기에 좋은 평평한 곳이어서 우평(牛坪)이라 이름 짓고 이곳에 이삿짐 보따리를 풀었다. 사람이 정착하여 살려면 먼저 마실 물이 있어야 하는지라 첫날은 한데 잠을 자고 이튿날부터 연못가에 집짓기를 시작했다.

그런데 기둥을 세우고 난 뒤 다음날 일어나 보니 허물어져 있어 기둥을 잘 못 세웠나 보다 하고 이튿날은 더 튼튼히 세워서 지붕을 올린 뒤 다음날 일어나 보니 또 집이 허물어져 있지 않은가. 원인을 알 수 없었지만 이대로 물러설 수는 없다 하고 다시 기둥을 세우고 지붕을 올린 후 이날 밤에는 겨우 지붕만 올리고 벽도 없는 집이지만 새로 지은 집 안에서 잠을 잤다.

그런데 그날 밤 꿈에 도깨비가 나타나

"너는 왜 허락도 없이 내 집을 차지하고 있느냐? 어서 썩 나가거라."

하고 호통을 치는 게 아닌가. 그제야 지금까지 집을 부순 것이 도깨비라는 사실을 깨닫고 생각해 보니 사람의 힘으로는 도저히 도깨비를 이길 수 없다고 생각되어 자신의 처지를 말하며 사정을 하였다.

"도깨비님! 나는 살 곳을 찾아 방방곡곡을 헤매던 중에 이곳이 가장 마음 편히 살 곳이라고 생각되어 머물렀으니 제발 이곳에서 살게 해주십시오."

하고 두 손 모아 빌었다. 이에 도깨비는

"네가 제법 땅을 볼 줄은 안다만은 이곳은 옛적부터 우리 도깨비들이 사는 마을인지라 사정이 딱해도 어쩔 수 없다. 우리 고향 마을인 이곳을 너에게 넘겨주면 우리도 고향을 잃게 되니 다른 곳을 찾아보아라."

하고 일언지하로 거절하였다. 정착인은 도깨비가 거절하면 할수록 이곳이 살기 좋은 곳이라는 확신이 생겨 이곳을 떠나기 싫었다.

"도깨비님은 농사를 짓지 않으니 꼭 이곳이 아니라도 어디서나 살 수 있지만 나는 농사짓기에 알맞은 이곳이 아니면 살 수 없습니다. 제가 어떻게 하면 이곳에서 살 수 있도록 허락해주시겠습니까?"

하고 물으니 한참을 생각하던 도깨비가

"허허! 참, 고집이 매우 센 놈이로구나. 그렇다면 우리가 한발 양보하마. 그 대신 내가 하라는 대로 하겠느냐?"

"예, 일러만 주신다면 그리합지요."

"네가 집을 지은 이 본 터를 중심으로 동서남북 사방에 네 그루의 나무를 심고 중앙의 둠벙(연못) 가에 가장 큰 나무를 심어 도깨비들을 모시고 매년 음력 10월 14일에 당산제를 정성껏 지내주어야 한다. 제물은 도깨비들이 좋아하는 메밀묵과 이곳이 소의 형국이므로 소 발목을 제상에 올려 지내주면 우리 도깨비들은 소의 뒷등에 살며 이 마을에 어떤 재앙이 오더라도 막아주겠으니 그리 알고 약속을 지켜야 한다. 만약 약속을 어길 시에는 이 마을에서 살 수 없을 터이니 그리 알고 시행하렷다."

하고 사라졌다. 잠에서 깨어나 보니 햇살이 동산 마루에 얼굴을 내밀고 있는 아침이었다. 정착인은 어젯밤 꿈이 생시인 것처럼 선명하게 떠올라 도깨비가 시킨 대로 나무를 심고 정성을 다하여 제사를 지내주었다. 그런 후 이튿날부터 연못의 조금 위쪽에 집을 지으니 집이 허물어지지 않았다. 연못 밑 평평한 땅을 일구어 논을 만들고 농사를 지으니 해마다 곡식이 잘 되었다. 도깨비 둠벙은 물이 마르지 않아 가뭄 때에도 농사를 잘 지을 수 있을 뿐 아니라 마을에 병고나 액운이 들지 않아 마을 사람들이 도깨비가 약속을 잘 지킨 덕이라고 하며 자신들도 도깨비에게 정성으로 제사를 지낸다.

우평마을 사람들은 이 제사를 둠벙 옆의 중앙에 심은 당산나무에 도깨비가 깃들어 있는 당산제라 하고 매년 매우 엄격하게 제를 올린다. 제관은 제사 전날부터 찬물로 목욕하고 변소에 갈 수 없다. 당산제 달인 10월에 사람이 죽거나 아기가 태어나면 신성을 더럽혔다 하여 제를 올리지 않고 다음 달인 11월 중에 좋은 날을 택일하여 제를 올렸다. 그뿐 아니라 우평마을 사람들은 당산제를 모시지 않으면 이듬해에 운수가 불길하다 하여 제물을 마련하는데 한 집도 빠짐없이 손수 떡과 음식을 장만하여 방, 곳간, 샘, 천룡 등 집안 곳곳에 빠짐없이 차려놓고 무사히 보낸 올해의 감사와 돌아오는 새해의 행운을 비는 제사를 엄숙하게 지내오고 있다고 한다.

29. 미륵당(彌勒堂)의 전설

　불교에서 미륵은 현재는 보살이지만 다음 세상에 부처로 태어날 것이라고 믿고 있는 미래의 부처이다. 불교 교리에 따르면 용화수 아래에서 고타마 붓다가 제도하지 못한 모든 중생을 제도할 부처로 수기를 받았다고 한다. 그러므로 미륵보살 신앙은 미륵보살이 후세에 미륵불(彌勒佛)로 출현하여 세상을 구원한다는 신앙이다. 따라서 불교가 국교였던 고려 시대 사람들은 유토피아인 〈미륵불 세상〉의 현세로의 출현을 기대하였다. 일종의 구세주로 미륵이 이루는 세상은 오곡이 풍성한 평화로운 세계일 것으로 기대하였으며 이는 농경 민족적 관념이 강하다고 볼 수 있다.
　이처럼 미래의 유토피아를 염원하는 미륵 신앙이 영광군에서도 꽃피웠으니 그곳이 곧 군서면의 미륵당 전설이다. 영광군 군서면 남죽리는 고려 중엽 때까지는 낮은 곳은 바다였고 육지는 산이고 숲이었다. 게다가 산과 바다가 맞닿은 곳은 가파른 경사지여서 농사지을 땅이 없어 현재의 영광읍과 접경을 이루는 가까운 곳이지만 사람들이 정착하지 않아서 오지였을 뿐 아니라 행인들도 다니기를 꺼렸다고 한다.

지금부터 약 700여 년 전 고려 원종 때에 진주정씨 정선비가 산천을 구경하며 유람하던 중에 산과 바다가 어우러진 이곳에 이르러 양지 언덕에 앉아 산세를 살피다가 피곤하여 언뜻 낮잠이 들었다. 그런데 커다란 거북이 한 마리가 언덕 바로 아래 바닷가 웅덩이에서 오도 가도 못하고 허우적거리며 빙글빙글 맴돌고 있지 않은가. 선비가 물속으로 들어가 웅덩이에서 거북이를 꺼내어 놓아주자 거북이는 고맙다고 인사를 하며 목을 길게 늘어뜨려 한 곳을 가리키더니 바다로 들어가 헤엄쳐 사라졌다. 정선비가 정신을 차리고 깨어보니 꿈이었다. 정선비는 대낮에 웬 남가일몽(南柯一夢)인가 하고 무심 코자 하였으나 꿈이 하도 실제처럼 생생하여 꿈에 거북이가 가리킨 곳으로 가서 물속에 손을 넣어 더듬어보니 커다란 돌이 손에 잡혔다.

정선비는 겉옷을 벗고 들어가 온 힘을 다해서 돌을 들어 올려 꺼내놓고 보니 불상(佛像)이었다. 정선비는 이 일은 예삿일이 아니니 필시 부처님께서 이곳에 부처를 모시고 법을 지키며 살라는 계시를 주신 것으로 여겨 산봉우리에 집을 짓고 불상을 깨끗이 씻어 안에 모시고 미륵당(彌勒堂)이라 불렀다. 그리고 부처님이 자신에게 정착할 곳을 일러준 것이라 여기고 미륵당 아래에 집을 짓고 살며 험한 지세의 순화와 앞으로 이곳에 찾아와 사는 사람들에게 복을 주실 것을 빌었더니 차차 물이 빠지고 살 터가 열렸다. 이 소문을 들은 사람들이 사방에서 몰려들어 마을이 점점 커지게 되고 미륵당에서 미륵에게 복을 비는 사람들이 늘어났다. 마을 사람들이 미륵불을 정성스럽게 모신 후부터 이 마을에는 재앙이 없고 집마다 화평하여 복락을 누리며 잘 살았다고 한다.

그 뒤부터 이곳을 지나가는 사람들도 이 미륵 당에 들러 여행 중에 무사하기를 기도하며 가슴속에 품고 있는 소원이 성취되기를 빌었다. 그리고 이 근방에서 자식이 없는 사람이 아들을 점지해주시라고 미륵께 빌고 난 후에 아들을 낳았다고 소문이 난 뒤부터는 자식을 얻지 못한 사람들이 많이 찾아와서 소원을 빌어 아들을 낳기도 했다고 전한다.

이 전설은 절이 아니면서 미륵당이라는 기도처를 지어 불상을 모신 특이한 곳으로 사찰에는 스님이 있으나 이 미륵당에는 스님이 없고 불상만 있어 이곳을 지나가는 사람들이 누구나 또 아무 때나 이곳에 찾아와 자기 스스로 기도를 드리는 자유로운 신앙 처라고 할 수 있다. 우리나라 지방마다 큰 고개에는 대체로 서낭당이 있어 고개를 넘는 사람들이 돌이나 솔가지를 올려놓고 소원을 빌었는데 이 미륵당은 불교와 서낭당 신앙이 융합된 곳이라고 여겨진다.

30. 낙월도 쌍복바위의 전설

영광군 낙월면은 상 낙월도와 하 낙월도 두 섬이 마치 초승달 모양으로 이어져 있어서 얻은 이름이다. 이 섬에 가려면 염산 향화도 항에서 낙월도 행 여객선을 타야 하는데 직항하지 못하고 먼 길을 돌아간다. 그 까닭은 밀물 때면 물에 잠기고 썰물 때만 형체를 드러내는 1㎢에 이르는 거대한 풀등 때문이다. 여객선이 풀등에 걸려 좌초할까 봐 두려워서 우회하는 것이다. 이 풀등은 새우들의 산란장으로 낙월도가 새우젓의 산지가 된 것도 이 풀등으로 인해서다.

낙월도(落月島)의 옛 이름은 진다리(진달이)섬 혹은 진월도(珍月島)이었다. 1530년에 간행된《신증동국여지승람》에는 진월도로 표시되어 있고, 고산자 김정호(1804~1866)가 편찬한《대동지지》에는 낙월도로 표기돼 있다. 낙월도가 진다리섬이라고 불리게 된 것은 백제가 폐망할 때 백제 왕족들이 배를 타고 피난을 가다 달이 지자 항로를 잃고 이 섬에 정착했기 때문이라는 설이 있다. 또 일설에는 두 섬이 연결되어있는 모습이 긴 다리처럼 보여 긴 다리가 전라도 사투리로 진 다리로 변해 진다리섬이라고 불렀다고도 한다.

그런데 상 낙월도에는 비바람에 시달리고 파도에 씻긴 바위 두 개가 서 있는데 하나는 바닷가언덕에서 해변을 바라보며 슬픔에 젖은 듯 앉아있고 하나는 언덕 아래에서 언덕 위에 앉아있는 바위를 바라보며 서 있다. 사람들은 이 두 바위를 쌍복바우라고 부르며 다음과 같은 전설이 전해 내려오고 있다.

이 마을에는 사랑을 맹세한 두 쌍의 남녀가 있었다. 이제 가을걷이가 끝나면 혼례식을 올리고 부부가 될 텐데 미처 가을걷이가 다 끝나기 전에 왜적이 쳐들어 와 나라에서 병사를 모병하니 젊은 두 총각은 징집에 응하여 김총각은 육군, 배총각은 수군으로 입영하게 되었다. 사랑하는 두 쌍의 남녀는 나라의 부름으로 코앞의 혼례를 앞두고 생이별을 하지 않을 수 없게 된 것이다.

"육남씨! 사랑해요. 부디 무사히 돌아오시길 하느님께 날마다 빌께요."

"전순이! 사랑해. 꼭 살아서 돌아올 테니 걱정하지 마."

"선돌씨! 날더러 어찌하라고 혼자만 가뿐당가 시방? 꼭 살아서 돌아와야 헌당께~ 약속혀요. 얼렁 손꾸락 걸장랑께라우~"

"그려, 알았당께! 꼭 살아서 돌아올팅께 나 없는 참에 물녀는 딴 놈보고 헛눈질이나 말더라고~."

두 쌍의 처녀와 총각이 혼례식을 올리고 부부가 될 날이 채 한 달도 못 남았는데 헤어져야만 하는 이별의 순간은 마을 사람들의 눈시울을 적시고도 남았다. 처녀들의 애간장이 녹는 애처로움을 뒤로하고 전선을 향해 떠나는 육남이와 선돌이도 가슴이 쓰라리기는 마찬가지 이였다.

  그 후 육남이는 며칠이 멀다 하고 소식을 전해주어 전순이의 외로움을 달래주고 전순이는 소식이 올 때마다 목욕재계하고 하느님께 육남이가 몸 성히 돌아오기를 간절히 빌었다. 그런데 어찌된 셈인지 수군으로 입영한 선돌이는 몇 년이 되도록 감감무소식이 아닌가. 물녀는 소식이 없는 선돌이를 원망하며 갯가 일에 지치다 보니 자연 치성이 소홀할 수밖에 없었다. 실은 선돌이는 한 번 배를 타고 바다에 나가면 육지로 올라오는 일이 거의 없어 소식을 전할래야 전할 수 없는 형편이었다. 이러한 사실을 모르는 물녀는 삼 년이 넘도록 한마디 소식이 없는 선돌이가 원망스럽고 간간이 소식을 전해 받는 전순이가 부럽기만 하였다.

  난리가 평정되어 복무를 마친 병사들이 모두 돌아오고 육남이는 돌아와 전순이와 혼례를 치르고 신혼의 단꿈을 꾸는데 선돌이는 아무런 소식이 없었다. 물녀는 날마다 언덕에 올라가 바다를 바라보며 선돌이가 돌아오기를 손꼽아 기다렸다. 그런데 어쩌랴! 한 참 후에야 선돌이의 전사통지서가 오는 게 아닌가. 전사통지서와 함께 그동안 선돌이가 물녀를 그리워하며 쓴 편지를 전할 길이 없어 모아 둔 사랑의 편지 뭉치가 함께 돌아왔다. 물녀는 선돌이의 마음도 모르고 선돌이를 원망한 자신이 밉고 자기의 치성이 소홀하여 남편이 될 선돌이가 죽었다고 생각하니 가슴이 쓰리고 아팠다. 그러다가 끝내 뒷산 해변의 절벽 위에 올라가 바다에 몸을 던져 죽고 말았다. 부모는 물녀의 시체를 인양하여 바다가 보이는 언덕에 묻어주었다. 그런 뒤 하루는 꿈에 물녀가 나타나

"아버지, 불효녀를 용서하소서! 지아비는 바다에 있는데 저는 어찌 산에 있을 수 있나요. 바다에서 영혼이나마 서로 만날 것이오니 저 무덤에서 관을 파서 관과 함께 그동안 혼숫감으로 준비해 둔 예물들을 바다에 띄워주소서."

하고 애원하는 게 아닌가. 깜짝 놀라 잠에서 깨어난 아버지는 딸의 선몽대로 무덤을 파고 관을 꺼내어 혼숫감으로 준비해 두었던 가위, 인두, 상자, 장롱 등을 함께 바다에 띄워주었다. 이때 띄워 보낸 관과 혼숫감들이 다시 바닷가로 떠밀려와 바닷가의 돌들로 변하고 언덕에 앉아있는 바위는 서럽게 우는 물녀의 혼백이 변한 것이며 조금 아래 서 있는 바위는 물녀를 안타깝게 바라보는 예비신랑 선돌이라고 전한다.

이 전설은 고기잡이 나가 풍랑에 남편을 잃고 홀로 된 여인들의 안타깝고 서러운 사연이 전설로 꾸며져 전해오는 이야기라고 할 수 있을 것이다.

31. 일편단심 용의 사랑

　용은 동아시아뿐만 아니라 세계 각처의 신화 및 전설에 등장하는 상상의 동물이다. 특히 우리나라에서는 용을 가리켜 〈미르〉라는 고유어로 불렀으며 왕을 상징하는 동물로 용에 대한 많은 이야기가 전해져 온다. 그리고 용을 상징한 지명이 아주 많다. 용두, 용천, 용정, 용현 등등의 지명들이 전국 각 곳에 산재해 있다. 그런데 용의 진실은 무엇일까? 우리는 용을 상상의 동물로 여기고 있지만 실제로 존재했던 동물이 아닐까? 하고 생각해 본다. 그 까닭은 용은 전 세계의 많은 문화에서 공통으로 등장하며, 동서양이 나타낸 용의 모습이 유사하고, 구체적인 신체 부분까지 묘사되어 있다는 점이다. 그리고 역사가나 매우 신뢰할만한 사람들이 용을 직접 목격했다고 기록해 놓고 있기 때문이다.

　중국 문화에는 용에 관한 많은 이야기가 남아있다. 〈춘추좌씨전〉에는 용을 사육하고 훈련한 가문이 있었고 송나라 황제는 그의 궁전에서 용을 키웠다는 기록이 있다고 한다. 또 띠를 나타내는 쥐, 소, 호랑이, 토끼 등 12종의 동물 중에서 11종의 동물들은 실존하는 동물인데 유별나게 용만 상상의 동물로 여기고 있다. 왜 용만 상상의 동물인가? 용도 실존했던 동물이 아닐까?

 우리나라 전국 방방곡곡에 용과 관련 있는 지명과 전설도 많으나 용 암수가 사랑을 나눈 이야기는 찾기 어렵다. 그 까닭은 왕을 상징하는 용을 신성시했기 때문일 것이다. 그런데 신령스러운 고장인 영광에 용이 사랑을 나눈 이야기가 전해오는 것을 보면 영광에 살고 있었던 백성들의 의식 수준이 매우 높았다는 것을 알 수 있다.

 아주 오랜 옛날 영광읍 교촌리 물무산에서 칠산바다까지 크고 긴 굴이 뚫려있었다. 이 굴은 칠산바다의 해룡과 물무산의 육룡(陸龍)이 서로 사랑하여 왕래한 용굴 이였다. 주로 육룡이 이 굴을 통해 해룡(海龍)을 찾아가 바닷가에서 사랑을 나누었다. 그러던 어느 날 문득 사랑을 나누고 싶은 충동이 인 해룡이 육룡을 찾아왔다. 그런데 육룡이 보이지 않았다. 그 시간에 육룡은 태청산에 올라가 구름 속에서 낮잠을 즐기고 있었기 때문이다. 이를 모르는 해룡은 아무리 기다려도 육룡이 오지 않자 영광에서 가장 높은 태청산을 바라보니 솜이불처럼 포근한 구름 속에서 육룡의 행복에 겨운 모습이 보이는 게 아닌가! 육룡의 마음이 변심해 바람을 피우고 있는 것으로 오해한 해룡은 토라져 바다로 돌아가 버렸다. 그 뒤 육룡이 찾아오자 문을 열어주지 않고 크게 싸운 뒤 다시는 만나주지 않았다. 두 용이 싸우던 날 사흘 동안이나 태풍이 몰아쳐 용 굴이 무너지고 육룡이 해룡을 만나러 다니던 길이 막혀버렸다.

육룡은 해룡이 그리울 때마다 태청산에 올라가 칠산바다를 바라보고 슬퍼하였다. 그때마다 비가 내렸다. 마을 사람들은 번개가 치고 천둥이 울리며 갑자기 비가 내리면 물무산 육룡이 또 해룡을 그리워하며 우는가 보다 하고 생각하였다. 가뭄이 들 때면 마을 사람들은 물무산 육룡이 해룡을 그리워하며 울기를 기다렸다. 물무산 육룡이 승천할 때가 되어 마지막으로 칠산바다 해룡을 찾아갔으나 해룡이 문을 잠그고 끝내 만나주지 않아 해룡이 그리워 눈물을 흘리며 승천하였다. 이때 흘린 눈물 두 방울이 바위에 떨어지자 바위에 눈물 자국이 생겼다고 한다. 영광읍 교촌리 물무산 기슭에는 지금도 용의 눈물이 떨어져 홈이 패인 용바위가 남아있다. 그리고 용이 사랑을 나누기 위해 왕래하던 굴은 무너지고 용바위 옆에 굴 입구만 남아있다고 전한다.

32. 불갑사의 전설

(1) 사랑의 맹세 참식나무

　불갑사 참식나무는 천연기념물 112호로 지정된 영광군 불갑면 불갑사 주변에 자생하는 상록수 과에 속하는 상록활엽교목이다. 잔가지에는 털이 없고 녹색이며 잎은 마주 보고 잎자루가 있으며 단단한 초질(草質)로 타원형이다. 잎끝이 뾰쪽하고 앞면은 초록색이나 뒷면이 흰색이다. 잎맥은 3개의 주맥이 뚜렷하고 어린잎은 황갈색의 털로 덮여 밑으로 처지지만 자란 뒤에는 털이 없어지고 옆으로 퍼진다. 이 나무는 신경통에 특효가 있다고 한다. 그리고 이 나무는 고대에서는 볼 수 없었던 애절한 국제적인 사랑, 인종을 초월한 사랑의 맹세가 담겨있는 나무로 다음과 같은 전설이 전해오고 있다.

　신라 법흥왕 때 이름 높은 스님인 경운(敬雲) 스님이 인도에 유학하였다. 하루는 그 나라 왕이 왕가의 모든 가족을 이끌고 경운 스님이 수도하고 있는 절의 법회에 참석하였다. 그때 왕을 따라

온 진희수(珍稀樹)라는 공주가 경운 스님을 보고는 첫눈에 반해 버렸다. 경운 스님과 공주는 서로 깊은 사랑에 빠져버렸다. 신라의 스님과 인도의 공주가 나누는 사랑은 당시로는 상상할 수 없는 국경과 인종을 초월한 사랑이었다. 이러한 사실을 뒤늦게 알아버린 왕이 대노(大怒)하여 스님을 차마 죽일 수는 없어 경운 스님을 본국으로 추방하였다. 이별의 슬픔을 가눌 길 없는 공주는 경운 스님을 꼭 껴안고

"스님 저도 스님을 따라가고 싶지만 제가 따라나선다면 스님 목숨이 위태로울 테니 그럴 수 없는 저의 공주라는 신분이 원망스럽습니다. 지금 당장은 헤어지더라도 내세(來世)에서 우리 꼭 만나 사랑을 맺읍시다."

하고 울면서 조그마한 나무가 심겨져 있는 화분을 선물로 주었다.

"그래. 고맙소. 공주의 사랑이 담긴 이 나무를 공주를 보듯 정성 어린 사랑으로 돌보며 잘 키우겠소. 공주! 우리 내생에는 꼭 부부의 꿈을 이룹시다."

하고 이별한 스님은 본국으로 돌아와 이 나무를 남방불교 최초의 사찰인 불갑사에 심고 정성을 다해 보살폈다. 이 나무가 바로 백담호(白淡號)라고 불리는 불갑사의 참식나무라고 전한다.

(2) 대웅전 창살 무늬의 전설

불갑사 대웅전은 이름있는 사찰들과 비교해 보면 건물 규모는 작아도 각종 조각이 특이하다. 특히 창살 무늬는 보기 드문 눈송이 모양인 설문(雪紋)이고 대들보는 용이 기둥을 타고 내려오는 오소리를 쫓는 모양이다. 불상 위를 덮고 있는 닫집 또한 일품으로 이 대웅전의 조각은 건축 당시에 가장 이름 높은 조각가가 스스로 찾아와 자원하여 일을 맡아 조각을 했다고 한다. 이 조각가는 일을 시작하기 전에

"내가 조각을 끝마치기 전에는 부정한 여자들이 절대로 출입하지 못하게 해주시오."

하고 미리 언질을 주어 당부했다. 몇 달이 지나도록 밥을 해 나르는 여인도 조각가의 모습을 본 적이 없었다. 조각가는 조각실에 박혀서 밖에 나오지 않고 일만 계속하고 있는지라 밥을 해 나르던 여인은 이 밥의 주인이 도대체 죽었는지 살았는지 또 무슨 일을 그토록 열심히 하는지 궁금증이 나서 견딜 수 없었다. 그러던 어느 날 밥 심부름 여인이 호기심을 참지 못하고 밥상을 차려다 문 앞에 놔두고 살금살금 다가가 문틈으로 살그머니 작업장 안을 들여다보았다. 그러자 혼신을 기울여 조각을 열심히 하고 있던 조각장이가 갑자기 벌떡 일어나 문틈을 노려보고 괴성을 지르더니 그만 피를 토하고 쓰러져 죽고 말았다. 순간 조각장이가 쏟

은 피가 어느새 까치로 변하더니 멀리 하늘로 날아 가버리고 말았다. 이 때문에 불갑사 대웅전 문살무늬는 완성 직전에 병신이 되고 말았다고 한다.

　대웅전을 완성하고 난 후 안타깝게 목숨을 잃은 조각가의 노고를 기념하기 위해 불상 뒤편의 벽에 까치를 그려 넣었다고 전한다. 지금도 불갑사 대웅전 벽에는 재미난 까치 그림 두 폭이 남아 있다.

33. 장군정의 전설

영광군 법성면 법성리 인의산 중턱에 장군정(將軍井)이란 샘이 있어 아침 일찍 샘물을 마시러 오는 사람들이 많았다. 이 샘물은 시원하고 맛이 있어 현재까지도 아침에 가벼운 등산을 하며 올라와 샘물을 마시는 사람들로 붐비는데 이 샘물에는 특별한 정기가 있어 이 샘물을 마시고 정기를 받은 여덟 명의 장사가 있었다고 한다.

이 소문은 인접 고을로 널리 퍼져 자기 고을에서 제일 힘이 세다고 뻐기는 김대력이라는 한 장사가 자기 고을에서는 힘을 겨룰 만한 장사가 없어 소문난 팔장사와 겨뤄보고 싶은 욕망이 발동하여 법성포로 왔다. 법성포 동지재를 넘으니 길가에서 한 소년이 따비질을 하고 있는지라 소년에게 다가가

"팔장사네 집이 어디냐?"

하고 물으니

"팔장사는 장사가 여덟 명인데 그중 누구네 집을 찾으시오?"

하고 되묻는다.

"나는 팔장사의 이름을 모르니 그중에서 제일 힘이 센 장사네

집을 가르쳐다오."

"그래요? 보아하니 아저씨는 장사와 힘을 한번 겨뤄보고 싶은가 본데 그렇다면 팔장사 중 제일 막내부터 한번 만나보시오."

하며 소년은 기골이 장대한 어른도 들기 어려운 따비를 한 손으로 들어 지팡이 삼아 가리키며

"쩌기! 저 집이 막내 허장사네 집이요."

하는 게 아닌가? 김대력은 팔 장사를 만나보기도 전에 기가 꺾이고 말았다. 장사도 아닌 저 작은 소년이 저 정도의 괴력을 지니고 있다면 장사들은 얼마나 힘이 셀 것인가? 짐작하고도 남았다. 그러나 사나이 대장부가 여기까지 왔는데 그냥 돌아설 수는 없다고 마음을 굳게 다진 그는 소년이 가르쳐 준 대로 허장사네 집을 찾아가니 한 젊은 청년이 마당을 쓸고 있어

"나는 아무 고을 사는 김대력이라는 사람이외다. 이 집이 허장사네 집이라는데 지금 허장사 계시오?"

하고 물으니

"내가 허만득 이오만 무슨 일로 오셨습니까?"

하고 되묻는다. 김장사가 청년을 자세히 바라보니 보통이 조금 넘는 평범한 체격인지라 저 정도면 해 볼 만 하겠다는 자신이 생겨

"법성포 팔장사가 힘이 세다는 소문을 듣고 왔소이다. 나와 힘 겨루기 한 번 응해주시겠소?"

하고 말하니 팔장사의 막내 허장사가 피식 웃더니 곁에 있는 짚다발에서 지푸라기 하나를 뽑아 마당 가운데로 휙 던졌다. 그러자 지푸라기는 화살처럼 날아가 단단한 마당 한가운데 깊이 꽂히는 게 아닌가!

"당신이 저 지푸라기를 뜯지 않고 온전히 뽑아내면 내 당신의 상대가 되어 드리리다."

지푸라기에 기를 불어넣어 쇠꼬챙이처럼 만들어서 단단한 땅에 박는 일은 힘만으로는 도저히 할 수 없는 일이 아닌가. 땅속에 박혀있는 지푸라기를 상하지 않고 온전히 뽑아내는 일은 자신의 힘으로는 도저히 할 수 없는 일이다. 이를 본 김대력은 '걸음아 날 살려라.'하고 혼비백산하여 도망쳤다고 한다.

그런데 법성포에는 남자뿐만 아니라 여자도 힘이 세어 지금부터 100여 년 전에 살았던 정인조라는 사람의 어머니는 지금 장정 대여섯 명이 힘을 합쳐야 겨우 들 수 있는 차돌 바위를 혼자서 치마폭에 담아 옮겨 돌다리를 놓았다고 전하며 지금도 홍 사거리에 돌다리 일부가 남아있다고 한다.

34. 송정마을 큰 샘의 전설

　사람들은 샘과 우물을 구분하지 않고 같다고 여기는 이가 많은데 원래 샘이란 땅속에서 물이 솟아 나와 땅 위로 넘쳐 흐르는 것을 말하고 땅속을 파서 땅속의 물이 파낸 곳에 고여있는 것을 우물이라고 한다. 우물은 땅속에 고여있기 때문에 두레박으로 퍼 올려 사용하지만 샘은 땅 위로 솟기 때문에 앉아서 쪽박으로 떠서 쓰는 것이다. 대체로 큰 마을 앞에는 마을 사람 모두가 식수로 사용할 수 있는 넉넉한 양의 샘이 있기 마련이다. 샘이 없는 곳은 아예 마을이 들어앉지 않았다고 해도 과언은 아니다. 그리고 샘은 나오는 물의 양에 따라 말샘(두정) 가마샘 등으로 불리기도 하고 참샘(진정) 비단샘(나본정) 꽃샘(화정) 이라고도 하였으며 이는 곧 마을 이름이 되기도 하였다. 그만큼 식수가 되는 샘은 마을 형성의 근원이었다. 그래서 큰 샘이 있는 마을에는 샘과 연관된 전설이 전해 내려오기 마련이다. 영광에도 샘에 대한 전설이 많이 전해 내려 오지만 특히 영광읍 계송리 송정마을 대숲 앞에 있는 큰 샘의 전설은 특이하다.

오랜 옛적 어느 추운 겨울날 밤에 이 마을에 사는 한 할머니가 마실 나들이를 나가며 이 샘 옆을 지나가는데 몹시 추운 밤인데도 몸에 물을 끼얹는 소리가 나서 깜짝 놀랐다. '이 춥고 어두운 밤에 누가 무엇을 하는고?' 하도 궁금하여 살금살금 우물로 다가가 살펴보니 새하얀 소복을 입은 여자가 치렁치렁 긴 머리를 늘어뜨리고 차디찬 샘물로 머리를 감고 있는 게 아닌가!

"오메! 이 뭔 일이여. 부엌에서 물을 데워서 목욕해도 고뿔이 들 턴디?"

할머니는 너무 놀라 자신도 모르게 소리쳤다. 그러자 소복 차림으로 머리를 감던 여인은 화가 잔뜩 오른 표정으로 할머니를 노려보더니 캄캄한 어둠 속으로 사라져 버렸다.

그 이튿날부터 이 샘에서는 물이 나오지 않아 마을 사람들은 마실 물이 없어 눈이 쌓인 겨울날 먼 이웃 동네로 가서 마실 물을 길어와야만 하였다. 마을 사람들은 걱정이 태산 같았다. 하루 이틀도 아니고 일 년 내내 남의 마을에서 구걸하여 물을 길어다 마셔야 한다는 생각을 하니 눈앞이 캄캄하였다. 마을 사람들은 음식을 장만하여 정성 들여 샘 굿을 치며 제사를 지내고 온 마을 사람들이 물이 나와주기를 지성으로 빌었으나 아무 소용이 없었다.

그런데 물이 나오지 않는 까닭을 할머니는 알고 있었다. 그 까닭은 소복으로 머리를 감은 여자가 샘 신으로 자신의 모습을 사람에게 보여 화가 나서 물이 안 나온다는 것을……. 할머니는 어찌

하면 샘 신을 달래서 물이 나올 수 있게 할까? 이리저리 궁리하다가 '옳지. 이러이러하면 되겠다고 생각하고 둥근 보름달이 떠오른 초저녁에 마을 아낙네들을 모두 모아 놓고 자신이 겪은 일을 얘기하고 샘으로 가서 샘가에 빙 둘러서서

"나는 안 보았소! 나는 안 보았소!"

하고 합창으로 달이지는 새벽까지 외쳐대도록 하였다. 과연 그 이튿날부터 예전보다 더 맑은 물이 철철 넘쳐흘러 이 마을 사람들은 이 샘을 큰샘이라 부르며 정월 대보름날에는 샘 굿을 치고 여인들은

〈나는 안 보았소! 나는 안 보았소!〉를 외쳐대는 풍습이 전해 내려왔다.

예로부터 마을의 당산나무 밑은 주로 남정네들의 생활공간이요, 공동 샘은 여인네들의 생활공간으로 굳어져 있었다.

이전설은 샘은 여자들의 생활 장소요, 집합소이기 때문에 여자들이 남정네들에게 숨기고 싶은 부끄러운 일도 수시로 일어날 수 있으며 특히 무더운 여름밤에는 여인들끼리 목욕을 하기도 하는 곳인지라 혹 남자들이 보았을지라도 못 본 척하라는 묵시적인 계시가 들어있는 전설이라고 할 수 있을 것이다.

35. 고인돌의 전설

　영광군 백수읍 서봉마을에 한 뜨내기 더벅머리 총각이 굴러들어왔다. 이 뜨내기 총각은 어디서 어떤 연유로 흘러들어왔는지 까닭을 알 수 없었으나 이 마을에 들어온 후로는 이집 저집 일을 열심히 도와주고 얻어먹으며 헛간에서 잠을 자는 신세지만 전혀 이 마을을 떠날 생각을 하지 않았다. 그리고 그저 공짜로는 빌어먹지 않고 무슨 일이든지 닥치는 대로 일하며 일한 대가로 삼시 세끼를 때우고 일한 집 헛간에서 잠을 잤다. 비록 가진 게 없이 떠돌이 신세지만 허우대가 건장하고 성인 남정네 두 몫의 일을 하는지라 마을 사람들은 일이 생기면 부르지 않아도 저절로 찾아와서 일해주는 총각을 내칠 필요 없이 어느새 한 마을 사람으로 받아들였다.
　일을 해주고 품삯을 받을 생각도 않는 바보스러운 총각이지만 힘이 장사인 데다가 눈빛이 살아있는 젊은이 인지라 이 마을의 부잣집 딸이 눈여겨보고는 만월이 휘영청 밝은 보름날 밤에 모시 잎 찹쌀떡 한 접시와 막걸리 한 됫박을 치마 속에 숨겨와 자기 집 헛간에서 자는 총각을 가만히 깨웠다.

"예, 나 좀 보시께라~ 술 허고 안주 가져왔쏭께 한잔 드시지라~."

총각이 눈을 비비고 일어나 보니 귀하디귀한 이 집 고명딸이 아닌가.

"참, 고맙소만 뭣 땜시 술꺼정 갖고와서 요로코롬 주신당가요?"

"아따! 다 암시롱 멀라고 고로코 내숭을 떠요. 나 태어난 이래로 첨으로 따라보는 술잉께 싸게 잔 받으시씨요."

"그럽시다. 허벌나게 고맙구만이라우~"

사실은 오늘 낮에 논에서 일하다 참을 쉴 때 이 처녀가 찬거리를 가져와 서로 눈 맞춤을 하였었다. 처녀와 총각은 술잔을 주거니 받거니 술이 바닥나자 헛간에서 밤을 새웠다. 그 후부터는 서로 약속을 하고 뒷동산 동백나무 숲속에서 자주 만났다. 추수철이 되자 처녀는 배가 불러오기 시작하였다. 처녀의 집에서는 큰 소동이 일어났다. 시집도 안 간 처녀가 애를 배었으니 그 당시 풍습으로서는 온마을이 부끄러운 일로 사람들의 입에 오르내리며 눈총을 받을 일임이 분명하였다. 그러나 처녀는 눈 하나 깜짝하지 않고 자기 부모님께 사실을 고하고 혼례식을 올려달라고 애원하였다. 처녀의 아버지는 노발대발하여

"네 이놈을 덕석몰림을 시켜 마을에서 쫓아내야겠다. 장쇠야! 얼렁 그놈을 잡아오너라."

하고 호령을 하였다. 그러자 언제 왔는지 더벅머리 총각이 달려와

"제가 죽을죄를 지었으니 죄값을 치르겠나이다. 처분대로 하옵소서."

하고 처녀 아버지 앞에 넙죽 엎드렸다. 그러자 처녀가 방안에서 재빨리 뛰어나와 총각 옆에 엎드리며

"아버지! 이 사람은 죄가 없습니다. 이 사람이 우리 일을 하고 우리 헛간에서 자고 있을 때 제가 꾀어내어 이리되었으니 저를 덕석몰림을 시키시옵소서."

하고 애원을 하는 게 아닌가! 처녀 어머니가 총각을 살펴보니 근본은 알 수 없으나 허우대 하며 생김생김이 사윗감으로 이만하면 족하다는 생각이 들었다.

"영감! 처녀 총각이 만나서 이루어진 일잉께 참는 것이 으쪄요? 그만 화 푸시씨요. 이~"

하고 말렸다. 처녀의 아버지도 혼례도 올리지 않은 처녀가 애를 밴 것이 부끄럽기는 하나 이미 엎질러진 일인지라 일부러 화를 못 이기는 척

"두 녀러 것덜 다 보기도 싫으니 썩 물러가거라!"

하고 소리치며 안방으로 들어 가버렸다.

가을걷이가 끝나고 혼례식을 올린 신부는 이듬해 봄에 떡두꺼비 같은 아들을 낳았다. 이 아기가 자라니 허우대가 구척장신에 기상이 늠름하여 장군이 되었다. 이 장군은 외적이 쳐들어올 때

마다 군사들을 이끌고 앞장서서 막아내니 고을이 평화로웠다. 장군이 죽은 후 사람들이 그의 공적을 기려 그의 무덤을 고인돌로 세우고 고인돌 옆에 정자나무를 심어 후손들의 귀감(龜鑑)으로 삼았다. 현재 마을 어귀에는 고인돌과 정자나무가 남아있다고 한다.

　이 전설은 나종태라는 마을 사람의 제공으로 200년 전에 있었던 이야기로 영광군지(靈光郡誌)에 실려있는 전설이다. 그런데 200년 전의 고인돌 묘는 이 지구상 어디에서도 볼 수 없으며 200년 전 일이라면 이 전설 주인공들의 이름이 밝혀졌을 것이다. 이 전설은 석기시대에 있었던 일이 구전되어 온 이야기이며 고인돌은 석기시대에 세워졌으리라 짐작된다. 그래서 주인공들의 이름이 없이 처녀, 총각이라고만 전해오는 것이다. 즉 2,000년이 훨씬 넘는 마한 시대의 어느 한 부족장의 전설로 받아들여야 마땅하다고 생각한다.

제2편

성(城)과 고인돌의 고장 고창의 전설

고창 모양성 전경

☞ 선사시대의 중심지 고창

고창군은 장성 입암산에서 고창 방장산으로 벋어내려 문수산, 구황산, 고성산을 통과하여 영광 불갑산에서 멈추는 노령산맥의 서북쪽에 자리 잡은 고장으로 전라북도 서남단에 위치하여 남쪽은 영광과 경계를 이루고 동쪽은 전라남도 장성, 북쪽은 전라북도 정읍, 부안과 접해있고 서쪽은 서해에 면해있는 방마형(放馬形)의 고장이다.

고창은 마한 50여 국의 하나인 모로비리국(牟盧卑離國)에 해당하는 곳으로 백제 때는 모량부리(毛良夫里)라 하였고, 통일신라 때에 고창(高敞)이라 했다. 일제는 1914년 3월 1일 행정구역을 개편하며 조선 시대의 무장현과 흥덕현을 고창현에 편입시켜 고창군으로 승격하여 오늘에 이른 것이다.

고창이 선사시대부터 사람이 가장 살기 좋은 곳으로 여기는 근거가 바로 고인돌군이다. 2000년 11월 29일 강화, 화순의 고인돌군과 함께 유네스코 지정 세계문화유산에 등재된 바와 같이 한 고장에 7,000여 개가 넘는 고인돌이 운집해 있는 모습은 세계 어느 곳에서도 볼 수 없다. 그만큼 고창은 선사시대의 사람들이 의식주를 해결하기가 가장 쉬운 곳이었음을 말해준다. 고창의 고인돌 유적지는 고창읍에서 4km 정도 떨어진 도산리 지동마을 김영인씨 집 뒤 장독대 옆에 깔끔하게 정돈된 북방식 고인돌 1기가 있고 3km 정도 선운산 쪽으로 가면 고인돌군이 나온다. 이 고인돌군은 신석기시대와 청동기시대에 고대인들이 이미 이곳 상갑리와 죽림리 일대에 정착하여 대규모 마을을 이루고 생활하였다는 명확한 증거다.

고창읍성은 모양성이라고도 부르며 성의 남쪽 주봉인 장대봉(108m)에 좌청룡 우백호의 자세를 최대로 이용하여 축조한 성곽이다. 이 성곽은 모서리 이음의 공법으로 축조하였기 때문에 외면만 돌을 쌓고 안쪽은 흙과 잡석으로 다져져 있다. 모양성의 축성연대에 대해서는 여러 가지 설이 있으나 고창읍성의 관아건물 보수 시에 나타난 상량문과 각종 문헌 및 성 돌에 새겨진 글자들을 보면 조선 세종 32년(1450)부터 단종 원년(1453)까지 전라좌우도 19개 군·현에서 구간별로 분담하여 축성한 흔적이 성벽 구간마다 각자(刻字)되어 있는데 예를 들면 무장시 면(茂長始面)→무장종(茂長綜)이라 새겨져 있어 이 구간을 무장현에서 쌓은 것임을 알 수 있다. 동문 옹성 성벽에는 계유소축감동송지민(癸酉所築監董宋芝玟)이라는 글씨가 남아있어 고창읍성이 계유

년에 축조하였으며 송지민(宋芝玟)이 감독하였음을 밝혀준다. 『동국여지승람』에 〈둘레가 3,008척, 높이가 12척이고 성내에 세 개의 연못과 세 개의 하천이 있다〉라고 기록되어 있는데『동국여지승람』이 성종 17년에 발간되었기 때문에 그전에 쌓은 것임을 알 수 있다.

고창읍성을 모양성(牟陽城)이라 하는 근거는 백제 시대에 고창지역을「모량부리(毛良夫里)」라 불렸기 때문일 것으로 사료 된다. 이 성은 나주진관의 장성 입암산성과 연계되어 호남 내륙을 방어하는 전초기지 역할을 하였다.

방장산(743m)은 노령산맥의 줄기로 고창읍 월곡리, 신림면 신평리 일대에 거대한 주봉을 이루고 있으며, 장성 입암산과 연결된다. 이 산은 고창의 진산으로 고창에서 제일 높은 산이며 고창을 지켜주는 영산으로 정읍의 두승산, 부안의 변산과 함께 전북의 삼신산이라 일컬어지고 있다.

이처럼 고창지역은 선사시대부터 사람들이 정착하던 곳으로 마을마다 역사가 숨 쉬고 있어 신화나 전설이 많이 전해 내려올 수밖에 없는 곳이다.

1. 모양성(牟陽城)의 전설

고창 모양성(牟陽城)은 높고 험한 산세를 이용해 쌓은 산성도 아니요, 그렇다고 보성 낙안읍성처럼 평지에 쌓은 평지성도 아니다. 산성과 평지성의 장점을 취해 쌓은 성이라고 할 수 있다. 이 성의 지형은 마치 여성의 음기를 닮은 모습인데 그래서인지 여성과 관련된 얘기들이 많다. 즉 이 성안에 고창 여 중고교가 들어서 있었던 일이나, 음력 윤달에 부녀자들이 돌을 이고 성곽 위를 세바퀴 돌면 살아서는 무병장수하고 죽어서는 극락 왕생하며, 소원을 빌면서 돌면 소원이 이루어진다는 전설이 전해오고 있는 것도 여성 관련 얘기다.

특히 농한기인 윤삼월에는 여인들이 장사진을 이루었는데 엿새 날에는 저승의 극락 문이 열린다 하여 초엿새, 열엿새, 스무엿새 날에 답성(踏城) 대열이 장관을 이루었다. 실제로 숙종 4년(1678년)에 모양성을 개축할 때 윤삼월을 택했으며 순조 3년(1803년) 고창읍에 읍치풍수(邑治風水)의 석조물을 조성할 때에도 윤삼월을 택하였다. 모양성의 성밟기 놀이 풍속은 1678년 고창 현감 이항이 정유재란 이후 모양성을 대대적으로 개축할 때 시작되었다.

개축에는 여덟 개 현의 혈기왕성한 남성들을 동원하였는데 윤삼월에 모양성 개축을 완공하면서 부녀자들을 동원하여 돌을 머리에 이고 모양성을 돌면 무병장수하고 극락왕생한다는 소문을 퍼트려 모양성 밟기의 역사가 시작된 것으로 본다.

답성 순서는 북문으로 들어선 후 손바닥 크기의 성 돌을 머리에 이고 동쪽 성곽 위를 걷는 것으로 시작한다. 동문의 등양루(登陽樓)에 오르면 문루의 창문을 세 번 열었다 닫았다 하면서 무병장수와 극락왕생을 소원하는 치성(雉城)을 올린다. 모양성에는 여섯 곳의 치성이 있는데 그곳에 이르면 부녀자들은 저승으로 가는 길에도 반드시 노자가 따르는 법이라 하여 손수 가꾼 오곡을 백지에 한 줌씩 싸 가지고 와서 조금씩 펴 놓고 '저승길 노자요!' 하고 합장하며 삼배(三拜)를 올린 뒤 무병장수와 극락왕생의 소망을 기원한다. 모양성을 한 바퀴 돌면 다릿병이 낫고 두 바퀴 돌면 무병장수하고 세 바퀴 돌면 극락왕생한다는 속신(俗信)에 따라 머리에 돌을 이고 세 바퀴를 도는 부녀자들의 풍속이 오늘날까지 전해오고 있다

이처럼 모양성은 여성과 관련된 사실들이 많은데 다음과 같은 〈오뉘 힘내기 성 쌓기〉 전설 역시 사실일 가능성이 매우 크다.

아주 먼 백제 때 남자와 여자가 두 패로 나누어 성 쌓기 내기를 했다. 평지와 낮은 산에 쌓는 모양성은 여자들이 쌓고 아산면 서

고산성(西高山城)은 남자들이 쌓기로 하였다. 고창읍에서 서북쪽으로 약 6㎞ 정도 떨어진 석치동(石峙洞) 마을 뒷산인 서고산(西高山)에 오른 남자들은 자신들의 힘이 세니까 여자들이 자기들을 이길 수 없을 거라고 여유를 부리며 성 쌓기를 게을리하였다. 반면에 자신들이 힘이 약하다고 생각한 여자들은 성안의 옴팍한 곳에 모여서 이길 방법을 의논하였다.

"아무래도 우리 여자들이 이기려면 무슨 수를 써야 할 텐데 어떻게 하면 좋을까?"

"남자들 속이기야 식은 죽 먹기인데 설마 우리가 지겠어?"

"그러니까 말이야. 무턱대고 이길 수 있다고만 말하지 말고 이길 방법들을 생각해 보라니까?"

"음, 이렇게 하면 어떨까? 서고산이 마주 보이는 서북쪽 문은 장구 치며 노는 것처럼 허수아비로 꾸미고 남자들의 눈에 띄지 않는 곳부터 쌓아나가면 멍텅구리 남자들은 우리가 화장이나 진하게 하고 날마다 노는 것처럼 생각하고 술타령이나 벌리며 게으름을 피우겠지?"

"호호호! 역시 꽃님이 속임수에 안 넘어갈 남자 없다니까."

이리하여 성 쌓기 시합을 시작한 지 달포가 넘어가자 꽃님이 생각이 간절하여 욕구를 참지 못한 대봉이가 달 밝은 보름날 밤에 시오리를 달려와 보니 모양성은 거의 완성되어가는 게 아닌가? 깜짝 놀란 대봉이는 부리나케 되돌아가

"여보게들! 큰일 났네. 모양성은 서북쪽만 남겨두고 거의 완성되어가네."

하고 알려준다. 그제야 남자들이 정신을 차리고 성 쌓을 돌들을 부랴부랴 실어 날랐지만 때는 이미 늦었다. 남자들이 성의 틀을 겨우 잡아가자 모양성 쪽에서 여자들이 성을 완성하고 만세를 부르는 게 아닌가. 남자들은 힘만 믿고 게으름을 피운 자신들을 한탄하며 성 쌓기를 중단하고 말았다.

서고산성(西高山城)은 모양성에서 서북쪽으로 6km 정도 떨어진 성틀봉에 있다. 이 서고산(西高山) 봉우리를 성틀봉이라 하는 것도 그때 남자들이 성의 틀만 잡았다 하여 성틀봉이라 일컫는다. 또 성 쌓기를 중단하고 버린 돌이 고인돌 무더기로 변해 버렸다는 것을 입증이라도 하듯이 성틀봉 아래에는 고인돌이 군집을 이루고 있다.

2. 방등산가의 유래

　고창 방등산(方登山)은 방장산(方丈山), 반등산(半登山)으로도 불리었으며 전남 장성과 전북의 고창, 정읍 세 고장이 맞물려 경계를 이루는 산이다. 노령산맥의 내장산을 지나온 맥이 장성의 백암산(白岩山)을 지나 입암산(立岩山)에 이르러 급경사를 이루고 내려와 장성에서 정읍으로 넘어가는 장성갈재를 경계로 방등산으로 이어지는데 입암산에서 바라보면 방등산의 모양이 마치 엉덩이가 풍만한 여인이 머리를 서쪽으로 향하고 옆으로 누워있는 형국이다. 풍수로는 장성의 입암산을 양으로 보고 고창의 방등산을 음으로 본다.
　예로부터 방등산은 지리산, 무등산과 함께 호남의 삼신산으로 추앙받을 정도로 신비로운 영산으로 알려져 있다. 또 방등산은 산이 높고 오르기가 힘들어 반밖에 올라가지 못한다는 뜻으로〈반등산〉으로 부르다가 근래에 와서 산이 크고 넓어 인근 고을 품고 있어 인근 고을 백성을 포용한다는 의미로〈방장산〉이라 고쳐 부른 것으로 전해오고 있다.

방등산가(方登山歌)는 백제 5대 가요 중 하나로《고려사》〈악지(樂志)〉권71 삼국속악조(三國俗樂條)에 가명(歌名)과 유래만 전하며 가사는 전하지 않는다. 유래의 내용은 신라 후기에 방등산에 근거지를 둔 도적이 양가의 아녀자들을 납치해갔는데 그 가운데 장일현의 한 여인이 남편이 구하러 오지 않음을 탄식하며 지어 부른 노래라고 한다.

그리고 작품명과 지명은 다르지만 같은 내력이 《증보문헌비고》 권 106 악고(樂考) 17에 전한다. 《고려사》에는 제목이 〈방등산〉이고 방등산이 나주의 장성경내(長城境內)에 있다고 하였으나 《증보문헌비고》에는 제목이 〈반등산곡(半登山曲)〉이며 반등산은 고창에 있다고 한다. 그러나 작품의 내력은 두 기록이 같다. 즉 신라 말기에 도적이 크게 일어 이 산에 근거를 두고 양가의 아녀자들을 많이 잡아갔다. 그 가운데 장일현(長日縣)의 여인이 잡혀가 이 노래를 지어 자기 남편이 와서 구해주지 않음을 풍자하였다고 기록되어 있다. (출처 : 한국민족문화대백과사전)

호남은 예로부터 문맥(文脈)의 고장이요, 한국 문학사의 본향(本鄕)이라고 해도 과언이 아니다. 《고려사(高麗史)》〈악지(樂志)〉는 신라, 백제, 고구려 등 3국의 속악(俗樂)을 소개했다. 백제의 경우, 선운산가(禪雲山歌), 무등산가(無等山歌), 방등산가(方登山歌), 정읍사(井邑詞), 지리산가(智異山歌) 등 5곡의 백제가요 가운데 정읍사만이 가사가 남아있다. 그리고 '무등산가'를 제외한 다른 4곡은 모두 애절한 여인의 감상적인 노래라는 공통점이 있으며 모두 전북을 배경으로 하고 있다. 특히 백제는 한수(漢水) 이남을 영역으로 광활한 국토를 가진 나라였는데 유독 전라도 지방의 가요만이 후세까지 전해지게 된 연유는 무슨 까닭인가?

  그 이유는 깊이 생각해 볼 필요 없이 결론이 나온다. 즉 사람이나 짐승이나 배불리 먹으면 저절로 콧노래가 나오기 마련이다. 전라도 땅은 넓은 들과 야산으로 이루어진 곡창지대로 식량이 넉넉한 데다가 바닷가는 개펄로 해산물이 풍부해 웬만한 형편이면 끼니 걱정은 안 해도 되었다. 그래서 배불리 먹고 마음이 편하면 노래가 저절로 흘러나와 가사문학(歌辭文學)을 꽃피울 수밖에 없었으며 이러한 일상생활의 분위기를 밑바탕으로 예향(藝鄕)이 되고 문향(文鄕)이 된 것은 어쩌면 당연한 일일 것으로 사료 된다. 아래에 기록으로 전하지 않은 방등산가 가사를 필자가 유추(類推)해 적어본다.

신 방등산가

방둥산 기픈 골짝 첩첩산중에
산즘생 우름소리 가사미 떨려
기다리는 내 마음 녹고 녹는데
님하! 그대 어이 안 오시나요?
산즘생이 그리도 무셔운가요.
도둑드리 겁나서 못 오시나요.
울렁울렁 울러셩 가사미 철렁
울라울라 울라리 눈무리 글셩

오날도 서뫼머리 해는 지는데
도둑드리 무셔운 지나진 바메
기다리는 내 마음 녹고 녹는데
님하! 정녕 나를 잊으셨나요?
산즘생이 그리도 무셔운가요.
도둑드리 겁나서 못 오시나요.
울렁울렁 울러셩 가사미 철렁
울라울라 울라리 눈무리 글셩

3. 양고살재의 유래

임진왜란과 정유재란 7년간의 전쟁을 치른 조선은 국력이 쇠퇴하여 짧은 기간에 신장시키기 어려웠다. 엎친데 덮친 격으로 1624년(인조 2년) 〈이괄의 난〉이 일어나 우여곡절 끝에 가까스로 진압은 되었으나 이괄은 북방을 지키던 장수로 조선 북방군을 모두 이끌고 반란을 일으켰기에 이괄의 난 이후 조선의 북방이 허술할 수밖에 없었다. 조선과 명나라가 왜란으로 만주지역에 신경을 쓰지 못하자 마음대로 활개를 치며 세력을 키운 누르하치는 여진족을 통합하여 후금국을 건국하고 대륙을 삼키려고 기회를 노리고 있었다. 이괄의 난으로 조선 북방에 구멍이 뚫리자 명나라의 든든한 동맹이자 후방이었던 조선을 먼저 공격해 제압해야겠다고 생각한 누르하치는 정묘호란(1627년)을 일으켜 인조는 강화도로 피신하고 후금국과는 형제지의(兄弟之意)를 맺게 된다.

그러나 조선이 임시방편으로 고개를 숙인 척하고 친명파가 득세하여 명나라와 깊은 관계를 이어가자 누르하치의 셋째 아들인 홍타이지는 국명을 청나라로 고치고 황제로 등극한 후, 10만 대군을 이끌고 쳐들어온다. 이 난이 병자호란(1636년 12월~1637년 1월)이다. 양고살재의 명칭은 이 병자호란 때 고창 출신 박의(朴義) 장군이 청나라 태조 누르하치의 사위인 적장 양고리(陽古利)를 사살한 것을 기념하여 붙인 이름이라고 한다.

원래 양고리의 아비 양주는 훈춘의 부이객부 추장으로 솔선하여 누르하치에게 귀부(歸附)하였다고 한다. 만주를 통합하고 대륙을 집어삼킬 대망을 꿈꾸는 누르하치는 자기 스스로 품 안에 들어온 양주를 가상히 여겨 그의 아들을 사위로 삼았다고 한다. 누르하치에게 귀부한 양주를 못마땅하게 여긴 부족민이 양주를 살해하자 양고리는 부친을 죽인 자를 끝까지 찾아내 죽이고 직접 코와 귀를 잘라 생으로 씹어먹었는데 이때가 겨우 14세이었다고 한다. 이처럼 간악무도한 적장을 사살한 조선의 의(義)로운 장군이 있었으니 그가 바로 고창 출신 박의(朴義) 장군이다.

박의 장군은 선조 32년(1599년)에 고창군 고수면 초내리 산양동에서 관찰사를 지낸 박양오 공의 종손으로 태어났다. 그는 충성심과 의기가 남달리 뛰어났을 뿐만 아니라 무예가 출중하여 말을 잘 타고 총을 잘 쏘아 박포수로 불렸다고 한다. 1636년 12월 병자호란을 일으킨 청태종(淸太宗)이 파죽지세로 쳐들어오자 한 달도 채 못되어 인조임금은 남한산성으로 피난하였다. 그리고 두 달만인 1637년 1월에 인조는 삼전도에서 항복하고 만다. 그러니까 조선군은 싸움다운 싸움 한 번 제대로 해 보지 못하고 항복을 하고 만 셈이다. 그런데 박의 장군은 수원 광교산 전투에서 적장 양고리(陽古利)를 사살하였다. 그는 고창 사람으로 당시 나이 38세였다. 박의 장군이 태조 누르하치의 사위인 적장 양고리를 사살한 것은 병자호란 전투사상 가장 빛나는 쾌거였다.

원래 양고살재는 고창읍에서 석정리 골짜기를 지나 큰 재를 넘고 또 골짜기 하나를 지나 장성 북이면 쪽의 작은 재를 넘어 장성으로 가는 길이여서 〈양고령(兩高嶺)〉이라고 불렀었다. 그런데 박의 장군의 빛나는 공훈을 기리기 위해 이 재를 양고살재라고 개명(改名)하여 부름으로써 후세들이 그의 의기(意氣)와 충성심(忠誠心)을 본받게 한 것이다.

4. 검당(檢堂) 마을의 전설

고창군 심원면 월산리 검당 마을은 50여 년 전까지도 300여 가구가 모여 살던 큰 마을이었다. 주민들은 마을 앞의 개펄에서 소금을 생산하여 넉넉하게 살던 부촌이었다. 그러나 산림법과 전매법 등 관계 법령에 묶여 자염(煮塩) 생산이 어려워지자 타지로 뿔뿔이 흩어져 지금은 겨우 여덟 가구만 남아 있는 작은 마을로 변해 버렸다. 심원면(心元面)은 줄포만에서 바라볼 때 계곡이 많고 그 형상이 마음 심(心) 자를 닮아 심원면이라 칭하였으며 그 지명이 보여주듯이 사람은 마음이 으뜸이며 모든 복락은 마음먹기에 달렸다는 의미로 여길 수 있다. 이 심원면이라는 지명과 검당이라는 지명에 깊은 뜻이 담겨있는 바와 같이 사람들이 본보기로 삼을 만한 전설이 전해오고 있다.

백제의 위덕왕 때 백제는 북으로는 고구려의 남침을 받고 있었으며, 동으로는 신라와 대치 하고 있었다. 신라의 배신으로 한강 하류를 빼앗기고 아버지인 성왕과 함께 신라를 공격하다가 성왕이 관산성 전투에서 신라의 급습으로 사망을 하여 백제는 국내외로 매우 위태한 상황이었다. 이러한 백제의 위기상황을 피해 많은 백제인이 산속으로 숨어들어 도적이 되었다. 이들은 선운산의 골짜기에 본거지를 두고 인근 백성들을 괴롭혔다.

원래 종교는 고난을 겪고 있는 사람들의 마음을 비집고 들어야만 깊은 신앙심을 갖게 할 수 있는 것이다. 이 지역이 이처럼 고달픈 시기에 선운사를 창건한 인물로 알려진 이가 바로 검단선사(檢旦禪師)다. 지금으로부터 1,400여 년 전에 검단선사가 이곳이와 보니 선운산 계곡에는 많은 도적이 살고 있었다. 도적들은 행인의 금품을 강탈하고 민가에 내려가 노략질을 일삼아 근처 고을들은 민폐가 막심하였다.

이를 본 검단선사가 도적무리 앞에 나서서 착하게 살라고 타일렀으나 도적들은 코웃음을 쳤다.

"그렇다면 내가 너희들을 엄벌하겠노라."

크게 외치더니 양팔을 벌려 하늘을 우러러본 뒤 손뼉을 세 번 치니 일진광풍이 일어 도적들이 정신을 차릴 수 없었다. 한참 만에 정신을 되찾은 도적들은 묘한 술법으로 정신을 혼란케 한 스님을 없애지 않고는 앞으로 이 은거지를 빼앗겨 쫓겨날 수밖에 없다고 생각하고 무리를 이끄는 대장이

"안 되겠다. 저자를 없애버려야 우리가 살 수 있다. 자 모두 덤벼들어 저자를 베어버리자."

하고 외치니 도적의 무리가 창칼을 들고 선사에게 한꺼번에 달

려들었다. 선사가 땅바닥에서 흙 한 줌을 집어 휙 뿌리니 작은 흙 알맹이들이 차돌맹이로 변하여 도적들의 창과 칼을 정통으로 맞추어 칼이 부러지고 날카로운 창끝이 무디어져 버리는 게 아닌가. 이에 더욱 놀란 도적들은 무력으로는 도저히 검단선사를 이길 수 없음을 깨닫고 모두 땅바닥에 엎드려

"선사님! 저희를 용서해 주시고 제발 살길을 가르쳐 주옵소서."
하고 빌었다.

"너희들이 과거를 회계하고 앞으로 내가 일러 준 대로 하겠느냐?"

하고 재다짐을 받았다.

"예. 저희도 도적질이 좋아서 한 것이 아닙니다. 먹고 살길이 막막하여 목숨을 부지하고자 못된 짓을 저질렀으나 이제 저희는 선사님께 목숨을 바치고 하라시는 대로 따르겠나이다."

하고 눈물을 흘렸다. 이에 검단선사는 이들을 이끌고 3km쯤 바닷가로 나아가 개펄을 파서 우물 정(井)자 모양의 웅덩이를 만들고 바닷물을 가두어 수분을 증발시키니 물이 마르자 바닥에 하얀 결정체가 남았다. 이 결정체가 바로 소금이다. 1,400여 년 전에 검단선사는 자염(煮塩) 제조법을 가르친 것이다. 이후부터 도적들은 선량한 양민으로 되돌아와 자염(煮塩) 또는 육염(陸塩)을 생산하여 의식주를 해결하고 남부럽지 않게 살 수 있게 되었다. 대한민국 상공부의 염백서(塩白書) 첫 페이지에 우리나라 최고의

제염기록으로 검당포의 보은염 역사를 수록하고 있으니 이는 증명된 역사라 할 것이다.

  그리고 본래 선운사 자리는 용이 살던 연못이었는데 용을 몰아내고 돌과 흙으로 메우니 눈병이 돌아 일꾼들이 일 할 수 없게 되자 검단선사가 눈병을 얻은 일꾼들에게 숯을 한 가마씩 가져오라고 하여 부으니 눈병이 나아 연못을 메운 자리에 절을 지어 선운사라 하였다. 물론 이 절을 짓는 데는 살길을 마련해 주어 은혜를 입은 양민들이 모두 나서서 일손을 도움은 물론이요. 검단선사가 일러준 자염(煮塩)은 보은염(報恩鹽)이라 하고 마을 이름도 검단선사의 은혜를 기려 검동(檢洞)이라 하였다고 전한다.

5, 뱀내골의 전설

고창군 성송면 상리에 〈뱀내골(蛇川)〉이라는 마을이 있다. 이 마을 앞으로 흐르는 뱀내(蛇川)에는 뱀과 얽힌 두 전설이 있으니 그 내용은 다음과 같다.

(1), 달래의 효심

오랜 옛날 이 마을에 늙은 아버지와 이제 열두 살밖에 되지 않은 딸이 살고 있었다. 그런데 늙은 아버지가 원인 모를 병으로 자리에 눕게 되자 어린 딸 달래는 온갖 궂은일을 다하여 아버지 병간호를 하였다. 그러나 달래 부친의 병은 조금도 차도가 없었다. 인근 마을 사람들은 어리고 연약한 달래가 힘겨운 마을 일을 마다하지 않고 열심히 하여 지극정성으로 아버지를 보살피는 효심을 칭찬하며 자식들이 거울삼도록 가르쳤다. 그리고 마을 사람들도 달래 아버지가 어서 낳기를 빌며 약초를 구해 가져다주며 병구완을 하였으나 아무런 효험을 보지 못하고 달래 부친의 병은 점점 더 깊어만 갔다. 마침내 달래 아버지는 음식을 제대로 먹지 못하고 온몸이 야위어 죽는 날만 기다릴 수밖에 없는 지경에 이르렀다. 이에 달래는 이른 새벽마다 마을 뒷산의 절에 올라가 부처님께 아버지의 병을 낫게 해 달라고 지극정성으로 빌었다. 이를 본 마을 사람들은 이구동성으로 달래의 지극한 효심을 칭찬하며 마음속으로 달래의 소원이 이루어지기를 함께 빌었다.

그러던 어느 여름날 밤 달래가 마루에서 음식을 먹지 못하고 식은땀만 흘리고 있는 아버지 머리를 제 무릎을 베개 삼아 누이고 이마에 흐르는 땀을 닦고 부채질을 하고 있는데 새하얀 백발노인이 나타나 긴 지팡이로 땅을 치더니

"어허! 참, 기특한 효녀로고. 애, 달래야, 너의 아버지 병은 아무리 좋은 약을 써도 효험이 없느니라."

하고 일러준다. 달래는 범상치 않은 노인의 말을 듣고

"할아버지는 누구신가요? 저의 아버지 병이 백약이 무효라는 걸 아신다면 낫게 할 약도 아실 테니 제발 일러주셔요."

하고 사정을 하였다. 백발노인은 빙그레 입가에 엷은 미소를 띠며

"계집아이로서는 어려운 일인데 그래도 위험을 무릅쓰고 할 수 있겠느냐?"

하고 되묻는다.

"저의 아버지 병만 나을 수 있다면 어떤 어려운 일도 하겠나

이다."

 "그러면 지금 당장 상여골에 가서 냇가 버드나무 밑을 파고 뱀 알을 가져다가 먹이도록 하여라. 만약 오늘 밤을 넘기면 너의 아버지는 다시는 회생하지 못하니 첫닭이 울기 전에 해야만 하느니라."

 하고 연기처럼 사라졌다. 정신이 번쩍 든 달래가 호미를 찾아들고 산골짜기 상여골을 향해 가는데 그믐날 밤인지라 앞은 캄캄하고 대낮에도 귀신이 나온다고 사람들이 가기를 꺼리는 상여골을 가려니 오금이 저려서 발걸음이 떨어지지 않았다. 그러나 달래는 '아버지를 살리고자 하는 나의 이 진심을 귀신이 더 잘 알 테지.' 마음을 다지며 상여골로 갔다.

 냇가의 버드나무 아래 이르러 물속에 들어가려니 제 알을 가지러 온 줄 알고 뱀이 튀어나와 물어버릴 것만 같아 온몸이 소름이 돋고 손발이 떨려 들어가기가 두려웠다. 그러나 달래는 아버지의 병을 고쳐야만 한다는 일념으로 '뱀아, 물 테면 물어라.' 마음을 단단히 먹고 물속에 들어가 버드나무 밑을 파기 시작했다. 한참 정신없이 파 들어가니 버드나무가 심하게 흔들리더니 커다란 뱀이 머리를 쳐들고 튀어나오는 바람에 달래는 그만 정신을 잃고 말았다. 버드나무에 기대어 있던 달래가 정신을 차리고 보니 뱀은 어디론가 사라져버리고 달래의 치마폭에 하얀 뱀 알 세 개가 놓여 있었다. 달래는 첫닭이 울기 전에 아버지께 먹여야 한다는 생각이 퍼뜩 떠올라 부리나케 달려와 뱀 알을 먹였다. 첫닭이 울자 아버지는 언제 아팠느냐는 듯이 자리를 털고 일어났다. 달래의 지극한 효심이 아버지를 살려낸 것이다.

그런데 그날부터 이 시내에는 수천 마리의 뱀이 우글거리는 시내로 변했다. 그날 밤 달래 꿈에 커다란 구렁이가 나타나

"아가씨! 고맙습니다. 우리 식구들이 버드나무 뿌리에 얽혀 굶어 죽을 뻔했는데 아가씨 덕분에 모두 살아났습니다. 아가씨는 우리의 생명의 은인입니다. 고맙습니다."

하고 사라졌다. 달래 아버지도 이와 똑같은 꿈을 꾸었다.

이후부터 이 시내를 〈뱀 내〉라 부르고 시냇가 마을을 〈뱀내골〉이라 불렀다. 그리고 이 뱀 내의 물을 마시면 치료가 불가능 한 병이 낫는다 하여 최근까지도 이 물을 마시러 찾아오는 사람들이 있다고 한다.

(2), 용기없는 총각

아주 먼 옛날 고창군 성송면 상리마을에 사는 한 총각이 원인 모를 중병에 걸려 집안 식구들이 지극정성으로 간호하며 온갖 약초를 구하여 달여 먹였으나 아무런 효험을 보지 못하고 병은 점점 깊어만 갔다. 아직 장가도 못간 외아들인 총각은 밤이면 잠을 못자고 끙끙 앓아 부모의 애간장을 녹였다. 그러던 어느 날 밤 총각

이 잠이 스르르 들었는데 비몽사몽 간에 백발노인이 나타나

"여보게, 젊은이 자네 병은 제아무리 좋은 약을 써도 효과가 나타나지 않는 병인데 자네 부모님이 저렇게 안달을 하니 부모가 안쓰러워 병이 나을 방도를 일러주면 내가 시키는 대로 할 텐가?"

하고 물었다. 총각은

"예, 아무리 어려운 일이라도 일러주시는 대로 하겠으니 가르쳐 주옵소서."

하고 애원하였다.

"그러면 일러주겠네. 지금 마을 앞 냇가에 서 있는 버드나무 밑을 파면 황구렁이가 나올 테니 구렁이를 잡아먹게나. 다만 구렁이를 죽이지 말고 산채로 삼켜야만 하네. 죽여서 삶아 먹으면 아무런 효과가 없을 테니 꼭 산채로 삼켜야 하니 징그러워도 그리 하시게."

하고 사라졌다. 꿈에서 깨어난 총각이 냇가로 달려가서 버드나무 밑을 파니 과연 누런 황구렁이 한 마리가 대가리를 내밀고 쑤욱~! 솟아 나오는 게 아닌가! 황구렁이가 징그러운 대가리를 쳐들고 총각을 노려보고 입을 '쩌억~!' 벌리고 긴 혀를 널름거리니 징그럽고 무서워 도저히 산채로 삼킬 수 없었다. 꿈에 노인이 신신당부하였음에도 총각은 그만 황구렁이를 냇물에 던져버리고 말았다. 그러자 한순간에 시내가 황구렁이로 가득 차 득실거리는 뱀의 시내로 변하고 말았다. 놀란 총각이 '걸음아, 날 살려라.' 하

고 집으로 달려오니 기운이 다 빠져버린 총각은 마당에 들어서자마자 그만 쓰러져 죽고 말았다.

 그 일이 있고 난 뒤 병에 걸린 마을 사람들이 이 시내에서 노란 뱀을 잡아먹고 병이 나았다고 한다. 이 소문이 인근 고을에 퍼져 병이 깊은 사람들이 모여들어 뱀을 잡아먹었으나 뱀은 줄어들지 않고 우글거려 이 시내를 뱀 내라 하고 마을 이름도 〈뱀내골〉이라고 불렀다고 전한다.

 이「용기없는 총각」은 앞의「달래의 효심」과 같은 마을의 이야기다. 이 한마을의 한 시내에서 두 이야기가 말해주는 의미를 되새겨보면 죽을 고비에 이르렀을 때 힘센 남성보다는 연약한 여성이 더 강하며 여성의 강심은 흔히 모성애로 나타난다는 것이다. 가냘픈 여성의 모성애는 눈물겨운 얘기들로 그려져서 사람들의 심금을 울리기도 한다. 그래서 효자 이야기보다는 효녀의 이야기가 많으며 여성들이 자신의 몸을 희생하여 생명을 구해내는 희생정신이 강하다는 것을 보여주는 것이다. 자신의 몸을 던져 아버지의 눈을 뜨게 하는 효녀 심청이의 이야기가 그 대표적인 얘기라고 할 수 있을 것이다.

6. 메기바위의 전설

　고창군 성송면 구황산은 산세가 수려하고 지맥이 여러 곳으로 흘러 골짜기마다 전설이 숨겨져 있는 산이다. 이 산의 서북쪽에 암치(巖峙)라는 마을이 자리를 잡고 있는데 이 마을은 일찍이 진주강씨들이 터를 누리고 살아왔다. 이 암치 골짜기 위에 메기처럼 생긴 바위가 있는데 이 바위 밑에 사는 메기가 암치 골짜기를 막아 저수지를 만들어 놓자 이 저수지에 내려와 살며 왕 노릇을 하였다. 그런데 물고기들의 왕일 뿐만 아니라 노루나 멧돼지가 목이 말라 내려와 물을 마시면 서슴없이 물어 삼켜 먹이로 삼았다. 이뿐만이 아니었다. 마을 사람들이 키우는 황소를 저수지 둑에 메어놓자 황소마저도 잡아먹어 버려서 다시는 저수지 둑에 소를 매어놓지 못했다.

　조선 정조 때 수군절도사를 지낸 강수사가 벼슬을 그만두고 고향인 암치마을로 내려왔는데 이 말을 듣고 하인에게
　"황소 한 마리를 다시 둑에 메어놓아라."
　하고 명하였다. 마을 사람들이 이 소식을 듣고 저수지로 몰려와

과연 어떤 일이 벌어질까? 엿보고 있는데 아니랄까 마치 고래처럼 몸집이 거대한 메기가 저수지 물 밖으로 머리를 내밀고 황소를 노려보는 게 아닌가. 망을 보고 있던 사람들은 겁이 나서 숨을 죽이고 있었다. 영문을 모르는 황소는 물가에서 한가롭게 풀을 뜯고 있었다. 한참을 고개를 내밀고 노려보던 메기가 순식간에 튀어 올라 황소를 덮치려는 순간, 숨어서 망을 보고 있던 수사공(水使公)이 미리 가지고 와 겨누고 있던 활로 메기의 왼쪽 눈을 향해 화살을 날렸다. 눈에 정통으로 화살을 맞은 메기는 물속으로 처박혔다가 솟구쳐 오르더니 목표를 바꾸어 수사공을 향해 덮치려는 순간, 이번에는 가까이 다가온 메기의 오른쪽 눈을 향해 화살을 날렸다. 두 눈에 화살을 맞은 메기는 용트림을 하며 물속을 헤집고 돌다가 드디어 물 위로 떠 올랐다. 이를 본 수사공이

"이제 메기가 죽었으니 어서 끌어 올려라."

이 광경을 보고 있던 사람들이 메기를 끌어 올리자 메기는 아직 숨을 쉬고 있었으나 더는 용을 쓰지 못하였다. 수사공은

"이 메기는 가죽이 즐겨서 먹지 못할 테니 가죽을 벗겨서 잘 말려라."

하고 일렀다. 사람들이 달려들어 메기의 가죽을 벗기고 살은 온 마을 사람들이 잔치를 벌였다. 수사공은 말린 메기 가죽으로 북을 만들어 울리며 풍류를 즐겼는데 세월이 흘러 강 수사가 죽자 그의 자손들이 이 북을 강수사의 사랑에 잘 보관하였다가 제삿날

이 되면 북을 꺼내어 울리며 제사를 지냈다고 한다.

그런데 언제부턴가 시집가서 아기를 못 낳는 여인이 북에 씌워진 메기 가죽을 뜯어다가 삶아 먹으면 아기를 낳을 수 있다는 소문이 퍼졌다. 이 소문이 날개 돋친 듯 퍼져나가 아기를 낳지 못하여 한이 맺힌 여인들이 사랑에 몰래 숨어들어와 북 가죽을 잘라갔다. 이런 일이 자주 일어나자 이 북을 광에 숨겨놓았지만 한 맺힌 여인들의 억척스러운 소원을 막지 못해 결국에는 가죽을 죄다 뜯어가 버리는 바람에 북통만 사랑방에 보관하였다고 전한다.

7. 각시바위의 전설

　고창군 성송면 사내리(뱀내골) 동남쪽에 자리 잡은 마을이 학천리(鶴天理)이다. 학천리에서 또 동남방으로 1km쯤 떨어진 곳에 추산봉(秋山峰)이 높이 솟아있는데 이 산 중턱에 암자 운선암(雲仙庵)이 구름 낀 산자락에 신선처럼 들어앉아 운치를 더해준다. 이 암자에서 약 50m쯤 오르면 양춘암(陽春岩)이란 바위가 우뚝 솟아 정겹게 맞아주는데 이 바위에 고려 때 새긴 것으로 추정되는 아름다운 여인상이 양각으로 새겨져 있다. 그런데 특이한 것은 바위 절벽에 조각된 이 여인의 왼쪽 유방에서 지금도 피가 흐르는 것처럼 보이는데 그 까닭을 밝혀주는 다음과 같은 전설이 전해오고 있다.

　아주 오랜 옛날 신랑과 사별한 한 청춘과부가 앞서간 남편을 그리워하며 극락왕생하기를 빌기 위해 이 암자를 찾아왔다. 그리고 소복을 입고 백일기도에 들어갔다. 그런데 이 여인의 기도 드리는 모습이 얼마나 애절하고 아름다운지 이 절의 스님이 그만 반해 버렸다. 백일기도가 끝날 무렵까지 자신의 감정을 억제하며 참고 또 참아왔던 스님은 기도가 끝나는 날 자신도 모르게 감정이 솟아올라 더는 참지 못하고 그만 여인의 뒤로 가서 왼쪽 유방을 더듬고 말았다. 이 여인은 백일기도가 끝나는 날 기도를 마치지 못하고 몸을 더럽혔다고 한탄하며 정절을 잃은 슬픔을 참지 못해 스님의 손이 주물은 왼쪽 젓을 자기 스스로 가슴에 품고 있던 은장도로 도려내고 죽었다고 한다.

그 뒤에 이 절의 주지로 온 주지 스님이 이 여인의 정절을 기리고 음심을 품는 스님들에게 경각심을 주기 위해 이 여인의 초상을 암벽에 조각했는데 조각이 끝나자마자 일진광풍이 휘몰아와 초상을 쓰다듬으니 왼쪽 젖꼭지가 떨어져 나가고 새빨간 피가 흘러내렸다고 한다. 이 여인의 이름이 양춘이어서 이 바위를 양춘암(陽春岩)이라고 부르며 사람들이 헝겊으로 닦아내도 똑같은 피가 지금도 계속 흐르고 있어 독신녀 양춘이의 정절을 기리며 열녀의 귀감(龜鑑)이 되고 있다고 전한다.

이 전설은 불교에 정진하며 도를 닦는 스님들에게 음심을 경계하라는 경각심을 갖도록 하는 표상으로 삼기 위해 조각한 여인상에 열녀의 곧은 정절을 함께 새긴 전설이라 사료 된다.

8, 용대밭과 소금장수

  고창에서 성송면을 지나면 바로 대산면으로 영광과 경계를 이루는데 이 대산면은 아주 낮은 야산으로 어느 산이나 일구면 바로 황토밭으로 들녘이나 마찬가지이다. 이 대산면의 밭은 기름진 황토여서 이 밭에서 생산된 수박은 달고 맛있는 수박으로 여름철 한때 명품으로 성시를 이루기도 하였었다. 이 대산면 성남리에는 큰 대밭이 있는데 성남리 대밭을 용대밭이라고 하며 다음과 같은 전설이 전해 내려오고 있다.

  옛적 어느 여름날 한 소금장수가 이 마을 저 마을 돌아다니며 소금을 팔았다. 날씨가 얼마나 쾌청한지 소금 장사가 잘되어 콧노래를 흥얼거리며 신나게 돌아다녔다. 며칠간 장사에 일 년 장사만큼이나 돈을 벌어 여름날 무더위에도 즐겁기만 하였다. 이 돈을 모아 올 가을에 딸을 시집보낼 생각을 하니 기운이 절로 솟아 무거운 소금 짐을 지고서도 발걸음도 가볍게 더운 줄도 모르고 돌아다녔다. 그러다가 멀리 어느 한 마을이 눈에 들어와 동구 앞에 이르러 바라보니 마을 뒤에는 크고 긴 대밭이 마을을 감싸주어

아늑하고 포근하게 보이는 큰 마을이어서

"옳지 오늘 이 소금은 이 마을에서 모두 팔 수 있겠다."

하고 마을 정자나무 그늘에 소금 짐을 내려놓고 담배 한 대를 피우며 어느 집으로 먼저 가서 흥정을 붙일까? 하고 바라보고 있는데 구름 한 점 없이 맑디맑은 하늘에 갑자기 새까만 먹구름이 몰려오더니 순식간에 사방이 캄캄해지고 번갯불이 번쩍! 천둥소리가 우르르 쾅쾅! 요란하더니 소나기를 억수로 내리 퍼 붓는 것이었다. 그리고 먹구름 속에서 번갯불이 번쩍 일어 대밭에 꽂히자 이 마을 뒤 대밭에서 번갯불을 타고 먹구름에 휩싸인 청룡이 하늘로 오르는 게 아닌가. 소금장수는 너무 놀라 자신도 모르게

"저 봐라. 용이 승천한다! 용이 하늘로 올라간다."

하고 소리치고 말았다. 그러자 하늘 한가운데에서 또 한 번 번갯불이 일어 번쩍하고 먹구름을 치니 하늘로 오르던 용이 번갯불에 맞아 대밭으로 떨어져 대꼬챙이에 찔려 즉사하고 말았다. 놀라 혼절한 소금장수가 깨어나 소금 짐을 찾으니 소금은 어느새 다 녹아서 물에 흘러 떠내려 가버리고 빈 지게만 남아 입을 방정맞게 놀린 소금장수는 빈 털털이가 되고 말았다.

이후부터 용이 오르다 떨어져 죽은 대밭을 용 대밭이라 부른다고 한다. 지금도 용 대밭에 가 보면 용이 살던 용 굴이 있고 전쟁 때에는 이 마을 사람들이 이 용 대밭 속에 있는 용 굴로 피신하여 목숨을 건졌다고 한다.

이 전설은 난리가 나면 사람들이 흔히 대밭에 숨어 피신하는데 이를 본 사람은 보고도 못 본 척 입을 다물어 숨은 사람의 목숨을 보전케 해야 한다는 가르침을 주는 전설로 사료 된다.

9. 벼락 바위와 명성철(鳴聲鐵)

　고창군 아산면 학전리 마을 뒷등에 큰 바위가 있는데 한가운데가 두 쪽으로 갈라져 있다. 이 바위는 인간으로서 해서는 안 될 끔찍한 일을 저질러 저주받은 전설이 전해오고 있어 사람들에게 큰 교훈을 주고 있다.

　이 학전리는 깊은 두메산골로 암벽의 산들이 마치 병풍을 두른 듯 마을을 빙 둘러쳐 있고 산자락을 맑은 시냇물이 휘감고 돌아 한 폭의 그림처럼 아름다우며 암벽과 시내를 오르내리는 백학의 모습이 운치를 더해 학전리라 부르게 된 것이다.
　지금부터 약 500여 년 전 이 마을에 3년 내리 가뭄이 들어 전답이 갈라져 흙먼지만 날리고 논밭에서 한 톨의 곡식도 나오지 않았다. 마을 사람들은 풀뿌리와 나무껍질로 겨우 목숨을 연명해 가며 견딜 수밖에 없었다. 새봄을 맞아 씨를 뿌리고 모를 심어야 하지만 전답에 물 한 방울 볼 수 없으니 가슴만 답답하여 마을 회의를 열었다. 촌장이 나서서
　"장군바위와 촛대봉 사이의 계곡을 막아 저수지를 만듭시다.

우리 마을은 뒤편이 깊은 계곡이니 두어 해 비가 오지 않아도 저수지에 가둔 물로 농사를 지을 수 있으니 우리가 살길은 저수지를 만드는 일입니다."

이리하여 마을 사람들은 모두 나서서 둑을 쌓아 저수지를 만들었다. 저수지가 완성되던 날 갑자기 하늘에 먹구름이 일더니 천둥 번개가 요란하게 치며 억수로 비가 쏟아져 피땀으로 쌓아놓은 물막이 둑이 그만 터져버리고 말았다. 사람들은 실망이 컸지만 이번에 내린 비로 모를 심고 다음 가뭄을 대비하여 둑을 쌓았다. 그런데 둑이 완성되는 날이면 어김없이 큰비가 내려 둑이 휩쓸려 떠내려가 버리니 오히려 논밭을 망가뜨려 더욱 굶주림에 허덕일 수밖에 없었다. 마을 사람들은 저수지를 만들 수도 없고 그렇다고 안 만들자니 가뭄에는 마을 사람들이 모두 굶어 죽게 생겼으니 어찌해야 할 바를 몰라 갈팡질팡 의견 다툼이 일어 싸움질을 할 수밖에 없었다. 그러나 둑을 쌓아 저수지를 만들자는 의견이 우세하여 둑을 쌓고 있는데 지나가던 노승이 이 모습을 보고 혀를 끌끌 차며

"허허! 헛된 일을 하느라 애들 쓰고 있구나."

하고 혼잣말로 뇌까리는 것이었다. 이 말을 들은 마을 사람들이 노승 앞에 나아가 사정을 하였다.

"도사님! 저희 온 마을 사람들의 목숨줄이 담긴 저수지를 만드는데 어찌해야 하는지 방도를 일러주십시오."

하고 애원하니

"제아무리 둑을 단단히 쌓아 올린다 해도 또 터지고 말 것이니 정 둑을 쌓아 저수지를 만들고 싶거든 갓난아기를 둑 한가운데 넣고 쌓으면 다시는 둑이 터지지 않을 것이니라."

일러주고 총총히 사라졌다.

이 말을 들은 마을 사람들은 '어찌 그런 끔찍한 일을 저지를 수 있겠는가?' 하고 놀랐지만, 마을 전체 사람들의 목숨을 살리는 일인지라 할 수 없이 갓난아기를 구하기로 의견을 모았다. 이때 학전리 뒷산 골짜기에 가난하게 살던 욕심 많은 철이 엄마가 일백 냥을 받고 갓난아기 철이를 팔기로 나선 것이다. 마을 사람들은 하는 수 없이 눈물을 머금고 둑 한가운데 철이를 묻고 둑을 쌓았는데 그 둑은 오늘날까지 한 번도 터지지 않았다고 한다.

철이 엄마는 철이를 팔아 일백 냥을 받아 가지고 가다가 갑자기 소나기가 몰아와 비를 피하여 큰 바위 아래로 들어가 돈을 세고 있는데 우렛소리 요란하게 번개가 번쩍이더니 벼락이 내리쳐서 철이 엄마와 돈은 번개에 타서 재로 변해 날아가 버리고 큰 바위는 두 쪽으로 갈라지고 말았다고 한다. 그리고 비만 내리면 저수지 둑에서 서럽게 우는 철이의 울음소리가 들려와 사람들은 이 아기의 울음소리를 〈명성철(鳴聲鐵)〉이라고 한다고 전해온다.

10. 강선교(降仙橋)의 유래

 전라북도 고창군 흥덕면은 1914년 총독부가 행정구역을 개편하기 전까지는 전라도 남서부 지역의 관문이자 교통의 중심지로 흥덕원 이었다. 즉 영광, 함평, 무안, 목포 등 서남부 지역에서 서울을 가려면 흥덕을 지나가야 하기 까닭에 흥덕은 고창지역의 정치, 경제, 문화의 중심지로 유적이나 사적이 많은 고장이다.
 흥덕에서 서해안 쪽으로 십 리쯤 가면 서남쪽으로 흘러내리는 시내가 있고 시냇물을 가로질러 놓인 다리가 하나 있다. 이 다리에 얽힌 설화는 이 지방 사람들에게 아직도 생생하게 살아있다.
 옛날에 이곳은 해마다 물난리로 피해가 이만저만이 아니었다. 전답이 물에 잠기고 애써 가꾼 곡식들은 물에 떠내려갈 뿐만 아니라 사람들이 급수에 휘몰려 목숨을 잃었다. 그러나 마을 사람들은 모두 하늘만 쳐다보고 누구 한 사람 매년 일어나는 이 재난을 막아야 한다고 나서는 사람 없이 재난을 당할 때마다 한숨만 쉬었다. 큰비가 와서 피해가 심해 사람들이 넋을 놓고 한탄만 하고 있던 어느 날 한 어린 기생이 사람들 앞에 나섰다.

"여러분! 이 피해를 보고 한탄만 하고 있을 때가 아닙니다. 앞으로도 매년 비가 오면 우리마을은 이처럼 또 피해가 클 것입니다. 그러니 저 뒷산 골짜기에서 내려오는 물이 마을로 들어오지 않도록 둑을 쌓읍시다. 온 마을 사람들이 나서서 합심하여 일한다면 어렵지 않은 일입니다. 그리고 지금까지 제가 모아놓은 돈을 모두 둑 쌓고 다리 놓는 자금으로 내놓겠습니다."

사람들이 바라보니 홍덕원의 어린 기생 강선이가 아닌가! 본래 강선은 잘 사는 집안의 외동딸이었으나 집안이 몰락하고 부모님이 돌아가시는 바람에 기생이 되었다. 그런 강선이가 기생질을 하여 번 돈을 모두 내놓겠다니 이에 감동한 사람들은 강선이의 가상한 배려와 용기를 고맙게 여기며 강선의 정신을 거울삼아 열심히 일했다. 그러나 사람의 힘으로 둑을 쌓고 시내에 다리를 놓는 일은 돈이 엄청나게 들고 쉬운 일이 아니었다. 홍덕원은 파발 말이 수시로 드나드는 교통의 중심지여서 이 소문은 마침내 조정에까지 올라갔다. 이 시대는 우리나라 역사상 가장 훌륭한 성군으로 일컫는 조선 9대 임금인 성종 대왕(1470년~1494년)이 나라를 다스리던 때였다. 이 일을 알게 된 조정에서는 강선이 하는 일에 관에서 발 벗고 나서서 도와주라고 지시가 내려 몇 달 만에 둑이 완공되어 시내에는 다리가 놓이게 되어 그때부터 큰비가 와도 수해를 입지 않게 되었다.

사람들은 강선의 장한 뜻과 고마움을 길이 잊지 않기 위해 이 다리를 강선교라 하였다. 현재 강선교 위에는 흥덕에서 선운사로 통하는 4차선 도로가 건설되어 그 모습이 사라졌다. 이 설화는 황당한 전설이 아니며 어린 기생의 가상한 용기가 재난을 이겨낸 본보기로 실제로 있었던 일이다. 강선(降仙)이라는 이름의 의미를 풀이해 보면 〈신선이 내려온다〉는 뜻이니 고장의 일에 앞장서서 모범을 보인 어린 기생을 신선처럼 여겨 사람들이 붙여 준 이름이 아닐까? 하고 사료(思料) 된다.

11. 영천에 서린 효심

고창군 성내면 양계리 구름산의 서남쪽 기슭에 늘어선 장터골에 홀어머니를 모신 세 아들의 지극한 효성이 전해오는 샘이 있으니 이 샘이 바로 영천이다. 성내면 면사무소 담벼락을 따라가면 돌을 정교하게 쌓아 올린 조그마한 샘이 있고 샘의 머리맡에 영천이라 새긴 바위가 오랜 비바람을 견디고 서 있어 삼형제의 효심을 전해주고 있다.

이 장터골 마을에 삼형제를 키운 홀어머니가 살고 있었다. 삼형제는 아버지가 일찍 돌아가시고 홀로 삼형제를 키운 어머니를 장하게 여기며 지극정성으로 모셨다. 그런데 언제부턴가 어머니가 엇나가기 시작하였다. 겨울철 추울까 봐 따뜻하게 불을 지펴드리고 아침에
"어머님, 편히 주무셨습니까?"
하고 문안드리면
"나 엊저녁에 방이 추워서 한숨도 못 잤다."
하고 투정을 부리기 일쑤였다. 삼형제는 아무리 생각해 봐도 어

머니가 무엇 때문에 투정을 부리는지 알 수 없었다. 그래서 하는 수 없이 어머니의 일거수일투족을 살피기 시작하였다. 그러던 어느 날 집 앞으로 시내 건너 대산마을 훈장님이 지나가시는 것을 넋을 놓고 바라보던 어머니가 가슴속에서 우러나오는 깊은 한숨을 내뱉는 게 아닌가. '아하 바로 이거로구나. 자식들이 아무리 잘 해드려도 홀로 되신 어머님의 외로움은 채워드릴 수가 없는 것이로구나.' 하고 깨달았다. 그동안 어머니는 홀아비 훈장님을 마음속으로만 그리워하며 애를 태우고 있을 뿐, 내색을 못 하고 벙어리 냉가슴만 앓고 있었다. 이를 알게 된 삼형제는 어머님의 생신날 시내 건너 대산마을의 훈장님을 모셨다. 그리고 어머니와 단둘이 오붓한 자리를 마련해드리고 자리를 피했다. 이튿날 아침

"어머님, 편히 잘 주무셨습니까?"

하고 문안드리니

"오냐. 덕분에 따숩게 잘 잤다."

하고 매우 흡족한 목소리로 대답하였다. 그 뒤부터 훈장님은 자주 집에 내왕하며 어머니와 정을 나누었다. 그런데 장마철이 문제였다. 비만 오면 앞 내가 물이 불어 내왕을 못 하니 어머니와 훈장님은 견우와 직녀 꼴이 되고 말았다. 자식들도 하늘의 천기만은 어쩔 수 없어 어머니의 애타는 가슴을 달래드리려고 집 앞에 우물을 파고 냉수를 떠다가 드렸다. 이 샘이 바로 영천이다. 그 뒤부터 비가 많이 와서 시내를 건널 수 없을 때면 어머니는 이 맑

고 시원한 우물물을 마시고 시름을 달랬다고 한다.

　효를 주제로 한 이러한 전설은 우리나라 여러 지방에 이와 비슷한 얘기들이 전해오며 대체로 시내에 다리를 놓아드렸다던가 또는 길가의 풀을 베어 밤이슬에 치마가 젖지 않게 해 드렸다는 등의 내용이지만 우물을 파서 냉수를 마시고 마음을 달래게 하였다는 이야기는 이곳에서만 볼 수 있는 아주 특이한 전설이다. 홀로 된 여인들이 외로움을 참고 견디기 위해 냉수를 마시고 마음을 달랜 경우는 아주 흔한 일로 〈냉수 마시고 속 차려라.〉라는 속담이 이에서 기인한 것이다. 이 전설은 청상과부로 홀로 괴로워하는 여인의 고통에다 효심을 접목한 전설로 사료 된다.

12. 개갑장(開甲場) 이야기

　무장현과 법성창 중간지역이 고창군 공음면이다. 공음면 소재지의 북쪽에 개(浦)를 낀 창촌(倉村)이 석교인데 공음면 소재지와 석교(石橋)마을 사이에 드넓은 황토 벌판이 바로 개갑장(開甲場) 터였다. 이 개갑장은 일명 개가장(凱歌場)이라고도 불리었다. 이 이름만 보더라도 장꾼들의 흥정이 노랫가락으로 흥청대던 큰 장이었음을 알 수 있다. 석교가 창촌(倉村)이라 불리게 된 까닭은 무장고을의 창고가 이곳에 있었기 때문이다. 무장고을의 창고 마을인 석교 앞바다가 근방 지역의 바다보다 깊고 북쪽인 앞은 홍농 단지동과 성재동 마을이 개펄 건너 지척이고 뒤인 남쪽은 석교 뒷산 낮은 등성이가 발막 앞까지 벋어있어 어선과 곡선이 드나들기 쉬운 포구를 이루고 있었다. 그래서 고창 무장 지역의 세곡을 창촌인 석교에 쌓았고 칠산바다에서 잡은 어물도 8km가 넘는 법성포까지 가지 않고 이곳으로 실어와 거래되어 근동 고을에서 가장 먼저 장이 섰을 뿐만 아니라 장꾼들이 많이 모여드는 규모가 매우 큰 오일장이었다.

그런데 개가리(凱歌里)에 장이 생기게 되었다는 다음과 같은 설화가 전한다.

1496년 이 개가리에 이 고장에서 출천지효(出天之孝)로 이름 높은 영모당(永慕堂) 김질(金質)이라는 사람이 태어났다. 그는 효성이 지극하여 부모상과 조부모의 승중상(承重喪) 모두 12년 동안이나 시묘살이를 하여 지극한 효성이 근동에 널리 울려 퍼졌다. 돌아가신 아버지가 평소에 꿩고기를 좋아하여 제삿날인 매년 12월에는 짚신을 삼아 그곳에서 8km나 멀리 떨어진 안자시장(安子市場-현 安山 마을)에 가서 팔아 꿩고기를 사다 제사상에 올렸다.

그러던 어느 해 이런 일도 있었다. 눈이 많이 내려 장이 서지 않아 제물을 구할 수가 없어서 크게 걱정하며 자신의 불효로 하늘이 내린 벌이라 여기며 정성으로 제사준비를 하였다. 그런데 제삿날 석양 무렵에 갑자기 꿩 한 마리가 부엌으로 날아 들어오더니 벽에 부딪혀 떨어졌다. 이는 필시 하늘이 마련해 주신 제물이라 여기고 아버지 제사를 모셨다.

다음 해에도 제삿날 눈이 많이 내려 추운데 제물을 마련하기 위해 짚신을 등에 지고 해리시장에 가고 있었다. 행차 중에 우연히 이를 본 무장 현감이

"여봐라! 개미 새끼 한 마리 얼씬도 하지 않는 이 추운 날씨에

짐을 가득 짊어지고 무엇 하러 어디를 가는 사람이냐?"

하고 물으니 이방이

"저이는 효성이 지극한 김질이라는 사람이온데 제물을 마련하기 위해 장에 가는 길일 것입니다."

하고 김질의 효성 이야기를 자세히 아뢰었다. 현감은 이 얘기를 듣고 김질의 효성을 극찬하며 개가리에 장을 세웠다고 한다. 그 뒤부터 김효자는 추운 겨울에 멀리 장을 보러 가지 않고 마을에서 장을 보게 되었다는 것이다.

이 개갑장은 1893년 동학군의 발상지와는 1km 정도의 가까운 거리의 장터로 1905년 한일 늑약 이후 구한 말의 의병 활동의 근거지였다. 의병들의 활동 물자 보급소 역할을 하고, 장날이면 온갖 사람들이 많이 모이기 까닭에 의병들의 접촉과 연락처로 또 의병 모집의 장소로 낙인이 찍혀 일제에 의해 폐쇄되어 지금은 그 흔적조차 없어지고 말았다. 현재 그 자리는 천주교 순교자의 성역으로 가꾸어 놓았다. 그러나 이 개갑장은 전설과는 달리 영광, 무장, 고창 고을에서 최초로 생긴 오일장으로 칠산바다 어물의 집산지였으며 전라도에서도 손꼽히는 큰 시장이었다. 다만 이 전설의 주인공은 실제 있었던 인물로 시장과 관련지어 자녀들에게 효성을 가르치려는 의도에서 전해오는 설화로 인식해야 할 것이다.

13. 배 맨 바위의 전설

　고창군 해리면 소재지에서 북쪽으로 뻗어있는 경수산 산등성이를 바라보면 밋밋한 산꼭대기에 신비롭고도 괴이한 바위가 우뚝 솟아있는데 이 바위를 계선암(繫船岩)이라고 한다. 이 계선암(繫船岩)이란 이름의 의미는 〈배를 매는 바위〉라는 뜻이다. 이 바위는 높이 20m에 둘레가 약 100m나 되는 퇴적암으로 민둥산 등성이에 위치하여 멀리서도 곧잘 눈에 들어온다.
　선운산의 남으로 벋은 한 줄기이지만 마을 뒷산 정상에 있는데 배를 매는 바위라니 아무리 생각해도 이해하기가 어렵다. 그러나 멀리서 바라보면 아기를 업고 있는 사람 모양 같기도 하고 큰 배가 정박하여 밧줄로 매어놓은 것처럼 보이기도 한다. 이 바위 주변에는 조개껍데기 등 바닷가에서 볼 수 있는 것들이 보이는데 배 맨 바위라는 사실을 증명하려고 일부러 누가 가져다 놓았을 리 없으니 옛날에는 이 바위 근처까지 바닷물이 들어오고 이 바위에 배의 닻줄을 매었으리라고 생각할 수밖에 없다.
　바위 주변에는 수풀이 없어서 우람하고 거대한 바위가 온전히 드러나 신비롭기까지 하지만 바위 주변에 희귀한 산새들이 바위

구멍에 서식하며 사는 것도 신기하게 보인다. 그동안 지각변동으로 바닷가에 있던 땅이 융기하여 산등성이가 되었을까? 고창 고인돌군이 있는 곳이 바닷가이었을 테니 수만 년 전에는 이곳이 바다였다고 해도 이해할 수 있지만 수만 년 전에 큰 배가 있을 턱이 없으니 그 또한 신비로운 일이다.

또 고수에는 섬백섬이란 지명이 있는데 황산 옆의 들 가운데 섬처럼 보이는 둔덕으로 지금은 농지정리를 하여 흔적조차 찾을 수 없지만, 전에는 그곳이 목 백일홍 숲이었다고 한다. 전설에 의하면 고수의 낮은 지역은 옛날에 바다였다고 하며 몇 가지 그럴듯한 이야기도 있다. 물 넘기 등의 저수지 수로를 파다가 조개껍질과 정치망(定置網, 자리그물)용 말뚝을 발견했고, 광산김씨(光山金氏) 제각 뒷산 중턱의 '빌바위(별 바위)' 일명 '배 바위'는 배 정박을 위해 사용한 것으로 추정되는 구멍 흔적이 남아있다. 문수산 정상 부근 장성과의 경계 지점에 바닷물고기 청어의 이름을 딴 '청어 바위'가 있고, 연동 뒤편의 '대추나무골'은 대추를 실은 배가 이곳에서 전복되는 바람에, 그 씨앗의 싹이 돋아 대추나무 숲을 이루어 마을 이름이 '대추나무골'이라는 이야기 등이 바다와 관련된 것들이다.

그 외에도 고창의 낮은 지역이 바다였다는 설을 뒷받침하는 것들은, 아산 반암 뒷산 중턱에 있는 '선(船)바위'나 방장산의 '벽오봉'도 오동나무를 싣고 가던 배가 뒤집히면서 오동 씨앗이 떨어져 그런 이름이 붙여졌다고 한다. 섬백섬은 바다와 연관된 환상의 섬으로 조선 예종 때 귀양살이용 섬으로 지정되었다는 설이 『작전도본』이라는 책에 기록되었다고 전해진다.

어쩌면 이 배 맨 바위의 전설은 구약성서에서 말하는 서양의 대홍수 때 노아의 방주나 우리나라 전설로 대홍수 때에 남매가 큰 박처럼 생긴 배를 타고 떠돌아다니다 살아남아 인류의 조상이 되었다는 복희와 여와의 이야기가 실재적으로 존재하였던 이야기가 아닐까? 하고 생각해 보게 한다.

14. 장군산의 전설

 고창군 해리면 나성리 구례몰(마을) 앞에는 서해가 끝없이 펼쳐지고 마을 뒤에는 구례산이라는 작을 산이 마을을 감싸 안고 있다. 그런데 이 산 능선에는 지금도 풀이 자라지 않고 검붉은 황토에 소나무 몇 그루만 서 있는데 이 산에 풀이 살지 않는 까닭은 다음과 같다고 한다.

 지금부터 천여 년 전 신라의 국운이 기울고 궁예가 후고구려를 자칭하며 태봉국을 건설하여 후삼국으로 갈라지는 기운이 충만하던 시기의 이야기이다. 이 구례 마을 앞으로 2km쯤 떨어진 산을 장군산이라 부른다. 금방 비가 쏟아질 듯 날씨가 잔뜩 흐린 어느 날 이 산에서 뇌성벽력이 일고 번갯불이 번쩍이더니 오히려 검은 구름이 흩어져버리고 까맣게 흐렸던 날씨가 개고 햇빛이 번쩍이는 게 아닌가.
 원래 흐린 날씨에 천둥 번개가 일면 장대비가 쏟아지는 법인데 그와는 반대 현상이 일어나니 사람들이 이상하게 여기며 모두 일손을 놓고 장군산을 바라보았다. 그런데 장군산 봉우리를 빛과 안개가 감싸고 정상 한가운데 10척 장신의 씩씩한 젊은이가 9척 장검을 집고 우뚝 서서 남쪽을 노려보는 게 아닌가. 그러자 산 아래에 있는 마을 국구촌이라는 곳에서 백마 한 마리가 뛰어 올라와 젊은이 앞으로 달려가 서며 '히이잉~' 천지가 진동하게 울어대는 것이었다. 이를 본 젊은이는 빙긋 웃고 말 등에 뛰어 올라타고 구례산과 장군산을 오가며 무술 연습을 하는 것이었다. 이 젊은이는 달포 동안 말타기, 활쏘기, 창던지기 칼 휘두르기 등을 맹렬히 연습하더니 홀연히 어디론가 사라져 버렸다. 날마다 이 무술 연습을 구경하던 사람들은 그가 어느 마을 사람인지 무엇 때문에 무예를 연마하는지 아무도 아는 사람이 없었다. 나중에 전해오는 이야기로는 이 젊은이가 후백제 견훤의 휘하에 들어가 무주 대접전, 나주 대접전에서 화려한 전공을 세운 후백제의 장군이라고 한다. 그리고 그 후부터 이 산의 능선에는 풀이 나지 않았다고 전한다.

이 전설에서 알 수 있는 것은 패자의 역사는 사라지기 마련이라는 것이다. 만약 후백제가 삼국을 통일했다고 가정한다면 이 장군은 그가 누구이며 어느 마을 태생이며 어떤 빛나는 공훈을 세웠는지 이름과 내력이 밝혀짐은 물론 우리 역사에 오래도록 남았을 것이다. 그러나 패망한 나라에서는 어느 싸움에서 빛나는 전공을 올린 장군이라 할지라도 빛을 보지 못하고 사라져 버리기 마련이라는 것이다.

　우리나라 근세의 역사만 하더라도 구한말 의병들은 목숨을 바쳐 나라를 위해 싸웠으나 일제가 전공이나 규모를 숨기거나 축소하고 후손들은 보복이 두려워 의병 활동을 한 사실조차도 숨겼기 때문에 나라 위해 몸 바친 분들 대부분이 누구인지도 모르는 것이다. 지금 밝혀진 애국 인물은 일제에 항거하며 목숨을 바친 분들의 10%도 안 된다고 봐야 옳을 것이다. 이 장군산의 전설은 이처럼 패망한 역사의 숨겨진 한 단면을 말해주는 것이다.

15, 염라대왕을 잡아 온 원님

옛말에 '우리나라에서 무섭고 용감하기로는 흥덕 사령을 당해 낼 자가 없다.'라는 말이 있다. 그만큼 흥덕 사령이 용맹스럽다는 뜻이다. 사또는 한 고을의 통치자로 모든 권력을 다 가진 벼슬이다. 오늘날에는 삼권분립으로 한 고을의 수령은 행정권만 가지고 있지만, 민주국가가 되기 전까지는 한 고을의 수령이 입법, 사법, 행정, 삼권을 모두 가지고 있었기 때문에 고을 수령의 말 한마디가 곧 법이요, 법의 집행이었다. 그래서 정의롭고 현명한 사또가 다스리는 고을 사람들은 그만큼 복을 누리며 살기 마련이었다. 사령이란 고을의 사또 밑에서 모든 명령을 수행하는 사람으로 죄인을 잡아들이는 오늘날의 형사에 해당하는 임무를 가진 사람이며, 집장사령은 곤장으로 매질을 하는 사람이다. 옛날에 흥덕 사령은 죄인은 물론 귀신도 잡아 대령하였다는 전설이 인근 각지는 물론 전국 방방곡곡에 널리 퍼졌던 소문이라고 한다.

이야기는 지금부터 1천여 년 전인 고려 16대 인종 때 흥덕현에 강감찬 장군이 현감으로 부임해 왔던 때의 이야기이다. 사또가 고을을 잘 다스려 태평스러웠기 까닭에 고을에서 사또께 소를 올리는 일이 사라질 정도로 사람들이 행복하게 살고 있었다. 그런데 사또가 동헌에서 공무를 보고 있는 어느 날 한 노인이 동헌 앞에 엎드려

"사또님! 저는 알뫼 장터에서 여관을 경영하고 있는 상인인데 말년에 4형제를 두어 애지중지 귀하게 키워 모두 장가를 들여 며느리까지 보아 행복하게 살고 있었으나 자식 사형제가 갑자기 이름 모를 병이 들어 며칠 새에 4형제를 모두 잃어버리니 너무도 원통하여 사또께 호소합니다."

하고 애절하게 하소연하였다. 이 말을 들은 사또는 무엇인가 깊이 생각하더니 이방에게 사령들을 대령시키라 이르고 사령 중에서 용맹스러운 사람을 골라내어 이르기를

"오늘 밤 2경쯤 되어 성문 밖에서 정읍 고을로 가는 길가에 대기하고 있다가 3경이 못 되어 꽃가마가 지나가게 될 테니 처음 지나가는 가마는 그대로 두고 두 번째로 지나가는 가마에 타고 있는 사람을 불문곡직하고 잡아 대령 하렷다."

하고 명령을 내렸다. 그날 밤 강감찬 현감은 넓은 동헌 대청에 좌정하고 청사초롱에 대낮처럼 불을 밝히고 사령이 돌아오기를 기다리고 있었다. 그러는 동안 이경이 넘어 삼경에 가까우니 동헌 밖이 소란스럽더니 사령이 한 사람을 데려오는데 허우대가 장대하고 위풍이 당당한 대단한 인물이었다. 사또는 동헌 마루 위로 정중히 맞아들인 후 위엄을 갖추어 말했다.

"그대는 염라대왕으로 사람을 잡아가되 수명이 다한 사람과 이 세상에 남아있어서는 안 될 몹쓸 사람을 잡아가는 게 도리인데 어찌하여 한꺼번에 생사람을 넷씩이나 잡아간단 말이오? 도대체 그 까닭이 무엇이오?"

하고 말하니 염라대왕이

"사또의 말씀이 옳은 말씀이오. 내가 노인의 아들 4형제를 괜히 한꺼번이 잡아간 게 아니오. 그 내력을 알려면 지금 당장 노인의 집으로 가서 마당의 평상 밑을 파 보시오. 그러면 그 까닭을 알 수 있으리다."

하고 말한다. 사또는 역졸들을 시켜 여관집 마당에 있는 평상을 치우고 밑의 흙을 파보니 흙 밑은 두꺼운 판자로 덮여있는 큰 우물인데 우물 속에 시체 네 구가 썩지 않고 그대로 둥둥 떠 있는 게 아닌가.

"사또! 저 흉악무도한 노인네가 젊었을 적에 돈을 많이 가진 장사꾼이 자기 여관에 들면 돈 냄새를 맡고 잠이 들면 죽여서 우물 속에 버리고 돈을 빼앗아 부자가 된 것이오. 원한에 사무친 장사꾼이 지금까지 시체가 썩지도 않고 아들로 환생하여 원수갚음을 한 것이오. 그러나 저 죄인의 타고 난 수명은 아직 남아 저승에서 잡아가지 못하고 있으니 그리 알고 이승에서 지은 죄만큼 합당한 벌을 내려주시오."

하고 총총히 사라져 버렸다. 강감찬 현감은 여관집 노인네 부부를 잡아다 사람에게 내리는 제일 큰 벌을 주고 네 구의 시체는 장사를 잘 치러 주었다는 전설이 전해 내려오고 있다.

16. 무장고을 사또의 고민

　강감찬 장군이 무장고을에 부임해 온 후, 어찌나 고을을 바르게 잘 다스리는지 백성들의 걱정거리가 사라져 버리고 말았다. 무장고을 사람들은 사또를 칭송하며 행복한 생활을 하였다. 그러던 어느 날 한 농부가 동헌으로 찾아와 소를 올렸다.
　"사또님! 사또님이 오신 뒤로 우리 고을 백성들은 근심 걱정 없이 모두 잘살고 있는데, 봄이 되니 한 가지 큰 걱정거리가 생겼습니다."
　하고 아뢰는 게 아닌가. 사또는
　"무슨 걱정거리가 생겼는지 속히 말해 보아라."
　"예, 다름이 아니오라 오늘 밤에 주무시지 말고 동헌에 앉아 들어보시면 그 까닭을 아실 테니 농사꾼들의 걱정거리를 해결해 주시기 바랍니다."
　하고 여쭙는다. 강감찬 장군은 농사꾼이 사또는 다 알 것이라 여기고 여쭙는데 꼬치꼬치 캐물을 수 없어
　"알았으니 염려 말고 농사일을 열심히 하여 풍년들게 하여라."
　하고 더 묻지 않고 돌려보내고 그날 밤 저녁 식사를 마치고 동

헌에 앉아 곰곰이 생각해 보아도 백성의 근심거리가 무엇인지 그 까닭을 알 수 없었다. '도대체 무엇 때문에 농군들이 걱정을 저리 하는고?' 하고 깊은 생각에 빠져 있다가 갑자기 무릎을 쳤다. '오호라! 바로 이 소리였구나. 이 소리 때문에 백성들이 잠을 곤히 못 자서 다음 날 일을 하는데, 지장이 많구나.' 하고 깨닫고 벼락 치는 듯한 우람한 함성으로 동헌 앞 들판을 향해 꾸짖었다.

"네 이 몹쓸 개구리들아, 왜 밤마다 울어대어 농사꾼들 밤잠을 설치게 하느냐. 모두 울음을 그치렷다!"

사또의 커다란 함성에 무장고을 논두렁에 개구리들이 모두 울음보가 터져버려 개구리 울음소리가 들리지 않아 그 뒤부터 고을 백성들이 밤에는 잠을 잘 잘 수 있어서 낮에 고된 농사일을 부지런히 할 수 있었다고 한다.

이 무장현과 흥덕원의 전설은 강감찬 장군이 고을 수령으로 고을을 잘 다스렸다는 칭송과 장군을 기리는 민심이 구전되어 전해오는 전설이다. 강감찬은 서기 948년 12월 22일(음력 11월 19일)에 삼한벽상공신(三韓壁上功臣) 강궁진(姜弓珍)의 아들로 양광도 시흥군(始興郡) 금주(현 서울특별시 관악구 낙성대 근처)에서 태어났다. 어릴 적 이름은 은천(殷川)이다. 5대조인 강여청(姜餘淸)이 시흥군(始興郡)으로 이주하여 금주(衿州)의 호족이 되었다. 983년(고려 성종 3년) 그는 늦은 나이인 36세에 무과에 장원으로 급제한 뒤 예부시랑이 되었다. 그는 무과에 급제한 장군이면서도 신장이 5척이 채 못 되는 단신이었다고 한다. 그러나 그는 뛰어난 지혜로 노년인 72세(1019년 2월)에 거란의 10만 대군을 물리친 귀주대첩으로 을지문덕 장군의 살수대첩, 이순신 장군의 한산도대첩과 함께 우리 역사상 외적을 물리친 가장 빛나는 3대첩으로 유명한 분이다. 무장현과 흥덕원에 전해 내려오고 있는 강감찬 장군의 고을 수령으로서의 이야기는 역사적인 사실인지 아닌지 확인해 보지는 못했다.

17. 사두봉(蛇頭峰)의 전설

 고창군 무장면 성내리 사두봉(蛇頭峰)은 북쪽 성벽으로부터 산등성이가 뻗어 내려오다가 마치 뱀의 머리처럼 봉우리가 우뚝 솟고 봉우리의 좌우 양측에 뱀의 눈처럼 파란 물이 넘치는 연못이 있어 사두봉이라 일컬었다. 이 사두봉의 북쪽으로 성황당이 있는 고갯마루의 좌우로는 좌청룡 우백호의 능선이 이 사두봉을 둥글게 옹위하고 감싸 돌아 예로부터 무장고을을 반사(사리고 있는 뱀) 형국으로 보며 뱀 머리의 양쪽 연못에서 안개(용이 내뿜는 입김)가 피어나와 고을 안을 덮으면 그 운치가 빼어날 뿐 아니라 이 기운으로 고을 사람들이 부귀를 누리며 많은 인걸이 배출되어 무장의 현세(縣勢)가 퍽 드세었다고 한다. 또 동서 방향으로는 나는 학 모양으로 한재산이 머리를 높이 쳐들고 무장고을을 방어하고 있으며 남쪽으로는 남산이 엎드려 있는 개구리 형국으로 뱀은 가까운 눈앞에 먹이를 둔 셈이어서 무장고을은 가뭄에도 기근 없이 복락을 누리며 번창해 왔다고 한다.

예로부터 '고창은 성자랑' '흥덕은 양반 자랑' '무장은 아전 자랑'이라는 말이 전해오고 있지만, 무장고을은 지방세가 강하여 항상 이 고을에 역량 있는 사또가 부임해 왔다. 사람만 좋고 역량이 부족한 사또가 부임해 오면 얼마 못 가서 쫓겨났다고 한다. 이처럼 바닥이 드세고 배타성이 강하다 보니 고을 수령이 계시는 고을의 중심지이면서도 오일장이 서지 않아 무장 사람들은 왕복 세 시간이 넘게 걸리는 시오리 길을 걸어 해리면 안산리 이상동에 서는 〈안진머리장〉을 보러 다녔었다. 그런데 이 장터가 사두봉에서 바라보면 훤히 보이는 곳으로 장터에서 일어나는 일이 한눈에 다 보였다. 장날이면 사람들로 버글거리고 시끄러운 소리가 들리는 까닭에 뱀이 이곳을 넘보아 장날만 되면 젊은 청년 한 사람이 희생되었다. 고을 현감들은 이를 해결하기 위해 골머리를 앓았지만, 방법을 찾을 길이 묘연하였다.

그러던 어느 날 사또는 머리도 식힐 겸 변복을 하고 잠행을 나갔다. 한 주막에 들러 술 한 병을 시키고 기다리고 있는데 옆자리에서 술을 마시는 사람들의 주고받는 대화가 귀를 기울이게 하였다.

"아따! 어지께 장날에도 젊은 사람 하나 저승질로 가부렀담서?"

"하아! 내 눈으로 직접 봤씽께. 사람 목심 참 허망허등만 그랴!"

"뭔일로 워찌케 죽었간디?"

"참말로 싱거운 일이였당께. 한사람이 생선을 사 들고 가다가 지내가는 사람 몸에 살째기 스쳤는디 왜 남의 옷에 비렁내를 묻히냐고 험시로 한방 놓아뿡께 쓰러져 일어나도 못 허고 그냥 가뿔등만. 사람 목심이 파리목심이데 그려."

"그란디 장날마당 젊은 사람이 죽어 나가니 뭔 일이랑가?"

"아! 사또님도 모리는 일을 누가 알것능가? 아니, 저 스님은 혹시 알랑가 모르것네"

대화를 나누는 사람들 옆의 한구석에 돌아앉아 연세가 지긋하게 보이는 한 스님이 국밥 한 그릇을 시켜 먹고 있었다.

"여보씨요. 스님, 우리 말 다 들었지라? 워째서 안진머리 장날이면 젊은 사람들이 그렇고 죽어 나갈 께라? 아시면 쪼께 갈차주씨요."

아무런 대꾸 없이 국밥을 다 먹고 바랑을 짊어지고 일어선 스님이 대뜸 지팡이로 사두봉을 가리키며

"저 사두봉 우뚝 솟은 머리를 깎아서 뱀의 눈인 양쪽 연못을 메우면 다시는 그런 일이 일어나지 않을 것이요."

하고 총총히 사라졌다. 이 말을 들은 사또는 풍수에 어둡지 않아 옳게 여기고 이튿날부터 인부들을 시켜 뱀 머리를 깎아 연못을 메웠다. 이후부터 안진머리 장날 싸움을 하고 사람이 죽는 일은 일어나지 않았으나 무장에 인물이 나오지 않았다. 이를 해결하기 위해 사또가 직접 선운사의 도승을 찾아가 물으니

"사두봉에 나무를 심어 깎아내기 전의 높이만큼 숲을 이루고 남산 밑에 개구리 모양의 연못을 만들면 뱀의 먹이가 생기게 되어 무장고을은 다시 번영할 것이외다."

하고 일러주었다. 이에 사또는 도승의 말대로 사두봉에 느티나무를 심고 남산 밑에 개구리 연못을 만들었다고 한다. 현재 사두봉은 객사가 있는 작은 동산이고 뱀의 오른쪽 연못은 무장초등학교의 운동장 중심이며 왼쪽 연못은 객사 동편 아래 우물의 옆자리라고 한다. 그리고 개구리 연못 자리는 무장 장터이며 객사 주변의 나무들은 그때 심은 나무들이라고 한다.

18. 마당바위의 전설

 각 고장에 전해오는 전설은 대개 아주 먼 옛날에 있었던 이야기들이 재미있게 꾸며져 전해 내려온 얘기들이 대부분이다. 그런데 이 마당바위의 전설은 지금부터 약 100여 년 전에 있었던 실제의 이야기로 다만 주민들이 풍수를 사실로 믿는 데에서 비롯된 이야기이다.

 노령산맥의 줄기인 고창군 고수면 부곡리(芙谷里) 증산봉(甑山峰)에서 서쪽으로 이어져 내린 골짜기 언덕에 드넓은 바위를 마당바위라고 한다. 이름에서 보는 바와 같이 부곡이란 골짜기는 방장산에서 흘러온 맥이 증산봉을 이루는데 이 증산봉은 마치 떡시루처럼 생겨서 증산봉이며 증산봉으로부터 흘러내리는 계곡 부곡은 모양이 부용화처럼 보여서 부곡이다. 부용화는 무궁화를 닮은 아름다운 여인의 꽃이라고 한다. 이 부용화 동산에 높이 3m 넓이 가로 20m 세로 15m 직사각형의 바위를 마당바위라고 불렀다.
 이 마당바위 밑에는 도내기샘 이라고 부르는 옹달샘이 있었는데, 얼마나 물이 시원하고 물맛이 좋던지 그 소문이 전국으로 퍼져 심지어는 평양기생들의 소원이 부용화 동산 마당바위에 앉아 놀면서 도내기 샘물을 마셔보는 것이였다니 가히 그 명성을 짐작하고도 남는다. 또 한 호랑이 점쟁이라고 하는 무녀는 이 샘에 신령이 깃든 것으로 여겨 굿을 할 때마다 이 도내기 샘물을 떠다 신령님께 올려 신내림을 받고 굿을 하였다고 한다.

이 마당바위와 주변에는 바위가 많고 풍수로 볼 때 안씨 종중 선대 선산의 좌청룡의 머리 부분에 해당하는 가닥인데 1920년 안씨 종중의 한사람이 돈을 많이 받고 이 바위들을 팔아넘겨 이 바위가 고창 고등학교와 고창 우체국 그리고 고창 금융조합의 주춧돌이 되었고, 여타 바위들로는 고수 예지보(禮智洑)와 장자보(長者洑), 그리고 구레보 등의 저수지 둑을 쌓았다.

그런데 그 바위가 없어진 뒤, 한 도인이 지나가다가 산세를 바라보더니 혀를 끌끌 차고는

"허어! 길지(吉地) 희소부용혈(喜笑芙蓉穴)의 청룡 머리를 잘라 버렸으니 요사(夭死)가 일어나겠구나."

하고 길게 탄식하였다고 한다. 그런데 마치 그 예언을 증명이라도 하듯 그 뒤부터 안씨 종중의 자손들이 젊은 나이에 요절하는 일이 자주 일어났다고 한다. 일제가 풍수적 견지에서 조선의 지맥을 끊고 혈맥의 중심에 쇠말뚝을 박아 조선 팔도 대지의 기를

누를 때의 얘기로 사람들은 명당의 발복을 믿었던 시절이다. 만약 청룡의 두상을 잘라내지 않았더라면 젊은이들이 요절하는 일은 일어나지 않았을지도 모를 일이다.

좌청룡의 머리 부분인 마당바위를 파내며 바위 밑의 도내기샘도 메워져 버렸는데 샘이 있던 자리를 파면 여전히 샘물은 솟을 것이라고 하며 마당바위가 있던 자리에는 집들이 들어서서 새로운 마을이 생겨 이 마을 이름 역시 마당바위라고 부른다.

19. 성산사(聖山寺)의 전설

고창군 고수면 부곡리 마당바위 동쪽에 옛 절터의 흔적만 쓸쓸하게 남아 있는데 이 사찰의 이름은 절터 주변의 들판을 성산이라 하고 절터에 있는 연못을 성산지라고 부르는 것으로 보아 이 사찰의 이름이 성산사라고 미루어 생각할 뿐 남아있는 기록이 없다.

우리나라 남부지역에서는 대체로 백제, 신라, 고려의 고승들이 지은 사찰이 대부분인데 특이하게도 이 성산사는 고구려의 고승이 세운 절이라고 한다. 이 고승은 고구려 제19대 장수왕의 미움을 사서 고구려에 더 머물지 못하고 피신해 내려온 것이라고 한다. 고구려의 장수왕은 79년간 왕의 자리(서기 413년~491년)에 있었던 우리나라 최장수 왕으로 이 왕의 미움을 산 스님이 고구려 국내에 버티고 있기는 어려웠을 것으로 짐작된다.

이 고승이 남으로 피신해 오다가 한강 유역의 어느 지점에서 어디로 갈까 방황하고 있을 때 어디선가 비둘기 한 마리가 날아와 스님의 어깨에 앉더니 스님의 몸을 한 바퀴 빙 돌아 마치 따라오라는 듯 남쪽 산등성이로 천천히 날아가는 게 아닌가! 스님은 비둘기가 날아간 방향으로 한참을 올라가니 고갯마루 삼거리인 성황당 바위 위에 앉아 기다리고 있던 비둘기가 또 스님의 몸을 한 바퀴 빙 돌더니 세 길 중에서 남쪽 길로 날아가는 것이었다. 스님은 계속해서 비둘기를 따라가다가 다다른 곳이 이곳 고창군 고수면 부곡리 증산봉 아래 마당바위이며 마당바위 동쪽 아래 성산에 절을 짓고 성산사라고 하였다. 그 후 이 사찰이 고구려의 고승이 세운 절로 소문이 퍼지자 성산사에는 도를 통한 수많은 고승이 찾아와 담론하고 도를 높이는 수도처가 되었다고 한다. 이 성산사의 뒷산이 마치 떡시루처럼 생겨 증산봉(甑山峰)이라고 하며 절터의 아랫마을이 증산(甑山)으로 떡 시루가에 개미 떼들이 모여들 듯 신도들이 모여들어 장사진을 이룰 정도로 붐볐다고 한다.

그러다가 조선조에 들어오면서부터 성산사는 수난을 겪기 시작한다. 조선 시대에 접어들어 이 증산마을에 중앙에서 높은 벼슬을 지낸 봉씨가 낙향하여 정착하여 살며 성산사에 오가는 스님들을 불문곡직하고 잡아다가 문안을 올리지 않는다는 등 트집을 잡아 곤장을 치는 까닭에 승려들의 발길이 뜸해지고 마침내는 텅 빈 절이 되고 말았다. 이는 억불숭유 정책으로 당시의 세도가들이 승려들을 괴롭힌 한 사례라고 할 수 있을 것이다. 그리고 결국에는 사찰의 전답이 세도가의 영지로 전락해버린 사례가 드물지 않았다.

또 예로부터 고승들이 출입하는 사찰의 입구에는 돌로 말을 만들어 세워 절 입구임을 밝혔다고 하는데 일본제국 시대에 일본 사람이 이 석마(石馬)를 탈취해 가고 지금은 말 고삐를 매는 돌 말뚝만 남아 있다. 그리고 이 절터에는 상반신이 없는 석불이 서 있는데 상반신은 증산마을에서 학독(고추 마늘 등을 넣고 차돌로 갈아 양념을 만들던 가정용 기구)을 만들었는데 만든 사람은 만들고 난 후 즉시 눈이 멀어 봉사가 되었다고 한다. 이 절은 기록으로는 찾아볼 수 없으나 절터에는 불교 유적의 잔재가 많이 남아 지금도 기와 조각이 나오고 있다. 이 기와는 신라 시대의 것으로 추정되며 상반신이 없는 석불은 고려 때의 것으로 추정하고 있을 뿐이다.

20. 진주를 삼킨 거위

 한국인이라면 누구나 한 번쯤은 읽었거나 들었을 전래동화가 있다. 바로 〈진주를 삼킨 거위〉를 살린 윤회라는 분의 이야기이다. 윤회는 고창사람으로 윤회의 일화는 실제로 있었던 이야기이다.

 그 내용을 간략히 더듬어보면 윤회가 젊었던 어느 날이 여행길에 날이 저물어 여관에 들었는데, 주인이 유숙하기를 허락하지 않았다. 뜰에 앉아있는데, 주인의 아이가 커다란 진주(眞珠)를 가지고 놀다가 뜰 가운데에 떨어뜨렸다. 그러자 그 곁에 있던 흰 거위가 곧 삼켜 버렸다. 얼마 안 되어 주인이 구슬을 찾았으나 찾지 못하자, 공이 훔친 것으로 의심하여 묶어 두었다가 날이 새면 장차 관에 고발하려 하였다. 그러나 그는 변명하지 않고 다만 말하기를, "저 거위도 내 곁에 매어 두라." 하였다. 이튿날 아침 구슬이 거위 배설물로 나왔으므로 주인이 부끄러워하며 "어제는 왜 말하지 않았소." 하고 사과하니, 공은, "어제 말했다면, 주인장은 필시 거위의 배를 갈라 구슬을 찾았을 것이오. 그래서 욕됨을 참

으면서 기다렸소."라고 하였다. (연려실기술에 상재)

이 일화는 신화도 전설도 아닌 한 사람의 삶의 철학과 지혜를 엿볼 수 있는 이야기이다. 그리고 이 이야기에서 우리는 최고의 지성인이 가져야 할 인간적인 면모와 됨됨이를 읽을 수 있는 것이다.

그러나 우리는 〈진주를 삼킨 거위〉 얘기는 알지만, 젊은 선비 윤회에 대한 내력은 어둡기에 소개한다. 윤회는 고창을 본향으로 하는 무송윤씨로 윤양비가 시조인 무송윤씨는 대제학이 3인이나 나온 명문가다. 본래 고창의 토성이나 명문거족(班族)은 아니었다고 한다. 즉 무송윤씨는 아전 출신의 향족(鄕族)이었다. 시조 윤양비는 고려조 무송현의 보승낭장(保勝郎將)으로 호족 밑에서 무관직으로 출발하여 호장(戶長)까지 올라갔다. 호장이란 고려시대의 지방 관직으로서 향리직의 우두머리에 해당한다.

무송윤씨(茂松尹氏)의 상계(上系)를 보면, 고려 예종 때 보승낭장(保勝郎將)으로 무장현 호장(戶長)을 지낸 윤양비(良庇)를 시조로 하여 2세(世) 윤해(諧) → 3세 윤수평(守平) → 4세(世) 윤택(澤) → 5세 윤귀생(龜生) → 6세 윤소종(紹宗) → 7세 윤회(淮)로 이어진다. 바로 무송윤씨의 시조인 윤양비부터 7세에 이른 인물이 윤회이다.

윤회〔尹淮, 1380년(우왕6)~1436년(세종18)〕는 고려 말 찬성사를 지낸 윤택(尹澤)의 증손으로 판전농시사(判典農寺事) 윤구생(尹龜生)의 손자이다. 그의 아버지 윤소종은 동지춘추관사(同知春秋館事)를 지냈으며 이성계(李成桂)를 도와 조선왕조를 창건하는데 큰 공을 세웠다. 후에 아버지 친구들인 정도전과 하륜의 문하에서 학문을 배웠다. 윤회는 태조 초 진사(進士)가 되고 1401년(태종 1년) 4월 9일 증광시 문과(文科)에 을과로 급제하였다.

1414년 승문원지사 재직 중 공사노비(公私奴婢)의 쟁송(爭訟)이 복잡하여 여러 해 동안 처결하지 못하자 특별히 전민변정도감(田民辨正都監)의 부활을 건의하였다. 그의 건의를 받아들여 조정에서는 전민변정도감을 두고 이를 처리할 때 제10방(房)의 담당자이자 총책임자가 되어 신속 공정히 판결하여 쟁송을 해결해 주었다. 그리고 그는 억울하게 대지주들에게 빼앗긴 농민들의 토지를 되돌려주었으며, 죄 없이 억울하게 노비가 된 사람들을 풀어주었다. 태종은 문장력과 학문, 명판결로 이름이 높은 그를 특별히 발탁하였고 1417년에는 승정원의 대언(代言)이 되어 왕을 보좌하였다. 그는 충녕대군(세종대왕)의 측근의 한사람으로 활동하였다. 한편 그는 실력이 있는 사람은 출신 배경과 적 서의 차별을 두지 않고 등용해야 한다는 파격적인 주장을 하였다. 1423년 《통감강목(通鑑綱目)》강론의 편찬은 물론이고, 태종실록과 정종

실록 및 세종실록 지리지, 《고려사》의 편집, 개정하는 일에도 깊이 관여하였다. 또 뇌물 받은 자들을 처벌하는 규정을 직접 지었다. 무엇보다도 그는 집현전 내에서 새 언어 창제를 찬성하는 입장에 서서 세종의 한글 창제 노력을 적극 지지하였다. 1434년 《자치통감훈의(資治通鑑訓義)》의 편찬과 《삼강행실(三綱行實)》을 편찬하는 데도 참여하였다.

윤회의 재질을 아낀 세종은 그가 술을 석 잔 이상 못 마시게 제한하였다. 그랬더니 윤회는 큰 그릇으로 석 잔씩 마시자 세종은 술을 금하는 것이 도리어 권하는 셈이 되어버렸다고 웃었다는 얘기가 전한다. 세상 사람들은 문성(文星)·주성(酒星)의 정기가 합하여 윤회 같은 현인을 낳았다고 한다. 윤회는 태종과 세종의 지극한 사랑을 받고 벼슬은 병조판서를 거쳐 예문관 대제학에 이르렀다. 윤회는 이처럼 다방면에 공적을 남기고 백성들의 억울함을 풀어줄 뿐만 아니라 거위의 생명까지 걱정하는 진정한 고창인이었다.

21. 애기바위의 전설

고창군 아산면 학전리에 마치 여인이 아기를 업고 서 있는 모양으로 생긴 바위가 있다. 이 바위에 얽힌 애기바위의 전설은 다음과 같다.

지금부터 620여 년 전인 이조 정종 때 학전리에 한 부자 장자가 살고 있었다. 그런데 이 부자가 얼마나 인색하고 성질이 고약하던지 이웃에 굶어 죽는 사람이 생겨도 쌀 한 톨 나누어 먹는 일이 없고 거지가 와도 동냥은커녕 쪽박을 깨버리는 심술궂은 사람이었다.

어느 날 이 부잣집에 스님이 와 대문 앞에서 염불을 외우기 시작했다.

"저~엉 구업지는 수리수리 마아~수리 수수리 사바하……."

아무리 염불을 외어도 집안에서는 아무런 기척이 없었다. 스님의 염불 소리는 점점 커지고 높아졌다. 그러자 대문 안에서 천둥치듯 굵은 목소리로

"야! 이 때깔 중놈아. 날이 저물 때까지 외어도 잡곡 한 톨 없을

테니 다른 집에나 가봐라."

하고 찬물을 끼얹었다. 그러나 물벼락을 맞은 스님은

"허어! 한 치 앞을 못 보는 불쌍한 중생이로고. 나무아미타불……."

하고 더 크게 염불을 외워대는 게 아닌가. 이에 심술궂은 구두쇠 영감은 외양간으로 가서 쇠똥을 한 삽 떠오더니

"정 가져가고 싶으면 이거라도 가져가거라."

하고 스님의 코앞에 들이미는 것이었다. 그러자 스님은 아무 말 없이 바랑을 벌리고 쇠똥을 받는다. 쇠똥을 곡식이 든 바랑에 집어넣은 구두쇠는

"에이~ 쇠똥도 논에 넣으면 거름이 될 텐데 중놈에게 주고 나니 아깝네. 그려!"

중얼거리며 들어가 버린다. 그러나 스님은 표정 하나 변함없이 돌아섰다. 스님이 몇 걸음이나 걸었을까 그때

"스님! 잠깐만요."

하고 젊은 여인네 목소리가 들려온다. 스님이 뒤를 돌아보니 이 집 며느리가 시아버지 몰래 쌀을 한 바가지 퍼 가지고 나오며 부른 것이다.

"스님! 저의 시아버지의 잘못을 용서하여 주시어요."

하고 빈다. 쌀을 바랑에 받은 스님은 아무 말 없이 돌아서서 몇 발짝 가다가 문득 발걸음을 멈추고

"한가지 일러드릴 말씀이 있소이다. 내일 정오가 되면 댁의 뜰에서 물이 나올 것이오, 그러면 아무에게도 말하지 말고 당신 혼자만 집 뒷산으로 피하시오. 만약 뒤를 돌아보면 안 되니 절대로 뒤를 돌아보지 마시오. 명심하시오."

하고 총총히 멀어져가는 것이었다. 며느리는 이 말을 듣고 반신반의하였으나 스님이 헛말을 하지 않으리라 생각하니 불안하여 도무지 마음이 놓이지 않았다. 남편에게 '얘기를 할까?' 생각했으나 '아무에게도 말하지 말라'는 스님의 당부를 어길 수 없어 참고 입을 열지 않았다. 이튿날 정오가 가까워지자 며느리는 틈틈이 뜰 아래를 지켜보고 있는데 정오가 되자 과연 스님의 말대로 댓돌 밑에서 물이 솟아 나오는 게 아닌가. 며느리는 놀라 이것저것 생각할 틈도 없이 얼른 방으로 뛰어 들어가 아기를 업고 뒷산을 향해 달음박질을 쳤다.

산 중턱쯤 올랐을 때 일진광풍이 휘몰아치며 장대비가 억수로 퍼붓는 것이었다. 며느리는 스님이 일러준 말을 잊고 엉겁결에 남편이 있는 집을 향해 뒤를 돌아보고 말았다. 그녀의 눈에는 놀라운 광경이 벌어지고 있었다. 살던 집은 어느새 물에 잠겨 처마도 보이지 않았다. 너무나 놀란 여인은 아기를 업은 채 그 자리에 굳어서 화석이 되어버렸다고 한다. 그 후 마을 사람들은 부자 장자가 살던 집은 연못이 되어 장자 못이라고 하고 아기를 업은 며느리가 굳어서 된 바위를 〈애기바위〉라고 부르고 있다.

이 전설은 사람의 도리 다해야 한다는 교훈, 즉 많이 가진 사람이 가난한 사람들에게 선심을 베풀어 더불어 살아가는 사회를 이루어야 한다는 진리가 담긴 전설로 조금씩 줄거리가 다를 뿐 이와 비슷한 내용의 전설들이 우리나라 곳곳에 널려있다. 이러한 전설들은 그 고장의 사람들에게 남을 배려하는 마음을 지니고 어려운 이웃을 돌보며 함께 살아가야 한다는 가르침을 조상 대대로 후손들에게 전해주는 것이다.

22. 재치꾼 소진벽

고창군 성송면 낙양리 계촌에 소진벽이라는 걸출한 재치꾼이 살고 있었다고 한다. 소진벽은 전우치나 김삿갓에 못지않은 재치꾼으로 이름이 높은 전설적인 인물이었다. 그는 살림살이는 비록 가난하였지만, 양반 신분으로 선비인지라 고을 수령과도 자리를 함께하곤 하였다. 소선비가 말을 잘하고 재치가 있어 사또가 늘 당하면서도 재미있는 터라 함께 어울리는 것이었다.

그러던 어느 날 하루는 고을 사또가 소진벽을 놀려주려고 자주 만나는 손님 정참봉과 미리 짰다.

"정참봉! 술상이 나오면 생선이 세 도막이 나올 것이요. 어두일미(魚頭一味)려니 나는 어두를 하고 정참봉은 어중을 하지. 그러면 소진벽은 별수 없이 어미를 할 게 아닌가."

소진 벽이 들어오고 술상이 나왔다. 사또가 먼저

"나는 어두를 하겠네."

그러니까 정참봉이 이어서

"나는 어중을 하지."

그러자 소진 벽이 껄껄 웃으며

"사또께서도 〈어미〉라고 마다하고 정참봉도 〈어미〉라고 마다하니 내가 〈어미〉와 할 밖에"

그리고는 대뜸 젓가락으로 어미를 집어 드는 것이었다. 듣고 보니 소진벽이 사또의 〈어미〉와도 하고 정참봉의 〈어미〉와도 한다는 말이니 욕을 먹이려다가 오히려 당한 꼴이 되고 말았다.

하루는 소진벽이 저녁때 돌아가면서
"사또님! 내일은 기고(忌故)가 있어서 못 나오겠소이다."
하고 돌아갔다. 사또는 제삿날 저녁에 제수를 보냈다. 받아 보니 석작 안에는 흰 백지로 정성스럽게 싸고 또 싼 고기가 들어있었다. 그런데 풀어보니 말 좆 이었다. 소진벽은 도로 싸고 또 싸서 하인에게 주며 말했다.
"사또께 도로 갖다 드려라."
"보내신 걸 돌려보내면 화내실 텐데요?"
"걱정마라. 받으실 것이니라."
"무어라고 말씀드릴까요?"
"소진벽이 아무리 가난해도 남이 쓰고 난 제수는 안 쓴다고 여쭈어라."
얼마 후에 사또를 만났다. 사또가 말했다.
"제수를 보냈더니 어찌 성의를 무시하고 돌려보냈소이까?"
소진벽이 즉답한다.

"새 말을 잡았는가 헌 말을 잡았는가는 몰라도 그 제수에 꼬챙이 구멍이 있어 제사에 쓴 것임을 알았는데 어찌 남의 제사에 쓴 제물을 선영 모시는데 쓸 수 있겠소."

이 말을 듣고 보니 말 좆은 사또가 제사에 올린 제물이 되고 말았다.

무장현감으로 있던 홍이표가 뒤에 이조판서가 되었다. 소진벽이 한양에 갔다가 하루는 홍 판서를 찾았다. 대문 앞에서 호기롭게 외쳤다.

"이리 오너라. 이리 오너라."

문지기가 문을 열고 물었다.

"누구시라고 여쭐까요?"

"무장에서 온 소 선비라고 말씀드리면 짐작할 것이니라."

그리고는 대뜸 사랑 앞으로 들어가니 홍판서는 요 돋움하고 비스듬히 누워 일어날 생각을 안 하고 홍대감 애견(愛犬)이 뛰어나오는데, 소진벽은 대뜸 개를 보고 넙죽 엎드렸다. 이를 본 홍 판서가 껄껄 웃으며 일어나

"아, 소선비! 무슨 그리 짓궂은 장난을 하시오."

하고 말한다. 소진벽은 자리를 고쳐 앉으며

"아, 남의 털 빌려 입은 사람도 내로라하는데 제 옷 제가 입은 놈은 얼마나 권세가 당당하겠소."

그때 홍대감은 양털 쾌자를 입고 있었다.

위 내용은 유머에 가까운 일화들이지만 당시의 민심을 반영해 주고 있다. 정치를 잘하고 잘못하고를 떠나서 무소불위의 권력을 가진 사또나 벼슬아치들을 놀려주는 통쾌함을 서민들이 소진벽을 통하여 얻는 것이다. 이는 가장 밑바닥에 사는 백성들에게 마음으로나마 위안을 얻고 웃을 수 있는 소지를 제공해 주는 얘기의 주인공이 바로 소진벽이라고 할 수 있을 것이다.

23. 진흥굴의 전설

선운산은 도솔산(兜率山)이라고도 불리며 선운산의 주봉은 선운사의 서쪽 봉우리에 해당하는 도솔봉으로 수리봉이라고도 불린다. 선운(禪雲)이란 구름 속에서 참선한다는 뜻이며 도솔이란 미륵불이 있는 도솔천궁을 의미한다. 선운산이나 도솔산이나 모두 불도를 닦는 산이라는 뜻이다. 백제 때 창건한 선운사가 유명해지면서 선운산으로 산의 명칭이 바뀌었다고 전해진다. 이 선운산은 가장 높은 천왕봉이 336m로 낮은 산이나 경수산, 견치산, 청룡산, 비학산, 구황봉 등이 선운산의 동쪽으로 흐르는 선운천의 골짜기만 남겨둔 채 말발굽 모양으로 둘러싸고 있다. 그런데 이 산들은 매우 험한 암벽으로 폭이 10m도 채 되지 않는 골짜기 양옆으로 천길 바위가 버티고 있어 골짜기 아래에서 올려다보면 바위틈의 하늘만 보인다. 이 천길 바위를 지나면 거의 산 정상 부분에 굴이 하나 있는데 이 굴을 진흥굴이라고 부르며 다음과 같은 전설이 전해오고 있다.

고구려(372년), 백제(384년)에 불교가 들어왔지만, 신라는 그

보다 150여 년이 늦은 신라 제23대 법흥왕 14년(527년)에 이차돈(異次頓)의 순교로 불교를 받아들인다. 법흥왕의 태자로 탄생한 아사달은 어릴 때부터 불도에 남다른 관심이 있었다. 그는 어느 봄날 꿈을 꾸었는데 인도의 왕자로 태어난 석가모니가 궁궐과 애처를 버리고 몸소 고행하여 득도하고 불교를 중흥시켜 대 성인이 되어 백성들을 미륵 세계로 인도하였다는 것이다.

그는 이 꿈을 꾼 뒤 자신도 그렇게 해보고 싶은 마음이 지워지지 않았다. 그는 아버지의 뒤를 이어 24대 진흥왕(540년)이 되었으나 나랏일에는 뜻이 없고 오직 불도에만 힘써오다가 끝내 진지왕(576년)에게 왕위를 물려주고 평소에 많은 시주와 관심을 가져온 선운사로 왕비와 사랑하는 딸 중애공주를 데리고 와 삭발하고 승려가 되었다고 한다.

진흥왕이 맨 처음 찾아온 곳은 지금 선운사의 사자암(獅子岩) 앞에 있는 석굴로 좌변굴(左邊窟)이라고 불렀는데, 후세에 이 굴의 명칭을 진흥굴이라고 고쳐 불렀다. 그 까닭은 진흥왕이 친히 거처하며 수도하였기 때문이라고 한다. 진흥왕은 승려가 된 뒤 스스로 이름을 법운자(法雲子)라 칭하고 사랑하는 중애공주를 위하여 중애암과 왕비의 별호 도솔을 따서 도솔암을 건립하고 이곳에서 일생을 마쳤다고 한다. 현재 도솔암의 앞쪽 바위가 천길 바위인데 도솔암 뒤쪽 바위에서 맞은편 천길 바위로 뛰어넘어 다닐 때 패인 진흥왕의 발자국이 남아있다. 그리고 일설에는 선운사를 진흥왕이 세웠다고도 전해온다.

위의 전설에서 우리는 역사의 아이러니를 느끼지 않을 수 없다. 선운사는 백제의 위덕왕 28년(581년)에 검단선사(檢旦禪師)가 창건하였다는 것이 정설이다. 그런데 진흥왕이 나랏일에는 뜻이 없고 오직 불도에만 힘써오다가 왕위를 물려주고 선운산에서 수도하며 선운사를 창건했다니 이 얼마나 허무맹랑한 거짓인가. 진흥왕은 무려 37년간이나 왕위에 있었으며 고구려와 백제의 영토를 점령하여 네 군데 순수비를 세운 정벌 왕이다. 당시 백제와는 영토 싸움으로 혈투를 벌인 적이 한두 번이 아니다. 한 예를 들면 서기 553년(백제 성왕 31년, 진흥왕 14년)에 진흥왕은 백제의 동북부를 쳐서 신주(新州)를 설치하고 속리산에 법주사를 창건한다. 그 이듬해인 554년에는 그 보복으로 성왕이 신라의 관산성을 치다가 전사하자 서로 씻을 수 없는 견원지간이 된다. 그런데 어찌 왕위를 물려주고 적국인 백제 땅에 와서 수도하며 절을 지을 수 있었겠는가. 선운사는 진흥왕이 이미 죽은 뒤에 지은 절이다.

이는 신라가 백제를 무너뜨리고 민심을 수습하기 위해 위장하여 꾸며낸 이야기임이 분명한 것이다. 이 어처구니없는 전설을 올린 까닭은 이처럼 전설은 어리석은 백성들의 민심을 다독거리기 위해 또 위정자들의 신격화를 위해 꾸며져 내려온 예도 있다는 사례를 밝히기 위함이다.

24. 망북단(望北壇)의 사연

　고창의 지석묘군은 고창읍에서 선운사 쪽으로 고창읍 죽림리, 매산리, 송암리, 아산면 상갑리 등 2km에 걸친 지역의 산기슭에 비스듬히 무리 지어 있다. 여기에는 길이 5m, 폭 4.5m, 높이 4m의 150t으로 추정되는 거대한 고인돌을 위시하여 447기의 고인돌군이 각각 고유번호로 흰 페인트로 표시되어 있다. 이 고인돌군은 약 3,000여 년 전에 이미 이곳에 마을을 이루고 정착 생활을 해왔음을 증명해 주는 선사시대 유물로 2,000년 11월 29일, 강화, 화순의 고인돌군과 함께 유네스코 지정 세계문화유산에 등록되었고, 그 전후로 상갑리, 죽림리 일대의 유적지가 잘 정돈되어 상고사에 관심이 많은 분과 학생들의 학습답사지로 붐비고 있다.

　이 지석묘군 중에서 고창읍 쪽으로 읍에서 4km쯤 떨어진 도산리 지동마을 536번지 한옥 뒤 장독대 옆에 깔끔하게 정돈된 북방식(납작한 받침돌 2개를 양쪽에 높이 세우고 그 위에 덮개돌을 덮은 것) 고인돌(가로 344cm, 세로 290cm, 두께 60cm, 높이 160cm) 1기가 있고, 그 북쪽 주변에 남방식(받침돌 4개 위에 덮개돌을 덮은 것) 고인돌 3기가 있다. 〈도산리 지석묘〉라고 하는 이 북방식 고인돌은 강화도 이남 지역에서는 볼 수 없는 고인돌로 지방기념물 11호로 지정되어 문화재로 보호하고 있다.

그런데 이 고인돌은 망곡단(望哭壇) 또는 망북대(望北臺)라고도 하며 이 고인돌이 있는 집터를 송대장(宋隊長) 집터라고 하는 전설적인 실담(實談)이 전해오고 있다. 송대장은 이름이 송기상 아호는 모은(牟隱)이며 이곳에서 출생하였다. 그는 병자호란에 청나라 태종이 대군을 이끌고 파죽지세로 밀고 내려오자(1636년 12월) 인조대왕이 남한산성으로 피신했다는 소식을 듣고 의병을 일으키어 북상하다가 굴욕적인 강화가 이루어지자(1637년 1월 30일) 하는 수 없이 중도에서 되돌아와 이 지석묘 앞에 엎드려 통곡하며 비분강개(悲憤慷慨)하였다고 한다. 그 후부터 이 지석묘를 망곡단(望哭壇) 또는 망북대(望北臺)라 불렀다고 한다. 도산리 지동마을 앞에 세워놓은 벽당군수모은송공의적비(碧撞郡守牟隱宋公義蹟碑)에 그 사연이 자세히 기록되어 있다.

이러한 의병대장의 이야기는 우리나라 방방곡곡에 산재해 있다. 임진왜란을 겪고 난 후, 선비들의 가슴속에 더욱 숭고한 애국심이 깊이 새겨져 있었기에 병자호란 때에는 많은 의병이 봉기하였으나 두 달도 채 못되어 항복하자 의병들을 모집하여 이끌고 북상하다가 중도에서 항복의 소식을 듣고 비분 통곡하며 되돌아온 이야기는 한강 이남 지역의 여러 고장에서 들을 수 있다.

25. 〈희어재〉의 전설

고창군 아산면 월성(月星)마을에서 선운사로 넘어가는 고개로 무장과 해리면 쪽에서 선운사로 넘어가는 고개이기도 하다. 이 마을에는 희한한 전설이 전해오는데 그 내용은 다음과 같다.

월성마을에는 새끼를 잘 꼬는 번개라는 젊은이가 살고 있었다. 어찌나 새끼를 번개처럼 빠르게 잘 꼬아대는지 사람들은 이 젊은이를 번개꼬비라 불렀으며 인근 고을까지 소문이 자자(藉藉)하였다. 근동 고을에서 이 소문을 듣고 내기를 하자고 찾아와 새끼 꼬기 시합을 하는 사람마다 번개가 짚 한 뭇으로 백발의 새끼를 꼬아내면 겨우 열 발도 꼬지 못하고 지고 말았다.

하루는 번개네 집에 한 도승이 찾아왔다.

"그대가 새끼를 잘 꼬는 번개꼬비인가?"

"그렇습니다만 무슨 일로 저를 찾아오셨는지요?"

"이번에 선운사의 참당암(懺堂庵)을 짓는데 새끼가 많이 필요하네. 그대가 새끼를 꼬아주면 노임은 넉넉히 드릴 테니 새끼 백만 발을 꼬아주시게."

"예, 대사님! 스님들 뉘우치고 참선하는 암자를 짓는데, 쓰신다니 새끼값은 받지 않겠습니다. 새끼는 우리 짚으로 꼬면 되고 저는 암자를 짓는데 하루쯤 봉사하는 것으로 여길 터이니 그리 아십시오."

"그러면 열흘 후에 올 터이니 그때까지 꼬아주시게."

여기서 참당암에 대해 자세히 알아볼 필요가 있다.

참당암(懺堂庵)은 1597년(선조 30) 정유재란 때 모든 건물이 불에 탄 것을 다시 세우기 시작하여 1619년(광해군 11)에 중건을 완료했다. 그 뒤로도 여러 차례 수리(修理)를 거쳐 오늘에 이른 암자다. 선운사에는 원래 많은 암자가 있었으나 지금은 참당암을 포함하여 동운암, 석상암, 도솔암 등이 남아 있다. 전각 내에는 석가여래를 본존으로 관음보살과 세지보살이 협시한 삼존불을 봉안하고 있으며 후불탱화로 1900년에 조성된 영산회상도가 있다. 의운화상이 신라 진평왕(579~631년)의 부탁으로 이 건물을 지었다고 하는데 그 내용을 기록한 「참당사고사급법당기(懺堂寺故事及法堂記)」가 1794년(정조 18년)에 간행된 점으로 보아 이 시기에 중건된 것으로 짐작된다. 진평왕은 진흥왕의 손자이며 선덕여왕의 아버지로 백제의 무왕 때이니 「참당사고사급법당기(懺堂寺故事及法堂記)」 역시 믿을 바가 못 된다.

참당암은 여러 차례 수리(修理)를 거쳤으나 정면에 짜인 공포는 전형적인 18세기 다포 양식이며 배면은 기둥 위에만 공포가 있는 주심포 양식을 취하고 있다. 이것은 건물을 수리(修理)할 때 고려 시대의 부재를 재활용했기 때문으로 추정된다. 고려 시대의 다른 건축물과 비교할 수 있는 중요한 자료가 되는 건물이며 조선 후기의 빼어난 건축미를 지니고 있다.

다시 전설로 되돌아가서 번개꼬비는 약속한 열흘이 가까워도 새끼를 꼴 생각을 하지 않고 자기 논밭 일만 하고 있었다. 선운사 스님과 약속을 한 사실을 알고 있는 한 마을 친구가 논둑길에서 만나자

"이보게. 번개! 부처님과의 약속을 어기면 큰 벌을 받을 터인데 어찌하려고 자네 논 일만 그리 하는가?"

하고 걱정스레 물었다.

"염려 마시게. 부처님과의 약속을 어기는 일은 없을 테니……."

하고 태연하였다. 마침내 약속한 날이 도래하여 스님이 찾아왔다.

"새끼는 다 꼬아 놓았는가?"

"예, 대사님! 지금부터 꼬면 됩니다."

"아니 백만 발이나 되는 새끼를 지금부터 꼬면 된다고?"

"예. 대사님! 만약 제가 새끼를 다 꼬아 놓았다면 새끼를 지고 갈 일꾼도 십여 명 이상 필요할 것입니다. 그러나 이 새끼 머리를

잡아서 끌고 가시면 일꾼도 필요 없습니다. 그러니 이 새끼 머리를 끌고 가십시오."

하고 새끼 머리를 스님 손에 쥐여주는 게 아닌가!

번개꼬비는 새끼를 꼬기 시작하고 스님이 쥐여준 새끼 머리를 끌고 가자 새끼줄이 스르르 딸려 와 스님은 재를 넘어갔다. 그러니까 월성마을에서 꼰 새끼줄을 고개 넘어 참당암을 지을 때 끌어당겨 썼는데 새끼줄을 끌어당길 때 고갯길이 새끼줄에 닳고 닳아 희어졌다고 하며 이때부터 이 고개를 〈희어재〉라고 불렀다고 전한다.

26. 병바위의 설화

고창군 아산면 반암리는 선운사의 동남쪽 산 너머에 자리 잡은 마을로 마을의 뒤와 양옆이 모두 거대한 바위들로 이루어진 산이다. 그리고 마을 앞을 흐르는 시내(인천강)는 서쪽에서 발원하여 동남쪽을 감아 돌아 다시 선운사 계곡인 서쪽으로 흘러간다. 그래서 이곳의 마을 이름이 호암, 반암이란 지명이며 신선들이 사는 곳이라 하여 선동(仙洞)이란 이름으로 불리는 마을도 있다. 그리고 이곳의 지형을 금반옥호(金盤玉壺)라든가 선인취와(仙人醉臥)라는 표현으로 일컬으며 명당을 찾는 발길이 끊이지 않고 있었다고 한다.

그중에서도 반암(盤岩)마을은 소반(상)처럼 생긴 바위가 있는 마을이어서 붙은 지명이며 호암(壺岩)은 마을 앞의 바위가 마치 술병이 거꾸로 선 모양이어서 얻은 지명이다. 그런데 이 호암마을 뒷산을 보면 고창 쪽에서 선운사 쪽으로 호랑이가 어슬렁어슬렁 걸어가다가 잠시 멈추고 선운산을 노려보는 모습이니 호암(虎岩)임이 분명하다. 이 호랑이의 모습은 호암마을 북쪽에 있는 마을 언덕에서 보면 누구나 보는 순간 확연히 호랑이 모습을 알아볼 수 있을 것이다. 필자도 처음에 이 호랑이 모습을 보고 호암(虎岩)으로 여겼는데 병바위를 보고 호암(壺岩)임을 알게 되었다. 이 반암리에는 전설이라기보다는 이곳 지형을 일컬어 꾸민 설화가 있으니 그 내용은 다음과 같다.

선동마을 뒷산을 선인봉이라 하는데 선인봉(仙人峰)의 선인이 반암마을 뒷산인 채일봉에 채일을 치고 잔치를 벌였다. 가까운 벗들을 초대하여 손님들과 주거니 받거니 종일토록 술을 마시고 몹시 취해 잠을 자다가 잠결에 술상인 소반을 걷어 차버렸다. 그러자 상위에 있던 술병이 날아가 인천강 가에 거꾸로 선 것이 병바위(호암)이고 반암에 있던 소반이 굴러 영모정 뒤 현재의 자리에 놓이니 반암마을의 소반 바위이다. 또 병바위 위에는 금(金)복개(금술잔)가 있었던 것으로 전하나 워낙 바위가 가팔라서 아무도 오를 엄두를 내지 못했는데, 최근에 한 산악인이 등반하여 찾아보았으나 금 복개는 찾지 못하고 수백 년 된 소나무 분재만 채취해 갔다고 전한다.

이 이야기는 전설이 아니라 지형을 보고 읊어낸 설화로 우리나라 고을마다 그 고을의 지형의 특징을 보고 꾸며낸 설화는 매우 많다.

27. 복구혈(伏狗穴)의 전설

고창군 공음면 구암마을에 외따로 떨어진 산기슭 오두막에 이씨 성을 가진 사람이 살고 있었다. 얼마나 가난했던지 풀죽으로 연명하며 지내다가 한겨울에 그만 죽고 말았다. 아내와 12살 된 아들은 소식을 전할 인척도 없고 추운 날씨에 마을에 내려가 도와 달라고 호소할 수도 없어 장사지낼 일을 걱정만 하고 있는데 아들이 곰곰이 생각하며 궁리하던 끝에

"어머니! 제가 산에 나무하러 다닐 때 저 산밑 언덕에 눈이 많이 와도 저 언덕 아래만 눈이 바로 녹고 따뜻하니 저 언덕 밑에 아버지를 묻읍시다."

"그래? 맞다. 저곳이 제일 따뜻하니 눈이 제일 먼저 녹더라. 그렇게 하자."

하고는 언덕 밑에 땅을 파고 시신을 가마니에 싸서 묻으려고 내려놓는데, 지쳐서 힘이 없어 그만 시신이 구덩이로 굴러떨어지고 말았다. 그런데 공교롭게도 시신이 엎어졌다. 모자가 구덩이로 들어가 시신을 되돌려 놓으려고 아무리 애를 써도 힘이 모자라 돌려놓을 수가 없었다. 어머니는

"아들아! 내년 봄에 날씨가 따뜻해지면 인부를 사서 네 아버지 시신도 바르게 하고 봉분도 조금 크게 하자. 우리 힘으로는 도저히 못 하겠으니……."

하고 그대로 묻고 봄을 기다렸다. 최 과부의 아들은 겨울철이지만 나무하러 오며 가며 아버지 산소를 둘러보곤 하였는데, 어느 날 나무를 해 짊어지고 오다가 아버지 무덤 옆에 앉아 쉬고 있었다. 그때 지나가는 스님 둘이 얘기를 나누는 것을 우연히 듣게 되었다.

"허어! 복구혈(伏狗穴)이로고. 참 좋은 자릴세. 당대에 발복 하겠구먼."

"그렇지요? 대사님! 그런데 개가 엎드려 있는 자리니 시신이 엎어져 들어가야 하는데 사람들이 알고 그리 썼는지 그렇지 않은지 누가 알겠어요?"

이 말을 들은 아들은 어머니께 부리나케 달려와 스님들에게서 들은 얘기를 하였다. 그래서 봄에 시신은 엎드려 있는 그대로 두고 띠로 봉분만 돋우었다. 과부댁은 남편이 복구혈이란 명당에 들어갔다고 생각하니 새로운 힘이 솟아 낮에는 마을의 진일 궂은일 가리지 않고 하며 아들을 서당에 보냈다.

아들 이동기가 서당에 다닌 지도 어느덧 5년, 동기 나이도 17세가 되었다. 이제 장가들 나이가 되었는데도 살림이 너무도 가난하여 최씨 부인은 아들을 여울 생각도 못 하고 있었다. 그러던 어느 날 최씨 부인 친정의 먼 친척 오라비뻘이 되는 최진사가 찾아왔다.

"여자 홀로 아들을 저리 훌륭하게 키웠으니 장하네. 자네 아들 동기의 글재주는 훈장님을 통하여 잘 들었네. 나의 막내딸이 여울 나이가 되었으니 자네 며느리로 삼으면 어찌겠는가?"

이리하여 친정의 먼 조카뻘인 처녀를 며느리로 맞아들였다. 이듬해 과거가 있었는데 여비가 없어 근심에 쌓여있었다. 신부는 신랑이 무슨 일로 근심하고 있는지 미리 짐작하고 시집올 때 가져온 패물을 몽땅 내놓으며 말했다.

"서방님! 이 패물을 팔아서 여비를 하시어요."

"아니요. 날품을 팔아서라도 여비를 마련할 테니 걱정하지 마오."

"그동안 글공부를 더 열심히 하여 과거시험 대비를 해야 하는데 날품팔이라니요. 서방님 과거 보시는데 이까짓 패물이 무슨 소용이랍니까? 저는 걱정하지 마시고 여비 하시어요."

이리하여 패물을 팔아 한양으로 올라가 과거를 본 이동기는 대과 급제하여 머리에는 어사화요, 삼현육각을 울리며 금의환향하였다. 그 뒤 높은 벼슬을 하고 대대손손 복을 누리며 잘 살았다고 전한다.

28. 요술 작대기

한여름에 소금장수가 무거운 소금을 지고 땀을 뻘뻘 흘리며 어느 고갯길에 올라 나무 밑에 지게를 부려놓고 쉬고 있었다. 갑자기 뒤가 마려워 고개 아래 숲속으로 들어갔다. 볼일을 다 보고 돌아 나오려는데 숲속 가까운 곳에서 도란도란 소곤거리는 소리가 들리는 게 아닌가. 살금살금 다가가 숲사이로 엿보니 백여우 두 마리가 소곤대고 있었다. 그리고 늙은 백여우가 재주를 세 번 넘으니 점잖은 노인으로 변했다.

"으흐흐! 이만하면 잔칫집 아이들이 제 외할아버지라고 하겠냐?"

"크큭! 틀림없습니다. 왼쪽 볼에 검은점까지 똑같네요. 이제부터는 그 집 재물은 우리 것이나 다름없으니까 배불리 잡수시고 오십시오."

할아버지가 된 백여우는 숲을 빠져 나와 아랫마을로 향했다. 소금장수는 백여우 뒤를 살금살금 따라갔다. 여우는 이 마을에서 가장 큰 기와집으로 들어갔다. 이 집에서는 큰 잔치가 벌어지고 있었다. 백여우가 대문을 들어서자 먼저 본 아이들이 달려 나오며 외친다.

"외할아버지! 엄마, 외할아버지 오셨네. 외할아버지 오셨어."

그러자 부엌에서 이 집 며느리가 나오며 친정아버지께 극진히 인사하고 상좌로 모시며 진수성찬을 차려와 대접하는 게 아닌가. 이를 본 소금장수는 소금 지게 작대기를 뒤에다 감추고 몰래 살금살금 다가가 작대기로 백여우 뒤통수를 사정없이 내리쳤다. 한 번 치자 며느리가 놀라 친정아버지를 친다고 덤벼드는 것을 물리치고 또다시 있는 힘을 다하여 내리쳤다. 할아버지는 네 다리를 벌리고 허우적거리는데 이번에는 아이들이 우루루! 몰려와 달려든다. 그러나 소금장수는 아이들을 밀어내고 죽을힘을 다하여 세 번째 작대기를 휘둘렀다. 그러자 하얀 피를 흘리며 쓰러져 누운 노인은 네 다리를 바르르 떨며 하얀 백여우로 변해버리지 않는가!

잔치 마당에서 이 모습을 본 사람들은 놀라서 어쩔 줄을 모르며 소금장수를 둔갑한 백여우를 알아보는 도사님이라고 하며 혀를 내둘렀다. 잔칫집 주인은

"도사님! 노인네가 백여우인 줄을 어떻게 아셨습니까?"

하고 물었다. 소금장수는 자초지종을 얘기하고

"이 백여우는 마을 뒷산 여우 골 백여우인데 이 백여우가 나타나 잔치 음식을 먹고 가면 그때부터 이 댁 재물은 조금씩 조금씩 줄어들어 결국에는 집안이 망하게 됩니다."

"도사님 고맙습니다. 도사님의 도움으로 우리 재물을 지켰으니 우리 집 재산의 반을 드리지요."

"아닙니다. 뜻하지 않게 우연히 돕게 되었으니 잔치 술이나 한 잔 마시고 가겠습니다."

하고 사양하였다. 이 말을 들은 주인은 소금 장수에게 큰 잔칫상을 올려 후하게 대접하였다. 이 집 젊은 큰아들이 소금 장수에게 술잔을 올리며

"도사님! 백여우를 때려잡은 이 작대기는 요술 작대기임이 분명하니 이 요술 작대기를 저에게 파십시오. 사례는 후하게 쳐 드리리다."

이리하여 소금장수는 요술 작대기로 둔갑한 지게 작대기를 많은 돈을 받고 팔아 복을 누리며 잘 살았다고 전한다.

29. 싸납쟁이 효부

 옛날에는 시집살이를 대물림하는 가정이 많았다고 한다. 그 까닭은 사나운 시어머니 밑에서 모질게 시집살이를 한 며느리가 시어머니가 되면 자신이 젊었을 적에 모진 고생을 하던 때를 잊고 오히려 더 사나운 시어머니가 되어 며느리에게 더욱더 모진 시집살이를 시키게 마련이었다. 그래서 시집살이가 모질다고 소문이 난 가문에는 시집을 보내지 않으려고 중매가 들어와도 부모가 피하기 마련이어서 아들을 혼인시키기 어려웠다고 한다.
 고창군 공음면 석교마을에도 시집살이가 어렵다고 소문이 나서 매파를 넣을 때마다 아가씨들이 그 댁에는 절대로 시집을 가지 않겠다고 손을 저어 아들이 스무 살이 다 되도록 며느리를 얻지 못하고 있었다. 그러던 어느 날 구지기재 너머 마을의 싸납기로 소문이 난 싸납쟁이 아가씨가 그 댁으로 시집을 가겠다고 나섰다. 이 아가씨 역시 싸납다고 소문이 나서 열여덟 살이 될 때까지 시집을 가지 못하고 있었던 것이었다.
 "어머니! 제가 그 댁으로 시집을 가겠어요."
 "대대로 시집살이가 모질다고 소문 난 집에 네가 시집가서 어쩌려고 그러느냐? 안된다."

"아니요? 나 그 집에 시집가서 잘 살 테니 염려 마시고 보내주셔요."

"그렇잖아도 싸납다고 소문난 네가 싸나운 시어머니 만나서 살면 날마다 고부간에 싸우는 소리가 대문 밖을 넘을 턴디 어찌 그 집으로 시집을 보내겠느냐? 그리는 못 헌다. 생각도 말그라."

"싸우고 살든 그렇지 않든 내 팔자니까 나 그 집으로 시집 갈라요."

하고 어찌나 고집을 부리던지 싸납쟁이 딸을 부모도 이기지 못하고 시집을 보내게 되었다.

드디어 혼례식 날이 되어 신부네 마당에서 혼례식을 마치고 가마를 타고 신랑 집으로 왔다. 가마가 마당에 들어서 신부가 가마 문을 열고 내려서자마자 마을에서 제일 사나운 개가 울긋불긋한 신부의 차림을 보고 으르렁거리며 마구 짖어대는 게 아닌가! 이 개는 얼마나 사납던지 아낙네들은 물론 남정네들도 이 개가 짖어대면 도망가는 이 마을에서 아주 무섭기로 소문난 개었다.

그런데 시집 마당에 처음 발을 딛은 새신부가 사납게 짖는 개를 보더니 두리번거려 담 옆에 세워놓은 지게 작대기를 움켜쥐고는

"네 이녀러 개새끼! 새신부가 오면 반갑게 받아주지는 못할망정 함부로 짖어대? 어디 이 싸납쟁이 맛 좀 봐라."

하고 눈깔을 부라리며 개의 등짝을 사정없이 후려치는 게 아닌가! 그러자 개는 '깨갱 깽!' 비명을 내지르며 쏜살같이 울타리 틈구멍으로 도망을 쳐버린다. 지금까지 무서워서 동네 사람 누구도 개 옆에 얼씬거리지 못하던 개를 우렁찬 고함과 작대기 한방으로 제압해버리는 신부를 보고 마을 사람들은 혀를 내두르며 마른침을 삼키는 것이었다.

이튿날 아침에 새신부가 해서 들여오는 밥을 보니 물기 하나 없는 꼬두밥 이었다.

"아이고, 밥이라고 꼬두밥을 해놨으니 꽝꽝해서 어디 먹을 수나 있겠냐?"

하고는 한 수저도 뜨지 않고 상물림을 한다. 그런데 낮에 해온 밥을 보니 이번에는 또 물밥이 아닌가?

"아이고, 아침에는 꼬두밥을 하더니 낮에는 또 죽을 쑤었구만."

이 말을 들은 새색시가 부엌문을 뚝 떼어서 마당에 휙! 내던지며

"시집살이 고약하다고 소문이 났더니만 끼니때마다 이러니께 시집올 처녀가 없었든 갑구만!"

마당에 내동댕이 친 문짝과 새색시 고함소리에 놀란 시아버지가

"나는 암말도 안했쏭께~."

하고는 얼른 일어나 대문 밖으로 슬금슬금 나가버리고 싸납다

고 소문이 난 시어머니는 이불을 둘러쓰고 방구석으로 숨는다.

　이튿날부터 며느리가 무슨 잘못을 해도 시어머니가 모른 척하니 다시는 이 집에서 큰 소리가 나오지 않았다. 그 후부터 며느리는 정성을 다해 시부모를 모시며 떡두꺼비 같은 손자 손녀를 시부모 품에 안겼다. 세월이 한참 지난 뒤 이 며느리는 시부모를 잘 모신다고 널리 소문이 퍼져서 고을 사또가 주는 효부상을 받았다고 전한다.

　이 이야기는 시집살이 모질던 시절에 효자나 효부도 부모가 만든다는 것과 시집살이를 모질게 한 시어머니는 자신이 겪었던 모진 세월을 생각하며 며느리의 잘못을 눈감아주어 고부간의 갈등을 해소해 나가야 한다는 가르침을 주는 얘기로 화평한 가정은 고부의 화합으로서만 이루어진다는 교훈이 담긴 설화라고 할 수 있을 것이다.

30. 주인집을 찾아간 소

고창군 대산면 갈마리 갈마마을은 영광군 대마면 우평리 우평마을과 작은 산등성이를 경계로 전라남도와 전라북도로 갈린 마을인데 산등성이의 모양이 소를 닮아서 지명이 우평과 갈마다. 이 두 마을은 경작지가 넓어 기계가 없었던 시절에 논갈이 밭갈이를 쟁기질로 하였기 까닭에 웬만큼 농토를 가진 집에서는 소를 키웠고 그래서 소를 주제로 한 일화가 많이 전해온다.

아주 먼 옛날 이 갈마마을에 정 선비가 살고 있었다. 대대로 물려받은 재산으로 남부럽지 않게 살았으나 슬하에 아들이 없이 외동딸을 키웠다. 옛날에는 자식을 여울 때 양가 아버지가 사랑방에 앉아 서로 약조하여 사주단자를 주고받아 자녀들의 성가를 이루었는데 이 선비도 이웃 동음치면(冬音峙面-오늘날의 공음면) 예전마을의 선비와 혼약을 맺고 혼례식 날짜까지 받아 놓았다. 그런데 혼인 날짜를 며칠 앞두고 신랑감이 밤에 원인 모를 병으로 죽어버리는 게 아닌가. 신붓감은 신랑감 얼굴 한번 못 보고 청상과부가 되어버린 것이다.

사정이야 어찌 되었던지 혼약을 했던 신부는 시집으로 가서 평생을 과부로 살아야 할 형편이 되고 말았다. 친정 부모는 하나뿐인 외동딸이 신랑 얼굴 한 번 보지 못하고 산에 누워있는 신랑 집으로 보내야만 하는 마음이 얼마나 쓰라렸을까만 양반네 예절이 그러하니 하는 수 없이 시집으로 보냈다. 그런데 시가에 온 지 한 해가 되어 시부모가 곰곰이 생각해 보니 며느리와 사돈네가 너무 불쌍해

"아가, 네 친정으로 돌아가 부모님 모시고 살아라."

하고 며느리를 친정으로 돌려보냈다.

그러던 어느 날 이 마을에 더벅머리 총각 한 명이 굴러들어와 초군들이 지게를 받쳐놓고 쉬고 있는 곳으로 오더니

"여봇씨요. 말씸쪼께 물어봅시다. 이 마실에 들이 넓어서 일손이 모자랄턴디 혹시 모심살이 헐 집이 없를께라?"

하고 묻는다. 그러자 늙수그레한 중노인이 작대기로 가리키며

"쩌어그 저 지와집에 가면 일꾼 하나 더 있어도 괜찮을 턴디 한 사람을 더 드릴랑가 모르것씽게 거그 가 물어보소."

하고 가르쳐준다. 기와집으로 찾아 가 사정을 말하니 주인이

"얘, 깨복아! 너 혼자 우리 집안일 하기 힘들면 너 알아서 해라."

하고 3년째 살고있는 머슴에게 이른다. 그때부터 순돌이는 깨복이가 시키는 일을 하며 머슴살이를 하게 되었다. 순돌이는 밤에는 새끼도 꼬고 가마니도 짜고 낮에는 논밭에 나가 진일 궂은일

열심히 하고 집에 들어오면 온갖 집안일을 다 하면서도 게으름 피우는 일 없이 착실하게 하였다.

　주인이 그동안 가만히 지켜보니 순돌이가 맘에 들어 불쌍한 고명딸과 맺어주기로 아내와 의논 하였다. 그리고 영광 장에서 소를 한 마리 사온 뒤 밤에 몰래 순돌이를 불러 평생 살 수 있는 돈을 줄 테니 내일 밤 이경에 딸을 어디로든 데리고 가서 부부로 살라고 일러준다. 그런데 이 말을 깨복이가 엿듣고 말았다. '내가 3년 동안이나 이 집에 몸 붙이고 살았는데 이제 일년도 못된 놈에게 딸을 주다니.' 속으로 화가 났다. 내보낼 준비를 다 마친 이튿날 밤 이경에 소에 짐을 싣고 빈틈에 딸을 태워 어두운 밤에 소 등에서 떨어지지 않도록 단단히 묶은 다음 고삐를 순돌이에게 주며 어디든 가서 잘 살라고 당부하였다. 순돌이가 한 마장쯤 가서 탄천 냇가에 이르자 먼저와 기다리고 있던 깨복이가 달려들어 순돌이를 넘어뜨려 싸움이 벌어지고 말았다. 둘이는 필생을 건 혈투였다. 깨복이가 밀어뜨려 먼저 강물에 빠진 순돌이가 깨복이의 옷자락을 움켜잡고 놓지 않으니 둘이는 한꺼번에 물귀신이 되고 말았다.

　고삐 잡은 주인을 잃은 소는 터벅터벅 어디론가 걸어간다. 그믐날 밤은 캄캄하여 어디가 어디인지 사람도 분간할 수 없는 길이다. 소의 등에 몸이 단단히 묶인 딸은 소가 걸어가는 대로 몸을 맡기는 수밖에 없는 처지다. 날이 어슴푸레 밝아오자 소는 어느 집

마당에 들어가

"음 머! 음 머어어!"

하고 울어댄다. 소를 팔았던 젊은 홀아비는 아닌 밤중에 홍두깨 격으로 키우다 판 소가 데려다준 헌 각시도 아닌 생 처녀와 재물을 싣고 왔으니 얼마나 고마운 소인가. 부부의 연을 맺고 살게 된 내외는 소를 한 식구처럼 여기고 잘 돌보며 오래도록 같이 살다가 소가 먼저 죽으니 봉분을 크게 묻어주었는데 이 무덤을 〈소무덤〉이라 하고 그 집은 〈소명당집〉이라 부르게 되었다고 한다.

31, 암치 명의 황의원

 고창군 성송면은 노령산맥의 등성이를 이루는 구황산과 고산 사이의 산악지대로 특히 암치(岩峙)마을은 그중에서도 험하고 외진 곳이다. 지금은 장성으로 넘어가는 도로가 암치재를 통과하지만, 산세가 험하여 호랑이 등 맹수가 사는 곳이어서 사람들이 마음 놓고 다니지 못했다. 그리고 가끔 호환을 당하는 사람들이 끊이지 않았다. 이 암치재 아랫마을에 황의원이라는 용한 의원이 살고 있어서 먼 곳에서도 환자들이 황의원을 찾아왔다. 그러던 어느 날 이상하게도 머리털이 노랗고 낯빛이 검고 붉은 여인네가 찾아왔다.
 "황의원님 계십니까요?"
 "내가 황의원이오만 왜 그러시오?"
 "아이고! 황의원님, 제발 저의 남편 쪼께 살려주시지라우."
 "남편이 지금 어디 있소? 환자가 있어야 집 맥을 허고 무슨 병인지 알아서 병을 고칠 게 아니오?"
 "환자는 지금 쩌그 먼 곳에 있으니께 거그꺼정 갈라면 엄청 먼 께로 제 등에 업히시면 제가 모시고 가겠습니다요."

"어허 참! 괴이헌 일이로고. 댁네는 노년에 가까운 여인인데 무슨 힘이 있어 나를 업는단 말이오, 더욱이 남녀 분별이 엄격한 세상에 사내대장부가 어찌 남의 여인네의 등에 업혀 간단 말이오. 어서 앞장서시오."

"의원님 환자의 목숨이 경각에 달렸으니 상관 말고 어서 업히시랑께라우."

하고 의원 앞에 넙죽 엎드리자 '아니 이게 웬일인가?' 여인네는 큰 호랑이로 변한다. 의원은 호랑이의 말을 안 듣자니 잡아먹히게 생겼고 도망을 치자니 몇 발짝 못가서 잡힐 처지이니 '에라! 모르겠다. 죽을 때 죽더라도 호랑이 등에 올라타고 보자.' 생각하고 호랑이 등에 올라탔다. 그러자 호랑이는 일진광풍을 일으키며 쏜살같이 달려서 암치재를 넘어 구황산 중턱의 어느 바위굴로 들어간다. 황의원이 호랑이 등에서 내리니 굴속에 어마어마하게 큰 대호 한 마리가 숨을 헐떡이며 누워있는데 금방 숨이 끊어질 듯하다. 황의원이 집 맥을 해보니 병이 아니고 목에 금비녀가 꽂혀 아무것도 먹지 못하고 숨도 제대로 쉬지 못하는데 굶은 날짜가 한 열흘은 넘은 것 같다. 황의원은 버럭 화를 내며

"에끼! 이런, 잡아먹어서는 안 될 남의 부인네를 잡아 먹었구만, 그랴."

"긍께로 금붙이 지닌 연인네는 잡아먹지 말라고 내가 내동 몇 번이나 당부혔는디도 여자 살이 보드랍고 달작지근 허니 맛나다

고 힘시로 여자만 골라 잡아먹등만은 내 언제고 이런 사단이 붙을 종 알았당게요?"

"내가 살려놓으면 또 남의 아내를 잡아먹어 한 집안을 불행으로 몰아넣을 텐데, 내가 잡아먹히는 일이 있더라도 나는 못 고쳐주겠소."

하고 거절해 버린다. 그러자 암호랑이가 넙죽 엎드리며

"아이고 의원 나리! 그런 걱정일랑 마시고 제발 조까 살려주시씨요. 살려만 주신다면 다지금도 혼나서 절대로 여자는? 아니, 사람은 잡아먹들 안헐팅게 살려만 주시게라우. 글고 살려만 주신다면 그 은혜는 저희 까시보시가 죽을 때꺼정 갚아드릴팅게 지발 덕분에 살려주시랑께라우."

하고 네발을 한꺼번에 모아 빌면서 눈물을 철철 흘린다. 황의원은 '어험!' 큰기침을 한번 하고는 점잔을 빼며

"자고로 호랑이는 산중의 왕인데 왕이 그리 간절히 약속하니 내 믿고 살려드리리다. 어서 참기름 한 병 하고 쑥 허고 감초를 가져오시오."

하고 명령을 내리니 득달같이 달려나가 구해 온다. 황의원은

"참기름을 이리 주고 쑥하고 감초를 돌팍에 찧어오시오."

하고서는 참기름을 오른손과 팔뚝에 바르더니 호랑이 아가리 속으로 팔뚝을 쑥 집어넣어 손으로 비녀를 잡더니 일부러 목구멍 이곳저곳을 쿡쿡 찌른다. 호랑이는 아파서 네발을 바르르 떨며

비명을 지른다. 그래도 모른 척하고

"아따! 이놈의 비녀, 머리에 꽂는 뾰쪽한 쇳덩이라 되게 안 빠지네. 억지로 빼내다가 목구멍 다 상하면 맛난 고기도 못 먹을 틴디?"

하고 힘을 꿍! 꿍! 쓴다. 호랑이 아내는 그러다가 제 서방 죽을까 봐

"아이고! 의원님! 산신님, 제발 우리 서방조까 살려주씨요. 살려만 주신다면 다시는 사람을 못 잡아먹게 헐팅게 살려주시게라. 살려만주시게라우~."

하고 싹싹 빈다. 황의원은 그제서야 힘을 '꾸웅~' 쓰며 호랑이 목구멍에서 손을 뺀다. 그러자 황의원 손에 든 금비녀가 호랑이 목구멍에서 얼마나 비비적거려 닦아졌던지 반짝반짝 빛난다.

"이것 좀 보시오. 이 대못 같은 금비녀가 목구멍에 걸렸으니 살수 있겠소? 내가 조금만 늦었더라면 아마 오늘이 당신 서방 제삿날이오. 이제 살아났으니 사람을 잡아먹지 않겠다는 약속을 꼭 지키시오."

하고 말하고 쑥과 감초 찧은 물을 목구멍에 발라주니 그제야 호랑이가 '끄윽!' 트림하며 벌떡 일어선다. 그리고는 두 호랑이가 눈물을 뚝뚝 흘리며 꼭 약속을 지키겠노라고 다짐하였다. 약속을 받은 황의원이 산에서 내려가겠다고 하자 호랑이가 엎드려 등에 업히라고 하여 호랑이 등에 업혀 집으로 돌아왔다. 그런 일이 있

고 난 뒤부터 구황산과 고산 일대에서 호랑이에게 변을 당한 사람은 한 명도 없게 되었다.

그 후 삼 년이 지나서 황의원은 그 일을 까맣게 잊고 있었는데 하루는 호랑이 부부가 큰 포대 자루를 하나씩 메고 와서는
"의원님! 은혜를 잊지 않고 우리 부부가 그동안 산에서 캐 모은 산삼이오니 병약한 환자들의 보약으로 쓰십시오."
하고 내려놓는다. 꺼내어 한뿌리를 자세히 살펴보니 수백 년 묵은 산삼이었다. 황의원은 찾아오는 병약한 환자들에게 호랑이가 가져온 산삼을 쓰니 병이 잘 나았다. '황의원이 손만 대면 송장도 벌떡 일어선다.'는 소문은 날개 돋친 듯이 여러 고을로 퍼져 더욱 유명한 명의가 되었다고 전한다.

32. 효자의 석종

신라의 흥덕왕(서기 826년~835년) 때의 이야기이다.

고창군 상하면 하장리에 손가라는 가난한 사람이 살고 있었다. 손가 내외는 늙은 어머니와 아들 하나, 네 식구가 살고 있었는데 끼니를 잇기 어려울 정도로 가난하여 죽으로 겨우 연명하고 지내는데 끼니때만 되면 병약하고 늙은 어머니가 손자에게 밥을 덜어주어 어머니는 잡수시는 것이 부실하여 점점 더 쇠약해지는 것이었다. 손가 내외는 걱정이 태산이었으나 이제 겨우 두 살 백이 철없는 어린 자식은 눈치도 없이 식 때만 되면 제 밥은 게눈 감추듯 얼른 먹어버리고 할머니 밥그릇만 쳐다보고 있으니 할머니는 목에 걸려 밥을 먹지 못하고 손주에게 자기 밥을 줄 수밖에 없었다.

"어머님, 제발 그러지 마시고 잡수세요. 네이! 요녀러 자식! 다시는 할머니 밥 너머다 보지 마라. 한 번만 더 그랬다가는 밥 먹을 때 너는 바깥 모퉁이에다 따로 줄 터이니……."

하고 나무랐으나 전혀 말을 듣지 않고 할머니는 손자 때문에 죽이나마 반의반 그릇도 먹지 못하고 빼앗기니 몸은 점점 더 쇠약해져 가고 있었다. 손가 내외는 이 일을 어찌해야 옳을지 의논하였다.

"여보! 어머니 잡수실 것을 자식놈이 저렇게 모두 뺏어 먹어버리니 어찌했으면 좋겠소?"

"그러게 말이요. 아무리 가르쳐도 소용이 없으니 저러다가 자식 때문에 어머니 얼마 못살고 돌아가시게 생겼어요."

"그래서 말인데 자식은 또 낳으면 자식이지만 어머니는 한 번 가시면 다시는 돌아오시지 않을 터이니 우리 자식을 버립시다."

"그래요. 사람의 도리로 자식을 버린다는 것은 큰 죄를 짓는 일이지만 어머님을 빨리 돌아가시게 놔두는 것은 더 큰 죄를 짓는 일이니 당신 뜻대로 하시어요."

이렇게 합의를 본 내외는 어린 자식을 등에 업고 장사산 골짜기로 올라갔다. 큰 소나무 밑이 볕이 잘 들고 따뜻하여 이곳에 아기를 묻으려고 구덩이를 팠다. 삽자루 반쯤 파 내려가 이쯤이면 되었다고 일손을 놓고 자식 묻을 생각을 하니 목이 메어 먼 산을 바라보며 한숨을 쉬고 있는데

"데앵~ 뎅겅~ 데에앵~ 뎅겅~"

하고 방금 판 구덩이 속에서 종소리가 울리지 않는가. 깜짝 놀란 손가가 구덩이를 조금 더 파니 돌로 만든 종이 나왔다. 손가는 종을 꺼내어 석종 종머리를 들고 마누라에게 쳐보라고 하여 마누라가 종을 치니

"데앵~ 뎅겅~ 데에앵~ 뎅겅~"

울리는 종소리가 얼마나 크고 우렁찬지 장사산을 넘어 하늘로

퍼져나가고 아무것도 모르는 아들이 벌떡 일어나 춤을 덩실덩실 추는 것이었다. 손가 내외는 아무래도 이 좋은 자식을 버리지 말라는 부처님의 계시라고 생각되어 아기를 업고 종을 짊어지고 마을로 돌아왔다. 장사산에서 가져온 석종을 마루 처마에 매달아 놓고 어머님이 귀여워하시는 손주 녀석이 춤추는 모습을 보여드리려고 석종을 치니

"데앵~ 뎅겅~ 데에앵~ 뎅겅~"

종소리가 울려 퍼지고 돌 넘은 손주 녀석이 벌떡 일어나 춤을 덩실덩실 추자 할머니는 얼굴에 주름살을 펴고 환하게 웃고 있었다. 이를 본 손가는 아침이면 날마다 종을 울리고 어머님이 기뻐하시는 모습을 보며 열심히 일했다.

그런데 달포쯤 된 어느 날 고을 사또님이 찾아왔다.

"그대가 친 종소리를 임금님이 듣고 큰 상을 내렸으니 어서 받으시오."

손가 내외가 상을 받아 보니

"자식보다 부모를 먼저 생각하는 효성이 지극하여 이 상을 내리노라."

임금님은 손가 내외에게 효자효부상과 일 년에 일백 석을 받는 공전을 주고 효열공(孝列公)이라는 시호까지 내렸다고 한다.

이는 자식보다 부모를 먼저 생각하는 효열공의 효심을 백성들의 귀감(龜鑑)으로 삼아 본받도록 한 것이다.

33. 씨앗등의 전설

고창군 공음면 선동리는 공음면에서 무장 쪽으로 가는 중간에 있는 마을로 무장 청보리밭의 위쪽에 있는 마을이다. 사실 무장 청보리밭은 행정구역상으로 공음면 청보리밭이다. 이 선동마을에서 무장으로 넘어가는 고개를 씨앗등이라고 하는데 고개 이름을 씨앗등이라고 부르는 데는 다음과 같은 슬픈 전설이 전해오기 때문이다.

오랜 옛날 선동에 가난한 젊은 부부가 살고 있었다. 끼니를 거르기 일쑤인 형편이지만 부부의 금실이 좋아서 마을 젊은이들은 이 금실 좋은 부부를 부러워하며 사랑방에 모여앉으면 금동이네 부부 이야기가 먼저 튀어나왔다.
"질동이! 자네 밥 얼매나 먹었는가? 배때기가 뽈록허니 나온 것 봉께로 앵기는대로 쳐먹어 부렀었능 것 맹이시."
"어이! 젊은 놈이 배만부르면 뭣 헌당가. 배부르면 외려 각씨생각만 더 간절헌디, 나는 굶더라도 금동이맹키로 이쁜 각씨나 하나 있으면 좋것네."

"아따! 배부른 뒤야지 뱃통 긁어대는 소리 허고 자빠졌네. 굶어 심 읎는 놈이 각씨허고 배나 지대로 맞추것능가?"

사랑방에서 이런 농담을 지껄이는 젊은 놈들을 본 늙은이가

"야! 이놈덜아. 부처님이 복을 주실 쩍에 한 놈한테다만 몰아주는 벱이 아니란다. 이편짝이 배부르면 저편짝은 고프게 허능 것 잉께로 한가지 복도 고맙게 생각들을 혀라. 알것냐?"

그런데 어느 해 지독히 심한 흉년이 들어 그러잖아도 굶기를 밥 먹듯 하는 금동이네는 목구멍에 풀칠을 못 하여 금동이 아내는 예쁜 얼굴이 점점 찌그러져 가고 있었다. 보다 못한 금동이는

"여보! 내가 무장읍내에 가서 날품팔이를 혀서 돈을 몽땅 벌어 올팅게 그동안 지둘리고 있소."

하고 봇짐을 싸서 집을 나갔다. 그 후 금동이 아내는 날만 새면 씨앗등에 올라가 무장 쪽을 바라보고 남편이 오기를 기다렸다. 그러나 날이 가고 달이 가고 이쯤이면 남편이 올 때가 훨씬 넘었는데도 남편의 그림자는 보이지 않았다. 이제나 올까? 저제나 올까? 목 매이게 기다리는 동안, 어느새 해를 넘겨서 3년이 되어가는 봄날이었다. 남편의 모습이 보여 반가움이 솟아올라 신이 벗겨지는 줄도 모르고 달려가니 남편의 몸에서는 향기로운 분 냄새가 진하게 나는 게 아닌가. 남편의 뒤에는 연지곤지와 하얀 분으로 단장한 어여쁜 꽃 각시가 뒤따라 오는 것이었다. 남편인 금동

이는 아내를 보는 둥 마는 둥 꽃 각시를 데리고 집으로 들어가 버린다. 기가 막힌 아내는 '지극정성을 다하면 언젠가는 남편이 돌아오겠지.' 여기고 뒤따라가 아무런 불평 없이 밥 짓고 빨래하고 날마다 하녀처럼 일하였으나 남편은 거들떠보지도 않았다. 기나긴 3년 동안 정성을 다해 남편이 되돌아오기를 기다렸으나 허사였다.

더 참지 못한 아내는 가난했으나 금실 좋던 옛날을 그리워하며 끝내 씨앗등에 올라 소나무에 목을 매어 죽고 말았다. 그 후부터 이 고개를 씨앗등이라고 부른다고 전한다.

실제로 이처럼 시앗을 본 남정네가 새 각시에 빠져 본처를 내버리는 예(例)가 허다하였다. 이 씨앗(시앗)등의 전설은 이 고장 사람들에게 이러한 비인륜적이고 비도덕적인 행실을 해서는 안 된다는 교훈이 담긴 이야기이다.

34. 도깨비와 소년

　고창군 상하면 구시포(九市浦)해수욕장은 길이 4.5km의 너른 백사장이 펼쳐있어 '명사십리'라고도 불린다. 저녁노을이 아름다운 구시포(仇時浦)해수욕장은 전라북도 서해안에서 가장 백사장다운 해수욕장으로 모래 알갱이가 잘고 고와서 10t 트럭이 백사장을 가로질러도 바퀴 자국이 나타나지 않을 만큼 단단하다. 그래서 6.25사변 때 이 모래사장은 미군 전투기 간이 비행장으로 활용되기도 하였다. 백사장 뒤로는 울창한 송림이 우거져 소나무 그늘에서 캠핑을 할 수 있고 해변 양쪽으로 방파제가 들어서 있어 낚시를 즐길 수도 있다.

　1951년 늦은 봄 중부 전선에서는 국군·연합군이 인민군·중공군과의 치열한 공방전으로 전쟁이 한창일 때 전라도는 미처 북으로 탈출하지 못한 잔존 인민군과 빨치산이 국군과 경찰로 구성된 토벌군에게 쫓겨 산속에 숨어 소규모 전투를 벌이는 중이어서 지긋지긋한 난리 속에서 목숨을 건진 오지의 사람들은 밤낮으로 양쪽 총잡이들에게 시달림을 받으며 풀죽으로 연명하던 최악의 시기였다. 그런 데다가 보릿고개가 겹쳐 끼니를 잇지 못하고 온 몸이 누렇게 부황이 들어 굶어 죽는 사람이 많았다. 이처럼 어려웠던 시기의 봄 어느 일요일, 마을 정자나무 아래 소년들이 모였다.

"야! 큰놈아, 우리 비양기 보러 가자."

"얼래! 비양기가 어디 있는디?"

"너는 하늘로 날라댕기는 비양기도 못봤냐? 어지께도 우리동네 하늘로 날라갔는디~"

"고것이야 봤제. 근디 어찌코 하늘로 날라가서 비양기를 보겠냐? 늬가 날라댕기는 새냐?"

"아니? 아니랑께~. 쩌그 저 구시포에 가면 비양기가 땅바닥에 앉아있단다."

"어리~ 그래야. 글먼 우리 후딱 비양기 보로가자!"

소년들은 우르르 달려간다. 이 마을에서 구시포까지는 시오리 길이다. 소년들이 염주고개 위로 올라서서 한숨을 돌리며 뒤를 돌아보자 상수 동생 홍수가 헐레벌떡 달려온다. 깜짝 놀란 상수는 주먹을 불끈 쥐고 악을 쓴다.

"야! 따라오지 마! 후딱 안 돌아가? 비양기에는 도깨비처럼 씨꺼먼 코쟁이들이 너같은 꼬맹이는 잡아먹는단 말이여~."

상수가 눈을 부라리며 쫓아도 홍수는 엉엉 울며 따라온다. 그만큼 비행기가 보고 싶은 것이다. 이제 겨우 여섯 살인 홍수는 이를 악물고 밭은 숨을 헐떡거리며 형들을 따라간다. 구시포해수욕장 백사장에 들어서니 시원한 바닷바람이 흐르는 땀을 씻어준다.

"와! 비양기 봐라. 비양기!"

아이들은 전투기들이 나란히 엎드려 있는 곳으로 우르르 몰려간다. 그때.

"갓 땜! 갣 아웃!"

무슨 소린지 모를 소리를 지껄이며 장대같이 큰 흑인 병사가 눈을 부라리며 달려온다. 아이들은 꼼짝 못 하고 제자리에 얼어붙은 체 우두커니 서서 도깨비처럼 생긴 시커먼 흑인 병사를 의혹의 눈으로 바라보며 어찌할 줄 모른다. 홍수는 잡아먹힐까 봐 얼른 상수 뒤에 숨어 고개만 살짝 내밀고 도깨비를 바라본다. 그런데 도깨비가 상수 뒤에 숨은 꼬마 홍수를 보고는

"오우! 컴 히어!"

하고 오라는 손짓을 하는 게 아닌가. 잡아 먹힐까 봐 오금이 저린 홍수는 바지에 오줌을 쌀 지경이다. 그때, 이번에는 머리털이 노랗고 눈은 파랗고 얼굴이 하얀 도깨비가 어슬렁어슬렁 걸어오더니 두려워 쩔쩔매는 어린 홍수가 귀여웠던지 홍수 곁으로 다가와 〈쏼라쏼라!〉 알아들을 수 없는 도깨비 소리를 지껄이며 털 난 커다란 손으로 홍수의 머리를 쓰다듬는 게 아닌가. 그때까지 아이들은 도깨비가 무서워 옴짝달싹 못하고 몸이 굳은 채로 말뚝처럼 서 있었다. 흰 도깨비는 주머니에서 비닐로 싼 것을 꺼내 홍수

의 손에 쥐어주며 먹으라는 시늉을 한다. 이걸 먹으면 잡아 먹힐까 봐 홍수는 받아들고 어찌해야 할 줄 몰라 우두커니 서 있다. 그러자 도깨비는 호주머니에서 또 하나를 꺼내어 비닐을 벗기고는

"디즈 네임 이즈 초콜렛!"

하고 자기 입으로 넣는다. 그리고 또 하나를 꺼내어 비닐을 벗기더니 홍수의 입에 넣어준다. 홍수는 도깨비가 무서워 시키는 대로 할 수밖에 없다.

아! 그런데 도대체 이게 무슨 맛이란 말인가? 들어가자마자 입속에 녹아들어 가득 찬 달콤한 이 맛! 세상에 태어나 처음 맛보는 초콜렛의 맛과 향기는 허기진 홍수에게 하늘이 내려준 과자였다. 아니? 도깨비가 준 이 과자는 곶감보다도 더 맛있는 과자였다. 무서움이 달아나버린 홍수는 도깨비에게 조심스럽게 두 손을 내민다. 흰 도깨비가 검은 도깨비를 불러 뭐라고 지껄이니 검둥이가 잽싸게 달려가 초콜렛 한 봉지를 가져온다. 흰 도깨비는 과자봉지를 어린 꼬마 홍수의 손에 쥐어주며 머리를 쓰다듬어준다.

돌아오는 길에 홍수는 갑자기 왕자가 된다. 형들에게 과자 한 개씩 나누어주자 형들은 먹어보고 어쩔 줄을 모른다. 기운이 다 빠진 홍수가 걸음을 더듬거리자 제일 큰 형이 등을 댄다. 홍수는 한참을 형의 등에 업혀 온다. 다음은 두 번째로 힘이 센 형의 차례다. 그때마다 홍수는 형들에게 초콜렛을 하나씩 준다. 일주일 후

일요일에 동네 형들은 흥수네 집으로 와

"야! 흥수야. 비양기 보러가자."

하고 형들이 먼저 흥수에게 비행기 보러 가자고 조른다.

이는 6 · 25사변 때 실제로 겪었던 일로 이러한 일이 만약 몇백 년 전에 있었더라면 이 고장의 전설로 대대로 전해 내려왔을 것이다.

35. 할매가 들려준 이야기

(1) 고창읍 천북동 김순남 (79세)
- 공치사(功致辭)하지 말아라.

내가 애랬을찍에 동네 할매들이 늘 허시는 말씀이 남에게 공치사를 받을라고 허면 안되는 것이라고 늘 말씀을 허셨지라우. 지끔도 그때 들은 이야그가 생각이 난당께요. 옛날에 한동네 우 아랫집에 할매 둘이 살았당게요. 그런디 윗집 할매는 부자로 잘 살았는디 아랫집 할매는 똥구녘이 찢어지게 가난허게 살았드래요. 그란디 아랫집 할매가 밭에 가서 밭을 메고 있다가 배가 고파서 집에 왔는디 집에는 밥도 읎고 이렇다할 식량도 없으니 배가 하도 고파서 또 이웃 할매집을 찾아 갔지라우. 즈그집에는 먹을 것이 보타부리고 읎씅께 또 밥을 얻어 끼니를 때울라고 갔지라우. 윗집할매더러 하는 말이 '나가 배가 고파 왔으니 밥조까 주씨요.' 라고 헌게 하는 말이 '저놈의 망탕구 또 왔네.' 허면서 식은 밥 한 덩이를 주고는 혼자서 궁시렁 대더랍니다.

'저놈의 망탕구 나 아니면 굶어 죽을 끼어.' 험서 그 할매는 아랫집 할매에게 밥을 주고는 밥을 줄때마다 참깨알 한알씩을 병에다 담고 담고 히서 그 참깨알이 뱅에 가득 찼당게요. 아! 그런디 그 할매가 참깨알이 뱅에 가득 차면서 요상시럽게 죽어버렸당게요. 잘 사는 집이라 죽어서도 장례를 5일 장으로 성대허게 치렸드래요. 아랫집 가난헌 할매도 이어서 죽어 버렸당께요. 그런디 그 할매는 가난혀서 송장을 꺼적때기로 싸서 지게에 져다가 장례를 치렸다네요. 윗집 할매가 장례를 성대허게 치르고 저승에 강께로 염라대왕께서 죄를 심판을 허시는디 윗집 할매에게 '너는 살았을 찍에 어찌코 허고 살았냐?' 허고 물응께 '나는 가난한 사람한테 밥도 주고 또 쩌그 앉은 가난한 할매에게도 참깨알이 뱅에 가득 찰때까지 밥을 주고 선행을 베풀었소.' 허고 말헝께로 염라대왕이 하는 말씸이 '너는 많은 날을 가난헌 사람에게 밥을 준 것은 좋았으나 널리 헤아리는 넓은 맘씨로 밥을 주었던 것이 아니라 줄때마다 참깨알 한알 두알을 따지고 공치사하면서 주었기 때문에 그 공치사의 죄가 더 크다. 그렇게 너는 지옥으로 가야헌다.' 심판을 내려 지옥으로 갔고, 가난헌 할매는 극락을 갔다는 이야기 이어라우. 그래서 사람은 남에게 덕을 베풀때는 혼자서 담고 있어야지 남에게 자랑을 허고 공치사를 해서는 안 된다는 이야그였지라우.

(2) 고창읍 천북동 박연례(89세)
- 형제 우애는 안사람이 솔선

내가 애랬을때 동네 할매들이 해주셨던 이야긴디 성제간에 우애는 안사람이 해야 헌다는 이야그요. 옛날 고래때 이야그로 성제가 어매를 모시고 성님은 윗집에 살고 동상은 아랫집에 살았는디 동상이 펄렁새로 착실헌 것이 없어. 그래서 늘 술이나 먹고 어영부영 허면서 세상을 살아 갔당게요. 그런디 동상은 여자복이 겁나게 많해각고 얌전한 색시를 만났다고 허내요. 가난했응게 그 마누라가 날품팔이를 하여 먹고 살았당게요. 그날은 새악시가 날품을 팔아 받은 품싻이 통보리었어라우. 통보리가 썩을까봐서 마당에다 내다놓아 말리는디 시어매가 말리고 있는 통보리를 저어 준다고 험시로 보리멍석 위를 왔다 갔다 험시로 작은 아들의 곡식을 큰아들의 곡식 항아리에 몰래 가져다가 붓고 붓고 허는 것을 배를 짜던 큰메누리가 봤단 말이요. 그런디 그 형수도 맘씨가 어진 사람이라서 모르는 체 허고 있었어라우. 아랫집 동서가 품팔이를 허로 갔다가 집에 와서 통보리가 담어진 항아리를 봉께 자그가 받아온 품삶보다 통보리가 읇어진 것을 보고는 '아! 이것은 우리 시어마이가 큰집에 보리를 몰래 갔다가 부었구나.' 허고 생각을 허고는 남는 통보리를 큰댁 보리 가마이에 붓어 주었단 말이요.

큰 매누리가 하루는 술상을 걸게 채레각고는 성제간에 술을 마시도록 남편과 시동상을 한자리에 앉치고는 술을 주거니 받거니 허도록 해서 둘다 술에 잔득 취해 부렸지라우. 성제간에 술이 잔득 취해서 사리분간을 못 허는디 그때 형수가 자기집 논문서 서마재기 짜리를 동생주머니에 몰래 살째기 넣어 주었지라우. 그 이튿날 동생식구가 다 보고 있는디서 남편이 '왜 서마재기 논문서를 나에게 상의도 읎시 동생에게 주었느냐?'고 따지니께 남편에게 '나는 당신 허고 살 수가 없으니 친정으로 갈라요.' 허며 엄포를 놓았제라우. 남편도 더 말을 못 허고 있는디 슬쩍이 '한번 준 것 별수 있소?' 험시로 남편을 달래는 척 허며 시동생을 도왔다는 이야그지라우. 그래서 성제간에 우애는 안사람들이 너그러워야 헌다는 이야그 랑께요.

(3) 고창읍 천북동 김명순(85세)
- 신부 손버릇을 고쳐준 신랑

내가 애랬을 적의 동네 아짐마들께서 허셨던 그 이야그가 생각이 난당게요. 옛날에 다큰 큰애기가 있었는디 손버릇이 아주 나뻐서 남의 물건을 훔치는 버릇이 있던 것을 장게간 실랑이 고쳐준 야그랑게요. 옛날에 어느 마을에 부유허지도 가난허지도 않은 집에 시집 가야헐 큰애기가 하나 있었는디 그 큰애기는 손버릇이 아주 나뻐서 자기가 맘에 드는 물건이 있기만 허면 욕심이 나서 기엉코 자기것인양 슬쩍 가지고 와버린당게요. 하래는 동네에서 밥술이나 먹고사는 집을 담장 너머로 살펴보다가 맹지베가 서넘필이 빨래줄에 널어 있는 것을 발견했단 말이어라우. 담 너머로 주인이 있는지 없는지 살피다가 안주인이 방으로 들어가는 것을 보고 그냥 뛰어 들어가서 그 맹지배를 몽땅 걷어가지고 자기집으로 와버렸당게라우 안줜이 이웃집 큰애기 짓으로 알고 마을사람들과 함께 큰애기 집을 다 뒤져 보았지요. 아무리 집을 뒤져봐도 맹지베는 읎었당게요. 그런디 부엌으로 가보니 밥솥이 부글부글 끓고 있씅께 밥을 허는구나 허고 그냥 왔당게요. 나중에 알고 봉께로 그때 밥솥에서 끓는 것은 밥이 아니고 그 맹지베를 삶고 있는 중이었다요.

또 한번은 동네에서 돼야지 새끼를 도적 맞었당게요. 그 돼야지 새끼도 그 큰애기가 도적질을 해가지고 등에 업고는 모자를 씌우고 다녀서 그때도 돼야지 주인이 그 큰애기 집을 다 뒤졌지만 찾지를 못했당게요. 꼭 애기를 업고 다니는 것으로만 알았던 것이었서라우. 동네에서 지혜 많은 총각이 그 처녀와 혼인을 허기로 맹심을 허고는 장가를 갔는디 첫날밤에 술과 음식을 몽땅 먹고는 볼일 다 본 다음에 똥을 몽땅 싸가지고는 그 신부 똥구녁 밑에 깔아 놓았지라우. 아! 그런디 전날 결혼식을 허느라고 피곤했던지 신부가 잠에 떨어져 몰랐지라우. 새복에 일어나 보니 자기도 모르는 왠 똥이 있어 자기가 싼 것으로 알고 신랑 몰래 치우다가 그만 들키고 말았당게요. 신랑이 '저놈의 각씨는 결혼 첫날밤에 똥을 싼 여자!'라고 소리를 지르자 서방에게 백배사죄를 허며 '모든 것을 다 들어 줄팅게 그 말만 당최간에 허지 말라.'는 것이었어요. 그 일이 있었던 후로부터는 서방 말이라면 꼼짝 못허고 잘 들어서 도둑질 허는 버릇을 고쳤다는 이야그요.

제3편

죽림(竹林)과 가사 문학의 고장 담양의 전설

담양 추월산 전경

☞ 물과 용이 조화를 이룬 선비의 고장

 전남의 최북단 정 중앙에 위치하여 전남 장성, 전북 정읍, 순창과 경계를 이루는 담양은 「세상에서 가장 밝은 달을 보려면 추성리로 오라!」는 옛말처럼 장성의 백암산, 정읍의 내장산, 그리고 순창 복흥 고원의 숲을 헤치고 온 맑은 공기가 병풍산과 추월산을 넘어 죽림에 머물면 하늘은 푸르다 못해 비취(翡翠) 색 보석이 되어 올려다보는 사람들을 눈이 부시게 한다. 이러한 하늘의 맑은 공기는 추성리의 달을 더 밝게 더 크게 보이게 하였고 그래서 추성리에서 바라볼 때 늠름한 위용의 추월산 정상의 남쪽 부분이 마치 반달처럼 보여 산의 이름을 추월산이라고 했다고 한다.

 용면(龍面)은 이름 자체가 "용(龍)"일뿐더러 마을 이름에도 용연, 용치, 용평, 용동, 청수, 진수동(辰水洞) 등 용과 물의 인과관계를 부각(浮刻)시킨 곳이 많으며 하찮은 동네 이름 하나에도 옛 조상들의 선견이 깃든 예지(銳智)를 짐작하게 하는 대목이 많다. 그러므로 용면에 담양호가 축조된 것이 결코 우연의 일치가 아닌 운명적이고 필연적인 결과였다.

삼국시대까지도 담양 고을의 중심지는 용면의 추성리 이였으며 지명도 추자혜군(秋子兮郡)이라 칭하였으나 신라 경덕왕(景德王) 16년(서기 757년)에 추성군(秋城郡)으로 바뀌었다. 그 후 고려 현종 9년(1018)에 새로운 군현제도로 바뀔 때 추성군은 담양군으로 나주목(羅州牧)의 속군(屬郡)이 되었다. 현재 추성리는 용면의 면사무소가 있는 용면 소재지 마을이다.

용소(龍沼)는 전남의 젖줄인 영산강의 최상단에 있는 시원지로 명주실 한 꾸리가 바닥에 닿지 못하는 깊은 못이었다고 하며 용이 승천하면서 세 차례 꿈틀거려 생겼다는 흔적이 뚜렷한 제2폭포의 장관과 선녀들이 목욕하고 놀았던 선녀탕, 신선들의 놀이터인 신선바위, 그리고 가마골 입구 서쪽에는 치마바위가 얌전히 자리 잡고 있다. 그리하여 족두리봉에서 선녀들이 족두리를 쓰고 치마바위에서 놀다가 가마를 타고 선녀탕으로 날아가 가마골이란 이름이 붙여졌다는 등의 갖가지 전설이 담긴 곳이기도 하다. 수정처럼 맑은 담양호 유람선에서 감상하는 이러한 모습은 추월산과 금성산성 주변의 기암괴석들이 어우러져 산수가 조화를 이룬 담양호가 아니고서는 맛볼 수 없는 정경일 것이다.

담양은 한국의 대표적인 정원으로 일컫는 소쇄원을 중심으로 식영정, 환벽당, 송강정, 면앙정 등 이름난 누와 정자가 곳곳에 숨어있어 이곳에서 주옥같은 시문이 창작되어 문학의 오랜 전통을 지닌 고장으로 가사문학을 꽃피운 곳이기도 하다. 더욱이 군자의 절개를 상징하는 푸른 대숲이 마을마다 우거져 있어 이곳이 지조 높은 선비의 고장임을 말해준다. 대쪽같이 곧은 선비정신을 이어받은 사림들이 불합리하고 모순된 현실정치에서 물러나 담양에 누정(樓亭)을 짓고 수신과 후진 양성에 힘썼다.

죽록원(竹綠園)은 2003년 5월에 조성하여 약 31만㎡의 공간에 울창한 대나무숲과 가사문학의 산실인 담양의 정자문화 등을 볼 수 있는 시가 문화촌의 축소판이며 전망대, 쉼터, 정자, 등 다양한 조형물을 비롯하여 영화·CF 촬영지와 생태문화관광 시설을 갖추고 있어 가족, 연인, 친구, 수학여행 등 연간 관광객 130만 명이 찾는 대한민국 최고의 관광명소다.

이처럼 담양은 산수와 죽림과 가사문학이 어우러진 선비의 고장이었던 만큼 마을마다 주민들의 구전으로 전해 내려오는 전설이 많다.

1. 영산강 시원(始原)의 전설

 우리나라 5대 강의 하나인 영산강은 담양 용추산으로부터 흐르는 물이 담양호에 잠시 모였다가 담양읍을 통과하여 창강을 이루고 광주 무등산에서 흘러 내려오는 극락강과 합류한 다음 송정리에서 다시 장성 삼성포로부터 흘러오는 황룡강과 합류한다. 그리고 하류인 왕자대(王子台)를 지나 여참산(呂站山)으로부터 출발한 화순의 지석강과 합류해서 광난강(廣難江)을 이루어 나주에 이르러 영산포를 지나 목포 앞바다로 흐르니 이 강이 바로 영산강이다. 이 영산강은 다음과 같은 전설이 전해오고 있다.

 어느 날 나주 고을의 사또님이 이방을 불러
 "소문에 듣자 하니 담양 고을 추성리에 팔자가 좋아 평생을 근심 걱정을 모르고 산다는 노인이 있다 하니 그 노인을 불러오라."
 명하고 혼잣말로 '사람이 살아가는데 근심 걱정이 없다니 말이나 될법한 소리인가?' 하고 의심하였다. 그러나 소문난 용면 추성리의 정노인이란 사람은 실제로 자기에게는 근심할 것이 없다고 생각했다. 남이야 어찌 생각하든 그는 살아가는데 타인에게 아쉬운 소리 하지 않고 자식들을 잘 길러 제 몫을 하고 살 수 있었기 때문이었는지도 모른다.

정노인에게 자녀가 5명이 있었다. 그는 5남매를 다 출가시켰다. 아들은 모두 효자요, 며느리는 모두 효부였다. 딸도 그랬고 사위도 그랬다. 의식주도 남부럽지 않았다. 정노인은 무엇 하나 부러울 것이 없는 자신의 처지를 흡족해하였다. 이러한 소문이 나주 고을 사또에게까지 전해졌던 것이다. 나주 목사는 고을을 다스리며 온갖 근심과 걱정으로 머리가 무겁고 마음이 편한 날이 없는데 평민이 근심 걱정이 없다니 믿기지 않아 정노인을 불러들이게 한 것이다.

"그대는 지금까지 살아오면서 조금도 근심 걱정이 없단 말인가?"

"황송하오나 그러하옵니다."

그리고 지금까지 지내온 자초지종을 말했다. 이야기를 듣고 난 사또는 크게 탄복하고 칭찬하였다.

"과연 기특한 일이로다. 내 근심 걱정 없이 사는 그대와 만난 기념으로 소중히 여기는 구슬을 상으로 줄 것이니 잘 보관하오. 구슬은 그대와 내가 만나는 증표이기도 하니 그대가 보고 싶어 부를 때에는 이 구슬을 가지고 오시오."

하고 파란 구슬을 주었다. 정노인은 구슬을 선물로 받고 물러 나왔다.

정노인을 보낸 후 목사는 즉시 종자를 불러서 이리이리 하라고 분부하였다. 목사의 명을 받은 종자는 급히 정노인을 앞질러 갔다. 광난강(廣難江) 나루터에 나타난 종자는 뱃사공의 귀에다 대고 무엇인가를 소곤거리고는 사라져 버렸다. 정노인이 광난강(廣難江) 나루에 다다라 배에 오르자 사공은 뱃노래를 흥얼거리며 배를 저어가다가 갑자기 생각 난 듯 말을 걸었다.

"아 참! 노인장 얼마나 기쁘시오?"

"난데없이 기쁘다니 뭐가 그리 기쁘단 말이오?"

"아! 발 없는 말이 천 리 간다고 노인장이 사또님으로부터 상을 받았다는 소문이 벌써 백 리 안 사람들은 다 알 것이외다. 어디 자랑스러운 그 구슬 나도 좀 봅시다."

하고 구슬을 보여줄 것을 청했다. 정노인은 가슴이 뜨끔했으나 사공의 인상으로 보아 악의가 없다고 생각하고 주머니 속 깊숙이 간직한 구슬을 꺼내서 손바닥 위에 올려놓았다.

"원 세상에 이렇게 묘하고 아름다운 구슬이 있습니다. 그려?"

하고 다가온 사공은 정노인의 손에 있는 구슬을 찬찬히 들여다보자 갑자기 나룻배가 심하게 흔들려 정노인이 그만 옆으로 쓰러지면서 구슬이 물속으로 빠져버렸다. 사공과 정노인은 깜짝 놀라 깊은 물 속을 한참 동안 들여다보았으나 이 드넓고 깊은 강에서 작은 구슬 하나를 찾아내기란 도저히 불가능한 일이었다. 목사가 준 구슬을 강에 빠뜨려버리고 집에 돌아온 정노인은 생전 처음으로 근심 걱정으로 몸져눕고 말았다. 자식들과 며느리들이 연유가 무엇이냐고 물어도 대답 없이 그저 묵묵부답이었다. 가정은 먹구름이 끼기 시작했다.

한편, 정노인이 구슬을 강 속에 빠뜨렸다는 소식이 곧 사령을 통해 목사에게 전해졌다. 목사는 며칠 후 종자를 시켜 정노인에게 보고 싶으니 다음 달 초하룻날 관아로 오라는 명을 전했다. 이러한 전갈을 받은 정노인은 근심으로 곡기를 끊고 몸은 점점 쇠약해져 갔다.

그믐 전날 이 되자 모래면 목사를 만나러 가야 하는데 구슬을 잃어버렸으니 어찌해야만 할까? 근심하고 누워있었다. 그러나 온 식구들은 영문을 몰라 걱정만 하고 있었다. 그날 석양 무렵 며느리가 샘에서 물을 길어오는 데 고기 장수가 다가와

"잉어 한 마리 사세요. 모두 팔고 한 마리 남았으니 싸게 드리리다."

하고 졸랐다. 며느리는 잉어를 보자 시아버님의 원기를 회복하려면 잉어가 보약이라 생각하고 잉어를 샀다. 저녁에 간장을 발라 잉어를 구워 밥상을 시아버님께 드렸다. 정노인은 며느리의 정성에 감복하여 뜨는 시늉이라도 하자하고 젓가락으로 잉어를 뜯자 이 어찌 된 일인가? 정노인은 너무도 신기해서 그만 어안이 막히고 말았다. 그도 그럴 것이 강을 건널 때 빠뜨렸던 구슬이 잉어 뱃속에서 나온 것이다. 이틀을 잉어로 몸보신하고 기운을 차

린 정노인은 나주목 동헌에 올라 목사에게 구슬을 내놓으니 이번에는 목사가 더 깜짝 놀랐다. '분명히 강물 속에 빠뜨렸다는 구슬을 어떻게 가지고 올 수 있었을까?' 목사는

"혹여 이 구슬을 잃어버린 적은 없었는가?"

하고 묻자 정노인은 자초지종을 사실대로 고했다. 그 말에 감복한 목사는

"과연 당신은 하늘이 낸 복인 이오!"

하고 치하(致賀)하며 자기가 일부러 일을 꾸몄다는 사실을 얘기해 주고 후한 상을 내렸다. 기쁨을 감추지 못한 정노인은 집으로 돌아온 즉시 잉어를 잡았다는 광난강(廣難江)가에 서당을 세우고 아이들을 가르쳤다. 그리고 그 서당 이름을 잉어를 사서 대접한 며느리의 이름을 따서 영산서원(榮山書院)이라고 지었는데 그때부터 이 강을 영산강이라고 부르게 되었다고 전한다.

2. 목치(木鴟)와 보리암(菩裏庵)

보리암(전라남도 문화재자료 제19호)은 담양군 용면 월계리 산 81-1번지에 자리한 암자로 고려 때 보조국사가 창건했다는 사찰이다. 보조국사는 전리부불의(戰理不佛依)를 통달하기 위하여 견성성불(見性成佛)의 구경(究境)을 목적으로 명산을 순회하던 중 수도(修道)의 적지로 본 사찰을 세웠다고 한다. 대체로 선운사, 불갑사, 백양사 등 사자가 붙는 큰 사찰은 산 아랫부분의 넓은 평지에 자리 잡고 있지만, 암자는 대개 아슬아슬한 바위 절벽에 지어 외부와 인연을 끊고 참선하여 득도의 경지에 임하는 스님을 위한 절이다.

보리암(菩裏庵)은 예로부터 뛰어난 경관을 자랑하는 추월산(秋月山)의 천 길 낭떠러지에 자리하고 있다. 산의 초입은 비교적 완만한 경사에 노송이 빽빽이 우거져 있어, 굳이 정상까지 오르지 않아도 좋을 만큼 편안하고 상쾌한 휴식공간이 된다. 울창한 노송 숲을 지나 산을 오르면 해발 600m쯤 되는 절벽에 신선의 거처인 듯 소나무 가지 사이로 절의 기와가 언뜻언뜻 보인다. 암자에서 바라보는 천지사방은 위로 기암절벽이 장관을 이루고 아래로는 시원하게 열린 담양호와 금성산, 그리고 멀리는 무등산이 한데 어우러져 절경을 이룬다. 이렇듯 세상을 향해 열려 있는 보리암은 천상의 극락세계를 떠올리게 한다. 추월산 달 바위를 사람의 얼굴로 볼 때 정상 부분 즉 이마에 해당하는 절벽의 좁은 공간에 제비집처럼 지어놓은 절이 바로 이 보리암이다. 이 보리암의 창건에는 다음과 같은 전설이 전해 내려오고 있다.

고려 때 보조국사 지눌(知訥) 스님이 지리산에 머물며 절을 지을만한 적합한 장소를 물색하던 중에 하루는 나무로 매를 만들어 날려 보냈더니 그중 한 마리는 순천 송광사 터에 또 한 마리는 장성 백양사 터에 그리고 한 마리는 추월산 보리암 터에 앉았으므로 이곳에 절을 짓게 되었다는 얘기가 전해 내려오고 있으나 정확한 창건연대는 알 수 없다. 그런데 순천 송광사에도 이와 똑같은 전설이 전해 오고 있으니 보조국사(普照國師)가 송광사 터를 잡을 때 나복산(羅逗山 : 현재의 母后山)에서 목치(木鵄; 나무로 깎은 솔개)를 날렸더니 송광사 국사전(國師殿)의 뒷등에 떨어져 앉았으므로 이 뒷등의 이름을 치락대(鵄落臺; 솔개가 떨어진 선바위)라고 불렀다 한다. 이 이야기를 토대로 하여 최남선(崔南善)은 송광의 뜻을 '솔갱이'(鵄의 전라도 방언)라고 해석하였다.

호남읍지의 담양 불우 조에 〈재부북 이십오리 추월산 상봉(在富北 二十五里 秋月山 上峰)〉이라 하는 정도만 알려져 있다. 법당안의 보리암(菩裏庵) 중수기(重修記)를 보면 암자의 역사를 알 수 있는바 정유재란 시 소실된 후 선조 40년(1607) 신찬(信贊)이란 스님이 중수하였고 그로부터 40여 년이 지난 효종 1년(1650)에 다시 여러 스님이 힘을 합쳐 재건하였다고 한다.

보조국사가 수선사에서 정혜결사를 하기 전에 지리산의 상무주암(上無住庵)에 주서했던 사실로 보아 이곳 추월산의 경관을 보고 아담한 암자를 짓고 잠시 머물렀을 가능성이 크다. 그 후 8회에 걸쳐 중수하였고 1983년 완전 해체 후 주지 성묵(聖黙) 스님이 지금의 법당을 신축하였다. 보리암은 추월산 정상 부분의 협소한 곳에 자리한 까닭에 가람 터가 매우 좁은 암자다.

이곳 보리암에서 빼놓을 수 없는 사적이 있으니 이는 충장공(忠將公) 김덕령 장군의 아내 흥양이씨 부인의 순절처(殉節處)이다. 임진왜란 때 흥양이씨는 왜적에게 쫓기자 이곳 절벽에서 몸을 던져 순절하였다. 1840년(헌종 6) 담양부사 조철영이 흥양이씨의 순절을 기리는 비문을 바위에 새겨놓으니「김충장공 덕령부인 흥양이씨 만력정유마 담양추월산 왜적 순절처」(金忠壯公 德齡夫人 興陽李氏 萬曆丁酉馬 潭陽秋月山 倭敵 筍節處) 라는 문장이 남아 있다.

3. 용소(龍沼)의 전설

　용면 용연리 분통마을 가마골 입구에서 4km 지점에 이르면 기이하게 생긴 용소폭포 밑에 깊고 푸른 소가 하나 있다. 이 소에서 시작한 물은 광주 극락강을 지나 나주벌을 통과하여 목포 앞바다에 이르는데 이를 영산강이라고 한다. 즉 영산강의 발원지가 바로 이 용소(龍沼)다. 용소에는 큰 청룡이 살고 있었는데 하루는 이 고을 현감이 가마골 풍경이 아름답다고 하여 돌아보고자 관속들에게 영을 내렸다. 그날 밤 현감이 잠을 자는데 백발선인이 나타나

　"내가 내일 오시이면 승천할 것인즉 현감의 가마골 행차를 하루만 미루어 주시오."

　라고 한마디 남기고 사라졌다. 깨어보니 꿈이었다. 그러나 현감은 꿈을 무시하고 예정대로 가마골로 행차하여 소에 이르자 용소의 물이 부글부글 소용돌이치고 주위는 짙은 안개로 하얀 안개 위에 우뚝 솟아 있는 신선봉과 선녀봉이 어우러져 풍치가 장관인지라 현감은 아름다움에 취하여 꿈은 잊고 풍류를 즐기고 있었다. 이때 갑자기 안개에서 이상한 김이 섞여 있었는데 이를 감지

하지 못한 현감이 김을 들어 마시자 정신이 몽롱하여 휘청거렸다. 그러자 갑자기 청룡이 덤벼들어 독을 뿜으니 현감은 그 자리에서 죽고 말았다.

그때 한 도인이 이곳을 지나다가 이 광경을 보고
"네 이 요망한 짐승아! 어찌 이리도 사악한 짓을 하느냐?"
하고 지팡이로 내려치니 놀란 용이 용틀임하며 달아나다가 3개의 소 (마당 용소, 바구니 용소, 구시 용소)를 만들고 용추산 북쪽 상봉을 넘어가면서 피를 흘리고 죽었다고 한다. 그 후부터 이 골짜기를 피재골이라고 한다.

그런데 이 용소의 전설은 여러 가지이며 대부분의 전설에서는 용이 도승의 지팡이를 맞고 죽은 게 아니라 용소에서 살던 황룡이 꿈틀거리며 (이때 세 개의 용소가 이루어졌다고 함) 승천하였다고 한다. 이러한 이야기와 함께 용소의 바위벽에는 지금도 용이 승천하며 꿈틀거리던 흔적이 절벽에 남아있다.

또 이 용소의 전설은 용천동면(龍泉洞面) 고적 편에 다음과 같이 기록되어 있다. 옛적에 안렴사(按廉使)가 용소에서 용이 하늘로 솟아 올라간다는 소문을 듣고는 그 장면을 보기 위해 연못가에서 오랫동안 기다리고 있었다. 그때 갑자기 청룡이 머리를 내미니 안렴사가 용의 눈을 쳐다보고 놀라 그 자리에서 죽고 말았다고 한다.

피재골에는 만약탕(萬藥湯)이라 부르는 약수터가 있으며 옛날에는 나병 환자들이 이곳의 물을 먹으면 완치되었다고 한다. 용소에서 조금 오르면 선녀들이 내려와 목욕하였다는 선녀 폭포가 있다.

  현재 용소는 담양호와 추월산, 그리고 금성산성과 연계된 관광지로 전국에서 많은 여행객이 붐비고 있으며 대부분 등산객이 만병통치약이라고 믿는 피재골의 만약탕 물을 마시고 간다고 한다.

4. 비호치(飛虎峙)는 벼슬 재

　담양군 용면의 추월산은 호남의 명산이다. 광주를 비롯한 근교 도시의 주민들에겐 1일 등산의 명소로 널리 알려져 있다. 추월산 동북쪽 등성이를 올라 전라북도 순창군 쌍치면과 복흥면으로 넘어가는 고개를 천치(天峙)라고 한다. 이 천치는 또 다른 이름으로 벼슬재 혹은 비호치(飛虎峙)라고 일컫는다. 이 비호치로 가는 길은 지금은 담양호 축조로 인해 옛길은 물속에 잠기고 새길을 뚫었는데 새 도로와 접하고 있는 천치는 큰 도로가 개설되어 정읍 내장산의 추령을 넘어 바로 정읍으로 이어진다. 이 고개는 교통이 불편했던 옛날에는 전라도 남부지역에서 한양으로 갈 때 넘는 큰 고갯길이었다.

　무진주, 나주, 화순, 함평, 창평, 보성, 옥과, 담양 등 각 고을 수령들이 임금님께 바치는 진상품의 수송로로 혹은 보부상들이 비호치를 넘어 정읍, 전주로 직행하는 단거리 길로 이 재를 넘으면 재수가 좋아 장사를 잘하여 돈을 많이 번다는 통설로 험하고 높은 재지만 이 재를 넘었다. 또 수년 동안 속세와 인연을 끊고 심산유곡에 은둔하여 수학한 선비들 역시 과거에 응시하려고 이 재를 넘었다. 그런데 과거를 응시하려는 선비들이 이 고개에 다다르면 합격 가능 여부를 점칠 수 있었다 한다. 청운의 뜻을 품은 선비들이 고개에 올라 산신령께 합격할 수 있게 해 달라고 기도할 때 큰 호랑이가 고개를 가로질러 동서로 날아다니면 합격하고 정성껏 기도를 드려도 호랑이가 고개 양쪽 마루를 날지 않으면 낙방하고 만다는 것이다. 그래서 선비들은 대부분 호랑이가 날지 않으면 과거를 치르기 위한 한양 길을 포기하고 되돌아가 이마를 동여매고 책과 씨름하여 다음 과거 때에 다시 찾아오는 재로 과거 응시생들이 이 재를 넘을 때마다 마음조이는 관문이었다는 것이다.

옥과 사는 김참봉의 아들은 책을 멀리하고 주색에 빠져 방탕한 생활을 하면서도 과거 때만 되면 다른 선비들과 함께 이 고개를 찾아와 기도를 드렸다. 이런 반복을 열두 번이나 하였으나 끝내 호랑이는 나타나 주지 않았다. 옛날 과거가 3년마다 한 번씩 있었으니 30년이 넘는 세월을 허비한 셈이 된다. 뒤늦게 자신의 방탕한 행동을 후회한 김참봉의 아들은 집은 물론 모든 과거사와 작별하고 깊은 산속에 움막을 치고 들어가 3년 동안 하늘을 보지 않고 독학하며 정진하고 있었다.

그러던 어느 날, 과거가 있다는 방문을 입에 물고 호랑이가 나타났다. 날짜를 짚어보니 과거 날까지는 도저히 한양에 당도하기 어려운 시일이어서 포기하려고 생각하고 있는데 호랑이가 그의 앞에 엎드려 타라는 시늉을 하였다. 그가 호랑이 등에 올라타자 비호처럼 날아가 한양 남산에 데려다주었다고 한다. 물론 김참봉의 아들은 과거에 급제하여 금의환향하였다. 불혹의 나이에 급제한 김참봉 아들은 돌아오는 길에 이 재에 도착하여 제단을 마련하고 호랑이에게 벼슬에 올랐음을 고하니 호랑이가 하늘을 날며 맞이했다고 한다. 그 후 사람들은 이 재를 호랑이가 날아다녔다 하여 비호치 혹은 과거 급제의 여부를 미리 알려주었다 하여 벼슬재라 불렀다고 전한다.

5. 매화마을의 전설

　추월산에서 서쪽으로 벋어 내려온 맥이 용면의 쌍태리와 월산면의 광암리를 가르며 남쪽으로 휘어져 내려와 다섯 봉우리로 뭉쳐 이루어진 산을 〈오장산〉이라 하며 이 산의 정기를 받아 다섯 명의 장군이 난다는 풍수설이 전해 내려왔다. 그리고 과거를 보러 가는 선비들이나 보부상들이 날이 어두워 지면이 비호치나 빛재를 넘지 못하고 하룻밤 쉬어가던 마을 이름이 숙박하는 마을이란 의미를 지닌 박곡(泊谷)이다. 오장산을 동쪽에 두고 서쪽 기슭에 샘이 맑기로 소문난 마을 이름이 통새암(桶泉)인데 이는 샘물이 맑기도 하지만 그 수량이 엄청나서 샘의 크기가 다른 마을 샘의 세배 정도는 되어 샘물의 맛을 아는 사람들이 몰려들어 장사진을 이룬다. 주로 담양, 장성, 광주 사람들이다. 이 통새암과 박곡을 양쪽에 거느린 정 중앙에 자리 잡은 마을을 매월(梅月)이라 하는데 이 마을의 전설이 흥미롭다.
　이 마을은 1686년 옥천 조씨 한진(漢進)이라는 사람이 승주군 주암면 구산리(九山里)에서 살다가 형이 일찍 절명하자 각 지방을 떠돌며 새 터를 잡기 위해 물색하던 중 이곳에 이르러 살펴보니 오장산이 힘차게 솟아 있고 주변에는 매화가 만발한 데 뒷산에 우거진 송림의 소나무 가지마다 백학들이 노는 모습이 마치 배꽃[이화(梨花)]처럼 보여 마을 이름을 학유정(鶴遊亭)이라고 하였다. 그 후 한학자 서씨가 만발한 매화꽃이 달빛에 반사되어 아늑한 마을의 운치가 아름다워 매월(梅月)이라 고쳐 불렀다. 그리고 마을 앞 작은 동산에 매화가 많이 피어 하나의 큰 꽃 덩어리로 보여 동산 이름을 화정산(花亭山)이라 하였다. 지금도 이 동산 기슭에 두 가구 살고 있으며 이 작은 동산을 〈꽃쟁이〉라고 부르고 있다.

전설Ⅰ 이 마을에 사는 젊은 여인들이 매년 아무런 까닭 없이 시들시들 앓다가 죽어갔다. 마을 사람들은 해마다 젊은 여인들이 죽자 집집마다 근심으로 마음 편한 날이 없었다. 가정 살림을 도맡아 하고 후손을 낳고 키워야 할 젊은 아낙들의 죽음은 집안 어른들의 가장 큰 걱정거리가 아닐 수 없었다.

그러던 어느 봄날 지나가던 한 노승이 마을 앞 정자에서 이 마을의 아름다운 경치를 한참 동안 이리저리 살펴보더니 혀를 끌끌 차는 게 아닌가.

"이 마을 참 안 되었군. 매화꽃이 만발하니 저 동산이 마치 꽃상여 모양이네, 그려. 마을에 화가 떠날 날이 없겠구나!"

장탄식을 하고 지나가는 것이었다. 이 말을 들은 마을 사람들은

부랴부랴 스님을 모셔와 이 액운을 막을 방법을 일러 달라고 간절하게 사정을 하니 스님은 한참 머뭇거리다가

"방법은 간단하오. 마을에 있는 매화꽃이 원인이오. 매화꽃은 아름답기는 하지만 이곳에 너무 많이 있기 때문이외다. 〈꽃쟁이〉에 피어있는 매화꽃이 마치 상여 모양같이 보이니 젊은 여인들이 제 명대로 살 수 없지요. 꽃은 음이니 어여쁜 젊은 여인들을 질투하여 이런 변괴가 일어난다오. 이 마을에 있는 매화나무를 모두 없애면 이런 재앙이 다시는 오지 않을 것이오."

하고 일러주는 것이었다.

이 말을 들은 마을 사람들이 모두 나서서 매화나무를 배어 없애 버리자 그 후부터 젊은 여자가 까닭 없이 죽어가는 변괴가 사라졌다고 한다.

전설 Ⅱ 매월마을은 아무 영문도 없이 청소년들에게 까닭 모를 괴질이 발생하여 자주 변을 당하는지라 마을 사람들은 혹여 제 아들을 잃을까 봐 날마다 불안에 떨고 있었다. 올봄에는 언제 뉘 집 자식이 또 무슨 병에 걸려 죽을지 근심이 떠날 날이 없었다. 이처럼 마을 사람들이 봄만 되면 불안에 떨며 노심초사하던 차에 하루는 노승이 이곳을 지나가다가 혀를 차며 하는 말이

"어허! 동네가 다 좋은데 한 가지 흠이 있구나."

하고 장탄식을 하는 것이었다. 이 말을 들은 마을 사람들이 노

승을 모셔다가 무릎을 꿇고 간절히 빌었다.

"스님! 무엇 때문에 우리 마을에 이런 변고가 생깁니까? 이 마을에 사는 저희들을 가엾게 여기시고 변고를 없앨 수 있는 방도를 일러주십시오."

하고 간곡히 사정하니

"이 마을 뒷산인 오장산은 장군 다섯이 정좌하고 있는 산이여. 그런데 장군들 무릎 위에 어여쁜 매화꽃이 만발하니 굳건하게 마음 다져야 할 장군들이 주색에 빠져들지 않겠나? 적을 코앞에 둔 장군들이 색에 빠지면 죽은 목숨이나 마찬가지 아닌가. 그리고 저기 저 동산은 장군들의 꽃상여 형국이여. 그러니 매화나무를 없애는 것이 방도여."

하고 휘적휘적 사라지는 것이었다. 이 말을 들은 마을 사람들이 마을에 있는 매화나무를 모두 배어버리자 변고가 사라졌다고 한다.

우리는 위의 전설에서 이야기로서의 재미만 느낄 게 아니라 이러한 얘기들 속에 담긴 교훈을 새겨들어야 한다. 마을 전설과 함께 살아온 이 마을 여인들은 시샘이나 질투를 삼가고 화목한 가정을 이루어 사이좋은 이웃과 따뜻한 정을 누리고 살았을 것이며, 젊은이들 또한 주색을 멀리하여 자기 본분을 잊지 않고 항상 늠름한 장군의 기상을 꿈꾸며 생활했으리란 짐작을 할 수 있을 것이다. 이처럼 우리 선조들은 재미있는 이야기로 자연스럽고 친근감 있게 후세들을 가르치고 지혜롭게 길렀던 슬기가 마을의 전설마다 숨어있는 것이다.

6. 선녀의 목욕탕 각시샘

　용면 추성리 와산 마을의 뒷산인 정각산은 산의 형세가 소가 누워있는 모습이어서 산 밑의 마을을 와산(臥山)이라고 부른다. 와산의 뒷산인 이 정각산 중턱에는 "각시샘"이 있는데 이 샘은 명주실 한 꾸리가 들어갈 정도의 깊이여서 선녀가 내려와 목욕했다는 전설이 있었다. 일명 몰밭등에 있는 이 조그마한 각시샘에서 목욕을 하면 모든 피부병이 깨끗하게 낫는다고 하며 다음과 같은 이야기가 전해오고 있다.

　아주 먼 옛날 무진주에 사는 이 참봉의 아들은 3대 독자로 태어나 부러움이 없이 부모의 사랑을 받으며 자라났으며 공부도 잘하고 영특하였다. 하지만 호사다마라 할까? 이 소년이 이름 모를 피부병을 앓게 되어 백방으로 치료 약을 구하여 치료하였으나 모든 게 허사가 되고 이 소년은 죽음의 날 만 기다리게 되었다. 부모들은 삼대독자인 아들의 병 치료를 뒷바라지하며 지칠 대로 지치고 가산은 탕진되어 이제 더는 약한 첩 쓸 수 없는 형편에 이르러 부모마저 병석에 눕게 되었다. 그러나 하늘은 이들 가족을 버리지

않았다. 소년의 어머니 꿈에 백발노인이 나타나

"너의 정성이 갸륵하여 아들의 병을 낳을 비방을 가르쳐 주겠노라. 추성리 와산 뒷산인 정각산 중턱에 하늘나라 선녀들이 목욕하는 각시샘이 있다. 이 샘은 가파른 절벽 밑에 있는지라 오르기가 매우 어려울 것이니라. 이 각시 샘에 올라가서 아들을 목욕시키면 병이 깨끗이 나을 것이다."

하고 사라져 버렸다. 꿈에서 깬 어머니는 남편에게 꿈 이야기를 하니 아버지가 아들을 업고 각시 샘을 찾아 정각산에 다다랐으나 이곳까지 바삐 서둘러서 오느라고 지칠 대로 지친 데다가 각시 샘까지는 절벽인지라 와산 마을 앞 정각정에서 쉬면서 '어떻게 저 각시 샘에 오를까?' 하고 한참을 생각하던 차에 어렴풋이 잠이 들었다. 그런데 또 백발노인이 나타나

"어서 각시 샘에 가보아라."

하고 어디론가 사라져 버렸다. 잠에서 깨어난 아버지는 사방을 둘러보아도 아들은 온데간데없다. 아버지는 백발노인이 한 말을 생각하고 혹시나 하고 죽을힘을 다하여 절벽을 기어올라 각시샘에 당도하니 아들이 이미 샘에 도착하여 목욕을 하고 있는 게 아닌가. 아버지는 '늙은 아비의 등에 업히어 온 아들이 어찌 이 가파른 산을 오를 수 있었겠는가. 이는 필시 하늘이 도운 것이다.' 생각하고 샘 옆에 조그마한 움막을 짓고 아들의 병이 완치될 때까지 기거하면서 매일 목욕하기를 100여 일이 지나니 아들의 병이 완

치되었다고 한다.

  이 소문은 날개 돋친 듯이 퍼져 인근뿐만 아니라 먼 고장에서도 피부병을 낫기 위해 수많은 사람이 이 샘을 찾았다고 한다. 지금은 현대의학의 발달로 누구 하나 찾는 이 없이 전설만 간직한 채로 각시샘은 여전히 정각산 중턱에서 맑고 시원한 물을 내뿜고 있다.

7. 효자샘의 전설

　용면에서 정읍으로 가려면 빛재(빛거리재 라고도 함)를 넘어야 한다. 빛재를 넘으면 순창군 복흥으로 이어지는데 정오에 빛재 정상에서 보면 해가 광주 무등산 정상위에 눈부시게 빛나고 있어 빛재라는 이름으로 불리었으며 넓게 트인 담양 들을 건너 빛고을 광주까지 펼쳐진 정경이 한눈에 들어와 그 아름다움은 보는 이로 하여금 저절로 탄성이 터져 나오게 한다.

　빛재의 가파른 고개 아랫마을들이 쌍태리이다. 쌍태리는 쌍태, 태월, 삼태의 세 마을로 이루어져 있는데 가운데 있는 태월마을은 계곡을 끼고 집들이 도란도란 모여 있어 그 정경이 아름다워 영화 촬영지였다. 앞마당 사립문만 열면 맑은 계곡물이 흐르는 정겨운 마을! 이 태월마을의 동쪽 추월산 중턱에 고려중기에 새웠다는 백련암의 절터가 있으며 이 절에서 식수로 사용한 샘이 있어 이 골짜기를 물통 골이라고도 한다. 그런데 이 샘은 큰 바위 절벽의 한 구멍에서 물이 떨어져 내려 보는 사람마다 탄성을 지르곤 한다.

아주 오랜 옛날 태월마을에 늙은 어머니와 외아들 효생이가 살고 있었다. 효생이는 초근목피(草根木皮)로 연명하고 살 수밖에 없는 가난한 처지였지만 병든 노모를 극진히 보살폈다. 논밭 한 다랑이 없는 효생이는 날만 새면 남의 집 품팔이를 하여 어렵사리 생활하고 있었다. 그러던 어느 날 효생이는 추월산을 바라보며
 "아! 나는 언제 우리 어머니께 윤기 반질반질 나는 하얀 쌀밥을 지어드릴 수 있을까?"
 하고 탄식하였다. 그런데 그날 밤 효생이의 꿈에 백발의 신령이 나타나
 "너의 효성이 갸륵하구나. 이 추월산 중턱 물통 골에 가면 바위 구멍에서 물이 나오는 샘이 있다. 날마다 이른 새벽 해가 뜨기 전에 이 샘에 가면 너의 두 식구 밥 하루 지을 만큼 쌀이 나오리라."
 하고 일러주고 안개처럼 사라져 버리는 것이었다. 이 효생이가 이튿날 첫새벽에 일어나서 물통 골에 가보니 현몽한 것처럼 바위 틈에서 쌀이 나오는 게 아닌가. 그러다가 추월산 마루에 해가 떠 햇살이 비치자 쌀 나오는 것이 멈추었는데 바가지에 쌀을 담아 보니 두 식구가 하루 먹을 만큼이었다. 그날부터 효생이는 날마다 새벽이면 쌀을 받아와 쌀밥을 지어 어머니를 극진히 모시니 병환도 점점 나아가고 있었다.
 이웃에 사는 욕심쟁이가 가만히 살펴보니 효생이가 날마다 어머니께 하얀 쌀밥을 지어드리는 것이 참으로 이상하였다.

"가난에 쪼들리는 형편에 어디서 저렇게 쌀이 나와 날마다 쌀밥을 지을까? 혹시 밤에 몰래 부잣집 담을 넘어가 도둑질하는 것은 아닐까?"

하고 생각하다 의심을 품으니 궁금해 견딜 수가 없었다.

"그래, 오늘 밤에 몰래 숨어서 뒤따라 가봐야지."

하고 단단히 마음먹고 문틈으로 효생이네 집을 살피고 있었다. 그런데 한밤중이 되어도 효생이네 집 방문이 열리지 않았다.

"어! 이상하다? 한밤중에 도둑질이 틀림없을 텐데……?"

욕심쟁이는 오는 잠도 뿌리치고 망보는 것을 멈추지 않았다. 어느새 '꼬끼요!' 하고 첫닭이 울었다. 그러자 효생이네 방문이 빼꼼히 열리더니 효생이가 바가지를 들고 집을 나서는 게 아닌가.

"그러면 그렇지. 제가 도둑질 안 하고 어찌 쌀을 구할 수 있겠어?"

하고 살금살금 뒤를 따라갔다. 그런데 효생이는 부자가 사는 마을이 아니라 산골짜기를 따라 추월산 봉우리를 향해 오르는 것이었다.

"거, 참! 이상하네? 그래도 끝까지 따라가 봐야지."

하고 몰래 숨어서 뒤를 따라갔다. 효생이는 물통 골 절벽에 이르자 샘 앞에서 두 손을 모으고 한 참 기도를 드리더니 동이 터 햇살이 비치자 물받이 안에서 하얀 쌀을 한 바가지 퍼 담아 내려가는 것이었다.

"아니? 절벽 바위 구멍에서 쌀이 나오다니."

하고 가보니 쌀은 한 톨도 보이지 않고 구멍에서 맑은 물만 흘러나와 떨어지는 것이었다. 이튿날 밤 욕심쟁이는 자정이 되자마자 쌀 포대를 가지고 물통 골로 올라갔다. 부싯돌을 켜고 살펴보니 물구멍에서 물에 섞여 쌀이 나오고 있었다. 욕심쟁이는 첫닭이 울면 또 효생이가 올라올 것을 생각하니 마음이 조급해지는 것이었다. 욕심쟁이는 주변에서 막대기를 주워 와

"쌀아! 어서 빨리 많이 나와라."

하고 물구멍을 마구 쑤셔댔다. 그러자 샘구멍에서 쌀이 나오기는커녕 갑자기 새빨간 핏물이 철철 흘러내리는 게 아닌가. 욕심쟁이는 깜짝 놀라 겁이 나서 뒷걸음질 치다가 그만 골짜기 낭떠러지 아래로 곤두박질쳐 죽고 말았다고 한다. 지금도 핏물이 나온 흔적이 지워지지 않아 물이 나오는 바위 구멍이 불그죽죽하게 핏물처럼 보인다.

이와 비슷한 전설은 우리나라 각 지방 여러 곳에 산재해 있다. 예를 들면 영광 홍농읍의 금정암 바위 샘 구멍은 욕심쟁이가 부지깽이로 쑤셔서 시꺼멓게 탄 쌀이 나온다는 식으로 줄거리가 조금씩 다를 뿐 전설이 주는 교훈은 거의 비슷하다. 즉 욕심은 화를 부른다든가, 부모님께 효도하라든가, 매사에 조급하게 서두르지 말라는 가르침은 일치하는 것이다.

이 물통 골의 물은 암벽의 바위 구멍에서 흘러나와 물맛이 시원하고 별미여서 지금도 등산객들의 갈증을 풀어준다. 또 이 물통 골의 〈효자 샘물〉은 마시는 사람의 마음을 깨끗하게 씻어주고, 피부까지 곱게 해 준다고 여기며 사람들이 〈생명수〉라 일컬으며 마신다.

8. 이영간(李靈幹)과 소년암

고려 문종 때 담양 이씨 중에 도통한 이영간이라는 인물이 있었다고 한다. 그는 어려서 금성산 중턱에 있던 연동사에서 공부해 과거에 급제한 뒤 참지정사에 올라 크게 출세한 인물이다. 그러나 1232년(고종19) 담양의 원율현에서 백제도원수(百濟都元帥)를 자칭하고 반란을 일으켰다가 7년 만에 토평(討平) 당한 이연년(李延年)과 같은 집안이었던지 이 집안은 후손이 사라져 버리고 상계를 이은 신평 이씨만 살아남아 이에 대한 행적은 자세히는 알 수 없다. 그러나 〈신증여지승람〉의 기록을 보면 이영간은 곳곳에서 이적을 보여 전우치(全禹治)와 비길만한 일화들을 남겼는데 양주 삼천사의 대지국사비문(大智國師碑文)이 그의 글로 남아 있다고 한다.

그는 연동사에서 공부할 적에 산마루에 올라갔다가 바위에 앉아 먼 산을 바라보고 있는 미소년을 만났다. 소년은
"심심하니 우리 장기나 한판 둡시다."
하고 청해서 장기를 두었다. 장기를 한참 두다 문득 앞을 바라

보니 소년의 곁에 큰 호랑이가 앉아있어서 놀란 그는 바로 절로 내려와 연동사 스님에게 이 사실을 말했다. 스님이 기이하게 여겨 영간과 같이 그곳에 가보니 바위에 장기판이 그려져 있고 호랑이 발자국도 있었으나 소년도 호랑이도 흔적이 사라지고 없었다. 이때부터 사람들은 이 바위를 소년암이라 불렀는데 지금도 장기판과 호랑이 발자국이 남아있다.

이영간이 연동사에서 글공부할 때 있었던 이런 이야기도 전해 온다. 스님 중에서 한 분이 몰래 술을 빚어서 감춰놓고 혼자 마시는 것을 여러 번 보았다. 그런데 하루는 이영간이 글공부를 하다가 바람을 쐬러 나왔는데 늙은 살쾡이 한 마리가 스님이 감춰놓은 술독에 와서 술을 훔쳐 마시는 것이었다. 이 모습을 본 영간이 작대기를 꼬나쥐고 뛰어 들어가

"네 이 못된 살쾡이야. 부처님이 계시는 절에서 어디라고 감히 도적질을 하느냐?"

하고 고함을 치며 이 살쾡이를 죽이려 하자 살쾡이가 앞발을 들고 비비며

"당신이 만약에 나를 살려만 주신다면 아주 기묘한 술수를 가르쳐 줄 테니 제발 살려만 주시오."

하고 애원했다. 영간이 이에 응하여 작대기를 내려놓으니 살쾡이가 따오라고 하여 따라갔다. 살쾡이는 산마루 못 미쳐 절벽 밑

에 이르러 두 손을 모으고 주문을 외우니 살쾡이는 푸른 옷을 입은 소년으로 변하였다. 소년은 바위 밑에서 책 한 권을 꺼내어주었다.

"이 비책은 사람들은 할 수 없는 온갖 비방이 기록되어 있소. 그러니 잘 익혀서 큰일 하는 데 쓰시오."

하고는 어디론가 사라져 버렸다. 절에 돌아온 이영간이 그 책을 펼쳐보니 온갖 도술과 비방이 적혀 있었다. 이영간은 연동사에 머무르는 동안 추월산에 오르내리며 이 책에 기록된 술책을 익히고 부지런히 공부해 뒷날 과거에 급제하고 벼슬도 높이 올라 나라를 위해 좋은 일을 많이 하였다고 전한다.

9. 백제도원수(百濟都元帥) 이연년(李延年)

　고려 말 곡창지대인 전라도 땅에 최씨(崔氏) 무인정권(武人政權)의 수탈은 극에 달했다. 특히 최씨 정권의 2대 집권자인 최이(崔怡)의 아들 만전(萬全)은 화순 쌍봉사의 주지로 있으면서 전라도 지역의 사찰들을 점거하고 횡포를 부렸을 뿐만 아니라 각 고을에 농장을 개설하고 그 문도들을 파견하여 인정을 두지 않고 수탈해갔다. 이런 횡포를 견디지 못한 일부 농민들은 대대로 살아오던 고향 땅을 버리고 방랑자가 되어 길거리를 헤매기도 하였다. 이때 백제 부흥 운동을 외치며 일어난 의기남아가 이영간(李靈幹)의 후손 이연년(李延年) 이었다.

　현 담양군 금성면 원율리에서 태어난 이연년은 고려 고종 19년(1232년)에 자신을 백제도원수(百濟都元帥)라 칭하고 담양군 금성면과 용면에 위치한 금성산성(錦城山城)을 거점으로 백제의 부흥 운동을 일으켰다.

　「무신정권에 핍박받고 있는 백성들이여 일어서라! 이 강산 이 논밭은 조상 대대로 물려받은 우리들의 땅이다. 그런데 우리 고향 땅과는 아무런 연관도 없는 칼잡이 무신정권이 우리가 피땀 흘려 가꾼 식량을 모두 빼앗아가니 본래의 땅임자는 굶어 죽게 되었도다. 더욱이 백성들에게 부처님의 공덕을 베풀어야 할 스님 신분임에도 집권자의 아들인 중놈 만전은 아비의 권력을 제힘인 양 휘두르며 우리들의 끼니를 이어갈 식량 한 톨 남기지 않고 수탈해 가니 이 얼마나 가증스러운 일인가. 더는 못 참겠다. 민초(民草)들이여 일어서라! 우리 다 함께 힘을 모아 근심 걱정 없이 살던 백제를 다시 일으키자!」

하고 외치니 핍박받은 수많은 농민이 모여들어 기세등등한 농민군을 편성하고 단번에 담양, 광주, 남평 지역을 휩쓸어나가니 고려 조정에서는 통치력에 큰 타격을 입었다. 이에 용기를 얻은 이연년(李延年)은 전라도 지방의 각 주(州) 군(郡)에 격문(檄文)을 띄워 자신들의 정당성을 호소하고 동조자를 규합하기에 이르렀다. 이 백제도원수(百濟都元帥)가 이끄는 백제부흥운동군(百濟復興運動軍)이 몰려오면 당시의 관리 중에는 그들을 맞아들여 음식을 대접하는 고을이 있었는가 하면 아예 대적을 못 하고 도망치기에 바빴다고 한다. 이런 점으로 볼 때 감히 그 세력에 맞서 싸울 자가 없었을 뿐만 아니라 싸울 의사도 없었던 것으로 생각된다. 이에 고려 조정에서는 이들을 〈금성적(金城賊)〉이라 일컬으며 군대를 파견하여 토벌하려 하였으나 관군이 패배를 거듭함으로써 오히려 백제부흥운동군이 더욱 위세를 떨치도록 도와준 꼴이 되고 말았다. 또한 백제부흥운동군(百濟復興運動軍)에는 적지 않은 수의 승려들이 가담했다고 하니 이는 집권자 최이(崔怡)의 아들로 쌍봉사 주지인 만전(萬全)의 횡포에 견디지 못한 승려들이었을 것이다.

이에 고려 조정에서는 백제도원수(百濟都元帥)를 백적도원수(百賊都元帥)라 칭하고 도적을 섬멸할 토벌군 사령관으로 김경손(金慶孫)을 파견하였다. 김경손은 몽골의 제1차 침입 때 박서(朴犀)와 함께 구주성(龜州城)에서 승리한 주역으로 명성을 떨치던 인물이었다. 송도에서 내려온 김경손은 아직 백제 부흥군의 수중에 들어가지 않은 나주로 갔다. 한창 기세를 올리고 있던 부흥군도 이 소식을 듣고 나주로 향했다. 이연년이 대병력으로 나주성을 공격하자 아직 소수의 병력밖에 거느리지 못한 김경손이 주위의 만류를 제치고 성문을 나가 대적하였다. 승리를 확신한 이연년은 부하들에게

"김경손 지휘사는 귀주에서 공을 세운 대장으로 인망이 높은 분이다. 내가 마땅히 사로잡아 도총(都總)으로 삼을 터이니 활을 쏘지 말라!"

이르고 김경손을 사로잡기 위해 단병전을 펼쳤다. 아! 그러나 이 어이 하랴! 하늘은 백제 부흥을 허락하지 않았다. 이연년이 곧바로 나아가 김경손의 말고삐를 낚아채어 끌어당기는 순간, 별초군(別抄軍)에서 뽑아온 30명의 날랜 군사가 한꺼번에 달려들어

이연년 백적도원수(百賊都元帥)를 베어버리니 대장을 잃은 민초군(民草軍)은 뿔뿔이 흩어져 7년간 계속된 백제 부흥 운동은 물거품이 되고 말았다.

만약 백제도원수(百濟都元帥) 이연년이 자만하지 않고 좀 더 신중하게 대적했더라면 어찌 되었을까? 고려가 쇠퇴하기 시작하던 1230년대에 백제 부흥 운동이 성공했더라면 우리 역사의 물결은 새로운 방향으로 길을 열어 갔으리라. 그러나 비록 백제 부흥 운동이 실패로 끝나고 말았지만, 이는 우리 역사에서 백성들이 관권의 횡포에 맞서 일어난 최초의 민주 혁명이라는 점에서 그 의의가 크다고 할 것이다.

10. 국난을 예고한 까치

담양읍 객사리에 서 있는 석당간은 조선 현종 5년(1839년)에 세운 당간이다. 지주 2.5m를 바치고 있는 대리석에는 여덟 잎의 연꽃무늬가 새겨져 있으며 원형 당간의 총 높이는 15m로 맨 꼭 대기 부분에 원형 보륜(寶輪)을 달았다. 그리고 보륜 위에는 삼지창을 꽂아 삼지창 끝에 풍령(風鈴-풍경)을 달았다. 이 당간을 이곳 주민들은 「짐대」라고 부르며 1969년 6월 16일 보물 제505호로 지정되었다. 원래 당간이란 사찰의 기를 달던 깃대로 신라 시대부터 사찰 입구에 세웠었으며 이 당간이 5층 탑과 가까이 있는 것으로 보아 이 부근에 큰 절이 있었으며 이 당간 역시 역사가 오래된 것인데 현종 때 다시 세운 것으로 여겨진다. 이 당간은 갖가지 전설이 전해오고 있는데 그 내용은 다음과 같다.

이 3개의 풍령은 나라에 큰 변이 있을 때마다 며칠 전부터 풍경 소리가 요란하게 울려 변고를 사전에 알려주었다고 한다. 실제로 1597년 정유재란 때에는 까치가 미리 풍경을 울려 왜적이 쳐들어온다는 사실을 알려주었다. 담양 부사는 이 소식을 듣고 역졸

들을 불러

"여봐라! 머지않아 우리 고을에 왜적이 침입해 올 테니 백성들을 미리 금성산성으로 피신시키고 병장기를 손질하여 싸울 채비를 하렷다."

하고 명하여 주민들을 금성산성으로 피신케 하였다. 그리고 지혜롭게 대적하여 왜적을 물리쳤다. (노적봉의 전설 참조)

또, 어느 날 밤에 풍경이 심하게 울려 아침에 당간에 나가보니 까치 수백 마리가 죽어있었다.

"오메! 까치 죽은 것조께 보소. 또 큰 난리가 날랑게비네."

"이 태평시런 시상에 뭔 난리가 다 난당가?"

"꼭 적군이 쳐들어 와야만 난리간디? 불 난리도 난리고 물난리도 난리 아니랑가?"

"킁께 말이시. 사지 삭신이 찌뿌두 허게 재려오는 것이 큰 물난리가 날랑게비로구만, 그랴!"

그리하여 미리 단속한 주민들은 대홍수에도 농작물 외에는 큰 생명의 피해를 줄일 수 있었다고 한다.

1894년 음력 정월 초 한밤중에 당간 풍령이 요란하게 울려 날이 밝아 당간에 가 보니 수백 마리의 까치가 죽어있는 것을 보고 주민들이 관가에 보고하였다고 한다. 이는 전봉준이 이끄는 동학

혁명군이 순식간에 전라도 일대를 장악하고 파죽지세로 전주 감영을 탈환한 동학혁명을 예고한 것이라고 한다. 이듬해 순창에서 체포된 전봉준은 담양부의 감옥에 수감된다.

담양은 내륙에 자리한 고을이지만 산세가 배의 형국이며 고을을 둘러싼 산에서 흘러 모여든 물로 인해 수해를 많이 입는 고장이었다. 이 수해는 까치가 미리 알려주어도 어쩔 수 없이 농작물의 피해를 막기 어려운 천재지변이다. 1838년 갑작스러운 폭우로 온 고을이 큰 피해를 겪은 후, 피해 방지를 위한 일로 고민 중인 홍기섭 담양부사에게 풍수에 능통한 도사가 찾아와 아뢰었다.
"배의 형국인 이 고을에 돛대도 없고 선장이 없으니 물 위에 떠 있어야 할 배가 산으로 올라갈 수밖에 없지요. 그래서 매년 수해를 입는 것이니 사공 석인상을 세우고 천변을 높이 쌓아 둑에 나무를 심어 돛대를 만들면 차후에는 큰 피해가 사라질 것이오."
하고 아뢰니 부사가 이를 옳게 받아들여 담양읍 천변리 167-2번지에 사공 석인상을 세우고 천변 둑에 나무를 심으니 이후부터 큰 물난리를 겪지 않았다고 전한다. 지금 천변에 울창하게 서 있는 나무는 그때 심은 나무라고 한다.

11. 광산김씨 시조의 전설

담양군 대전면 평장리 평장동은 비봉포란형(飛鳳抱卵形; 봉황이 알을 품고 있는 형국) 명당으로 무등산을 안산으로 일곱 겹의 봉우리가 겹쳐있는 삼인산 줄기를 좌청룡으로 장성 진원면 쪽으로 벋어 내린 여덟 겹의 봉우리를 우백호로 마치 봉이 날개를 펼치고 내려앉는 형국이어서 명당 중의 명당이라고 한다. 이 명당에는 다음과 같은 전설이 전해오고 있다.

신라 제49대 헌강왕(875~886)의 셋째 아들인 흥광왕자(興光王子)는 신라의 국운이 다하여 나라가 어지러워지자 옛 백제의 영토였던 서쪽으로 향하던 중 삼인산 아래에 이르렀다. 그는 이곳 산세가 빼어나 자리 잡고 살 만한 곳임을 깨닫고 아내와 세 아들과 함께 움막을 치고 살림을 차렸다. 그날 밤 꿈에 백발노인이 호랑이를 데리고 나타나

"나는 불태산 산신령이다. 이곳은 네가 살 곳이 아니니 당장 떠나거라. 만약 내 말을 듣지 않으면 내일 네 막내아들을 잡아가겠다."

하고 사라졌다. 이튿날 그는 긴가민가하여 가족들에게 꿈 얘기를 하지 않았으나 마음이 꺼림칙 하였다. 그런데 날이 어두워질 무렵 막내아들이 호환을 당하고 말았다. 이날 밤 왕자는 비통한 심정으로 울다가 선잠이 들었다. 비몽사몽 간에 백발노인이 호랑이를 앞세우고 나타나

"어찌 내 말을 듣지 않았느냐? 다시 이르거니와 내일도 내 말을 어긴다면 네 둘째 아들을 잡아가겠노라."

소스라쳐 놀란 왕자는 기가 막혔다. '나라 안이 어지러워 살 곳을 찾아온 이곳이 자식들을 모두 호식(虎食) 당할 자리란 말인가?' 하고 생각하니 설움이 복받쳤다. 그런데 다음날 산세를 둘러보니 이 자리는 복지 중의 복지가 아닌가. '좋은 자리를 보고도 비켜서는 자는 대장부가 아니다.' 하고 눌러앉았다. 그날은 좀 더 일찍 호랑이가 둘째 아들을 물어갔다. 부인은 두 아들이 호환을 당하자 당장 떠나자고 졸랐다. 그러나 두 아들을 잃은 왕자의 비통한 마음은 더욱 굳어져 갔다. 그날 밤

"이래도 내 말을 듣지 않겠느냐? 내일은 새벽에 떠나거라. 고집을 굽히지 않으면 네 마지막 핏줄마저 잡아가리라."

왕자는 슬픔에 잠겨 좀 늦은 아침을 먹고 고민하고 있는데 호랑이가 남은 아들마저 잡아가고 말았다. 부인은 혼비백산하여 넋을 잃고 말았다. 왕자는 남은 아들마저 잃고 나니 마지막이라는 오기에 될 대로 되라는 체념만 남아 마당에서 하늘만 바라보고 앉아

꿈쩍도 하지 않았다.

"이 모진 놈아! 네 자식을 모두 호식당하고도 이 자리를 비키지 않는다니 이번에는 후손이 끊기도록 네 처를 잡아가고 말리라."

과연 날이 밝기가 바쁘게 호랑이가 나타나 큰 소리로 울부짖더니 넋을 잃고 누워있는 부인을 덥석 물고 달아나 버리는 게 아닌가.

"네 이놈! 이러고도 이 터를 지킬 테냐?"

"그렇소. 인생을 뜻 없이 살아 무엇하겠소. 내가 이곳을 복지라고 믿은 이상 죽을 때 죽더라도 이 터를 지킬 것이요. 이 터가 내 것이 될 수 없다면 어서 나마저 잡아가시오. 죽어도 여한이 없소."

하고 눌러앉았다. 그 후에 왕자는 우연히 지나가는 여인을 만나 가정을 이루었다. 흥광왕자는 경주김씨 26세손으로 광산김씨의 시조다. 그 후 이 명당의 발복으로 고려조에 정2품인 평장사 7명을 배출해 이곳 지명을 평장동(平章洞)이라고 불렀으며 조선조에는 거유(巨儒) 사계 김장생을 필두로 정승 5명 대제학 7명을 비롯하여 수많은 대과 급제자를 배출했으며 충장공 김덕령 장군이 광산김씨이다.

12. 도깨비 다리

담양군 용면 정각산과 철마산 기슭의 부엉바위산 사이로 흐르는 용천은 물의 흐름이 빠르지만 큰 바위들로 돌다리를 놓아 장마철에 큰비가 와도 떠내려가지 않고 견뎌내어 비만 그치면 건널 수 있었다. 지금은 담양호의 건설로 제방(둑)이 된 자리이다. 이 다리는 옛날에 도깨비가 놓았다고 하여 도깨비 다리라고 불렀으며 전설의 내용은 다음과 같다.

이 다리는 옛날에는 비호치를 넘어 한양 가는 큰길이기도 하였으며 담양지방 서당의 학동들이나 선비, 한량들의 소풍 장소이기도 하였다. 그런데 이 다리를 놓기 전에는 시내를 건너기 위해서는 누구나 신발을 벗어야 하는 큰 불편이 있었을 뿐만 아니라 삐끗 잘못하면 시내에 빠져 목숨을 잃기 일쑤였다. 인근 마을 사람들은
"사람이 마음 놓고 다닐 수 있는 다리를 놓을 방법이 없을까?"
하고 궁리하였지만, 워낙 수량이 많고 급류인지라 별다른 방법이 없었다. 온 마을 사람들이 힘을 모아 징검다리를 놓아봐야 큰

비가 오면 떠내려가 버리기가 한두 번이 아니었다. 그런데 하루는 와산 마을에서 가장 연세가 많은 김노인의 꿈에 도깨비가 나타나

"너희들의 정성을 네가 모른 척할 수가 없구나. 네가 너희들을 위하여 돌다리를 놓아 줄 터이니 그리 알라."

하고 사라졌다. 노인은 이튿날 마을 사람들을 모아놓고 꿈 이야기를 하였다. 마을 사람들은 이는 필시 정각산 산신령이 우리를 도우려고 하니 신령께 제사를 지내자고 하여 집집마다 제물을 장만하여 정각산 산신령께 고하였다.

"힘없고 나약한 마을 사람들을 위하여 정각산 산신령님께서 영험을 보이신다니 제발 큰비에도 떠내려가지 않는 튼튼한 다리를 놓아 주시옵소서."

하고 정성을 다하여 제사를 지내고 온 마을 사람들이 농악을 울리며 흥겹게 하루를 보냈다. 그날 밤 일진광풍이 휘몰아치고 어찌나 큰 비가 쏟아져 내리던지 사람들은 문밖을 나가보지도 못하고 뜬눈으로 밤을 지새웠다.

다음 날 아침에 일어나니 언제 그랬냐는 듯이 하늘은 맑게 개고 햇볕이 밝았다. 마을 사람들이 모두 시내에 가보니 어젯밤의 비로 강물이 불어나 우레와 같은 소리를 내며 흐르는 데 신기하게도 집채덩이 만큼 거대한 돌들이 냇물 속에 가지런히 일렬로 징검다리가 놓여 있는 게 아닌가? 이는 필시 우리들의 정성을 받아주신

신령님께서 도깨비를 시켜서 이 돌다리를 놓아주었다고 하며 이후부터 이 징검다리를 도깨비 다리라고 불렀다고 한다.

그런데 뒷날 이상하게도 일명 도깨비 다리였던 장소를 막아 제방을 축조하여 담양호가 이루어진 것도 기현상이라 아니할 수 없을 것이다.

13. 피리 구멍 용연

 담양군 용면에 소재하고 있는 추월산 동쪽에 두 개의 돌 연못이 있다. 이곳 주변은 기암으로 둘러싸여 경치가 매우 아름답다. 이 연못이 생기게 된 내력은 돌 속에서 물줄기가 공중으로 내뿜어서 그 떨어지는 물의 힘으로 바위가 패여 연못이 되었다는 것이다. 그리고 큰 바위 밑에는 용이 살았다는 굴이 있으며 반석 위에는 용의 발자국이 남아있는데 다음과 같은 전설이 전해오고 있다.

 아득한 옛날인 마한 때의 일이었다. 어느 날 헐레벌떡 대궐로 달려온 한 신하가 왕에게 아뢰었다.
 "어라하! 바다에 큰 이변이 일어났사옵니다. 지금 남해에서 산 하나가 불쑥 솟아올라 육지로 다가오고 있다고 합니다."
 하고 아뢰는 것이었다. 거대한 산이 육지로 다가오다니 만약 육지에 부딪히면 청천벽력이 일어나 땅이 흔들리고 집들이 무너져 큰 아수라장이 될 수밖에 없을 것이다. 이 말에 조정은 놀라서 모두 물 끓듯이 법석이었다. 왕은 승지를 불러 명령하였다.
 "바다의 산이 육지로 다가오고 있다니 그것이 도대체 무슨 징조냐? 어서 일관을 불러 점을 쳐보도록 하여라."

분부를 받은 일관이 하늘에 기도드리고 점을 쳐보더니 점괘를 아뢰었다.

"어라하! 염려 놓으시옵소서 이것은 길조이옵나이다."

"이 일이 무슨 길조인고?"

"지금 이 나라를 지켜줄 영묘한 보물을 보내고자 신선이 사는 봉래산이 움직여 오고 있는 것입니다. 무슨 보물인지는 알 수 없사오나 나라에 길한 일이오니 어라하께서 곧 해변으로 행차하시어 보물을 받아들이시옵소서."

왕은 일관의 말을 듣고 곧 보성 앞바다로 행차하여 점점 가까워지는 해중의 봉래산을 바라보면서 감격했다. 왕은 초조한 마음을 참지 못해 신하에게 배를 띄워서 그 산의 동정을 살펴 오라고 명했다. 하룻밤 하룻낮 동안 산을 자세히 살펴보고 돌아온 신하가 아뢰었다.

"산봉우리 모양이 거북의 머리 같고 산 전체가 거대한 동물처럼 움직이며 헤엄치듯이 육지로 다가오고 있사옵니다. 산봉우리에는 대나무 하나가 서 있는데 낮에는 둘로 갈라졌다가 밤이 되면 하나로 합쳐지곤 합니다."

그날 밤, 바다 쪽에서 영묘한 피리 소리가 들려왔다. 왕은 봉래산의 신선이 밤을 즐기는 풍류려니 생각하고 궁금증으로 조바심이 나서

"어디, 내가 직접 가서 보겠노라."

하고 왕은 느릿느릿 다가오는 그 산을 향해서 배로 행차하려고 했다. 그러나 갑자기 뇌성벽력과 무서운 폭풍우가 몰아와서 왕은 오가도 못하고 보성 갯마을에서 이레 동안이나 묵으면서 날이 개기를 기다렸다. 여드레 되는 날에야 하늘이 청명하게 개고 바다도 거울처럼 푸르게 빛났다. 그동안에 산은 거의 해안에서 헤엄쳐 건너갈 수 있을 정도로 바라보였다. 왕은 배를 타고 가까운 거리에 와 있는 산으로 갔다. 왕이 산에 오르자 기다리고 있던 용이 흑진주로 장식된 옥대를 공손히 바쳤다. 왕은 속으로 '이것이 일관이 말하는 호국 보물이로군.' 생각하고 기뻤다. 그리고 용의 안내로 봉우리 위로 올라가서 한그루의 대나무 그늘에 앉았다.

"이 대나무가 낮에는 떨어졌다가 밤에는 합쳤다 한다니 무슨 까닭이오?"

하고 물으니 용은 미소 지으며

"그것이 음양의 이치올시다. 그것은 인간의 남녀가 낮에는 맡은 일을 부지런히 하고 밤이면 한 이불 속에서 한 몸처럼 합해서 단꿈을 꾸는 것과 같습니다."

왕은 저절로 웃음이 터져 나왔다. 그리고 용의 설명은 계속되었다.

"헤어졌다 합쳤다 하는 것은 양손 손바닥을 쳐야만 소리가 나는 것과 마찬가지로 이 대는 둘로 갈렸다가 합칠 때에 소리가 납니다. 무엇이든 합하면 소리가 나듯 폐하께서 백성들과 화합하여 즐거운 노래로 천하를 다스릴 상서로운 조짐입니다. 그러니 이 대를 잘라서 피리를 만들어 친히 부시면 전란과 질병과 모든 불행이 사라지고 평화로운 낙원을 이루실 것입니다."

왕은 용에게 비단과 금은보화를 사례로 주고 신하에게 대를 베어오게 했다. 거북섬 머리 위의 대를 베어내니 섬과 용은 순식간에 사라져 버렸다. 왕이 환궁하는 길에 담양 땅 추월산에서 수레를 멈추고 점심 수라를 뜨고 있을 때 대궐에서 기쁜 소식을 기다리던 태자가 신하를 거느리고 마중 나왔다. 한 신하가 그 신기한 피리를 보더니

"이 피리의 구멍은 모두 진룡 이오며 참으로 진귀한 보물입니다."

하고 감탄했다.

"그것을 경이 어떻게 아시오?"

왕이 물었다.

"시험 삼아 한 구멍을 오려서 던져보십시오."

태자도 궁금한 듯이 아뢰었다.

"그래 볼까. 이 피리가 어떤 영험이 있는지?"

하고 피리의 첫째 구멍을 칼로 오려서 던졌다. 그러자 피리 구멍은 갑자기 용으로 변해 하늘로 올라가고 부스러기가 떨어진 곳에서는 맑은 물이 솟아 두 개의 연못이 되더니 금방 아름다운 연

꽃이 피어났다. 이 연못을 [용연]이라 불렀다. 왕은 환궁해서 보물 피리를 잘 간직해 두었다가 나라에 변고가 생기면 피리를 불었다. 평화롭고 아름다운 피리 소리가 울리면 전란이 평정되고, 인명을 앗아가는 악질 유행병도 즉시 사라지고, 날이 가물어서 농작물이 타죽게 되었을 때는 단비가 내리고, 홍수가 그치고 폭풍이 멎었다고 한다.

14. 소도둑 바위의 전설

담양군 용면 도림마을 앞에는 큰 바위가 하나 있는데 이 바위를 소도둑 바위라고 한다. 지금은 담양호의 건설로 호수를 건너 금성산성의 부엉바위산 기슭으로 통하는 길로 들어갈 수 있다. 이 도림마을 앞에 서 있는 바위를 소도둑 바위라고 일컫는 까닭은 다음과 같은 이야기로 인해서이다.

도림리의 동쪽은 산성산과 강천산이 이어져 험하기로 이름난 첩첩산중이어서 산적들이 숨어 사는 도둑 소굴이기도 하였다. 도림마을에는 신씨라는 한 부자가 살고 있었는데 신씨는 논밭 갈이를 잘하는 아주 큰 황소를 기르고 있었다. 이 황소는 일 잘하기로 근동에 소문이 났다. 기계가 없었던 옛날에는 일 잘하는 황소 한 마리가 웬만한 한 집 살림과 맞먹었었다. 즉 황소 한 마리만 있으면 네댓 식구가 먹고 살 만큼 황소는 살림 밑천이었었다. 이 소문을 들은 강천산 산적의 부두령이 두령에게 의견을 말했다.

"두령님! 장꾼들의 보따리를 빼앗는 것보다는 도림마을 신가네 황소를 빼앗아오는 것이 어떻습니까? 황소는 우리 얼굴을 봐야 알아볼 수도 없을 테고 장꾼들 수십 명 보따리 뺏는 것보다 수입도 훨씬 클 테니 어떻습니까?"

"옳지. 부두령이 모처럼 좋은 의견을 내놓는군. 그렇지 않아도 신가네 소가 욕심이 나서 언제 마땅한 날을 잡아 가져오려고 생각하고 있었네. 마침 오늘이 그믐이니 오늘 밤에 끌고 오지."

하고 즉시 명령하였다. 초저녁에 출발한 소도둑들은 금성산의 험한 철마산 아래 숲속에 숨어있다가 삼경이 되자 신씨네 집 외양간에서 소를 끌고 나오는데 소가 '음메에!' 하고 슬피 울어대는 바람에 안방에서 알아차리고 '에헴!' 하고 큰기침을 하였다. 도둑의 부두령은 마루로 다가가

"쉿! 조용히 해라. 만약 큰소리치면 온 식구들을 요절을 내 버릴 테니까."

하고 겁을 주니 신씨는 아무 소리도 못 하고 쥐죽은 듯이 있을 수밖에 없었다. 그런데 도둑이 소를 끌고 마을 동구 밖 바위에 이르자 소가 걸음을 멈추고 서버리지 않는가. 아무리 고삐 줄로 등을 때리고 회초리로 엉덩이를 두들겨 패며 고삐를 끌어당겨도 꿈쩍도 하지 않는다. 도둑이 아무리 힘이 세어도 황소의 힘을 이길 수 없다. 밤새도록 끌고, 당기고 씨름을 하다가 날이 훤히 트여오자 그만 고삐를 놓고 달아나 버렸다. 신씨가 아침에 외양간에 가서 소를 도둑들에게 빼앗긴 것을 한탄하며 한숨을 쉬고 있는데 동구 앞쪽 마을 끝 집에 사는 천동이가 헐레벌떡 달려온다.

"어르신! 어르신 댁 소가 동구밖에 바위 옆에 서 있길래 끌고 오려고 아무리 고삐를 끌어당겨도 꿈쩍도 안 합니다. 어서 가보시지요."

신씨가 바삐 달려가 보니 과연 자기네 황소가 바위 곁에 서 있어 반가워 목을 쓰다듬으니 '음메에~' 긴소리로 울며 고개를 끄덕인다. 신씨가 고삐를 잡고 집으로 오자 소가 신씨를 따라왔다. 마을 사람들은 그때부터 소가 도둑을 따라가지 않고 버틴 곳에 서 있는 바위를 소도둑 바위라 불렀다.

그리고 도림마을에서는 이 바위를 신령스러운 바위로 여겨서 매년 정월 대보름날에 마을의 재앙을 없애고 발전을 기원하는 당산제를 올리는데 제를 지낼 때마다 우둔한 것처럼 보이지만 도둑을 따라가지 않고 주인을 알아보고 마을의 전답 갈이를 하는 소에게 "우례밥(牛禮밥)"을 묻어주는 풍습이 있다. 우례밥을 묻어주면 소가 마을의 재앙을 막아준다고 믿기 때문이라고 한다. 그런데 이 〈우례밥〉을 전라도 사투리로 〈무레밥〉이라고도 한다.

15. 두지동과 아침 쥐

용면 두장리 두지동은 아마회두산(兒馬回頭山-어린 말이 머리를 돌리고 있는 모습의 산)이라고 부르는 산이 마을 뒤를 감싸고 있고 앞들이 광활한 데다가 들 가운데로 흐르는 용천이 마르지 않아 웬만한 가뭄에도 물 걱정 없이 농사짓는 살기 좋은 조건을 갖춘 마을이다. 아마회두산(兒馬回頭山) 정상은 들에서 거둬들인 곡식을 쌓아놓은 모습을 닮았다 하여 노적봉(露積峰)이라고도 부르며 마을 앞에서 보면 마을을 감싸고 도는 산의 모습이 반달 모양 같아서 반월산이라고도 부른다.

이 마을은 뒷산이 우아하게 감싸고 돌아 마치 곡식을 담아두는 뒤주처럼 집들이 옹기종기 모여 마을을 이루고 있어 두지(쌀을 담아놓은 뒤주를 전라도 사투리로 두지 라고도 함)동이라 부른다. 또 마을 앞에 있는 안 연화실과 바깥 연화실이 산과 조화를 이루어 흡사 연꽃이 만개한 것처럼 아름답게 자리하고 있을 뿐만 아니라 속칭 새 바다(용천을 말함)라는 곳이 있어 수자원이 풍부하여 사람 살기 좋은 곳으로 이름이 나 있는 마을이다.

원래 곡식을 쌓아놓은 곳에는 쥐들이 모여들기 마련인데 공교롭게도 이 마을 동서 간의 모양이 조서하전(朝鼠下田) 즉 「아침 쥐가 노적을 향하여 들로 나오는 형국」처럼 보이는 산이 있고, 마을을 이루어 놓고 보니 마을의 모양이 마치 벼를 담아놓은 뒤주와 같아 두지동이라 명명한 것으로 전해오고 있는데 과연 두지동에는 쥐들이 많았다고 한다. 그래서 쥐들이 곳간에 쥐구멍을 내고 곡식을 축내는지라 하루는 마을 사람들이 모두 모여 의논을 했다. 마을의 한 젊은이가 일어나

"우리의 귀중한 식량을 축내는 쥐를 모두 잡아 없애버립시다."

그러자 또 한 젊은이가 벌떡 일어서서

"그럽시다. 이참에 아주 우리마을의 쥐들을 몰살시켜버립시다."

하고 흥분하여 씩씩거리며 주장하였다. 그때 마을의 촌장격인 노인이 천천히 일어나 점잖게 말했다.

"사람이나 동물이나 생명은 같은 것인디 쥐가 먹는다고 우리가 굶지는 않을 테니 쥐도 먹고 살게 내버려 두어라. 우리 마을은 조서하전(朝鼠下田)의 형국이니 쥐를 잡아 없앤다고 없어지는 것도 아니요, 설령 쥐를 모두 없앨 수 있다 하여 쥐를 없애 버리면 오히려 큰 재앙이 닥쳐올 것이라고 예로부터 쥐 잡는 것을 삼갔느니라. 다만 자기 광의 곡식 단속들이나 잘하고 살면 되느니라."

이 말을 들은 마을 사람들은 모두 옳은 말씀이려니 생각하고 쥐 잡기 의논을 멈추었다고 한다. 사실 두지동 사람들은 모두 살림이 넉넉해서 의식주 걱정은 없는 사람들이라 마음 씀씀이가 여유롭고 생명을 존중하며 어른의 말씀에도 순종하였던 것으로 사료된다.

16. 기녀(妓女) 명월(明月)

　용면 두장리는 두지동과 장찬 마을의 이름 첫 자를 따서 두장리라고 하였다. 이 두장리는 옛날에 담양군이 추성군이었을 적에 추성군 용면 소재지 이였던 추성리의 바로 앞 들녘에 있는 마을로 장찬 마을은 큰 장이 섰던 장터 마을이다. 장터는 사람들이 많이 모일 수밖에 없는 곳으로 근처 고을에서 나는 산물의 집산지이기도 한 곳이다. 그래서 이 장찬 마을에는 주막이 많고 기방이 흥성거릴 수밖에 없었다. 그중에서도 미색이 출중한 명월이란 기생이 있는 명월관에 명월이의 미색을 탐내는 부호 장자들이 많아 인근 고을의 부호들은 명월관을 제집 드나들 듯 문전성시를 이루어 근방의 돈은 모두 명월관으로 쏟아붓는다고 소문이 날 정도였다.

　그중에서도 근방에서 가장 큰 부자인 국첨지가 하루는 명월이를 품고
　"명월아. 내가 너를 부잣집 마님보다도 더 호강시켜줄 테니 내 아내가 되어주지 않을 테냐?"
　하고 아내가 되어달라고 말했다. 명월이는

"말씀은 고마우나 그리 할 수는 없나이다."

하고 거절한다.

"아니, 이놈 저놈 품에 안겨서 싫은 내색도 못 하고 사는 기생 팔자를 고쳐주려 했더니 너는 싫은 놈의 품에 안겨서 마음에 없는 아양을 떨어대는 것이 그리도 좋단 말이냐?"

"나으리, 기생은 기생 팔자대로 사는 법입니다. 기생 명월이가 없다면 남정네들이 명월관에 오지 않겠지요. 저는 기생입니다. 기생은 기생답게 오는 손님을 반갑게 서방님 모시듯 모시는 것이 저의 할 일입니다. 저를 찾아오시는 손님이 싫다니요? 천벌 받을 말씀입니다."

이 소문이 남정네들 사이에 퍼지자 명월관의 명월이를 추석날 밤에 보름달 쳐다보듯 그리워하였다. 그리고 명월이는 가난한 손님이 찾아오면 더 따뜻하고 다정스럽게 모셨다고 한다. 세월은 흘러 그 곱던 명월이 얼굴에도 주름살이 생기고 명월이를 찾는 손님도 없어 죽을 날을 기다리고 있었다. 임종 날이 되자 명월이는 장찬 마을의 촌장을 모셔오라고 하여 촌장께 유언하였다.

"제가 모은 이 재산은 인근 부자들의 쌈짓돈을 제가 잠시 맡아 두었다고 여기고 있었어요. 그동안 모은 전 재산을 우리 마을에 내놓을 테니 반은 마을의 공동재산으로 하고 반은 가장 가난한 집부터 차례대로 나누어 주시지요."

하고 숨을 거두었다. 촌장은 명월이의 장사를 후히 지내주고 명월이가 유언한 대로 집행하였다. 그리고 명월이의 장한 행적에 온 마을 사람들이 고마움을 생각하며 매년 7월 12일(음력)에 명월(明月)이의 제사를 지내오고 있다. 이날이 바로 기녀(妓女) 명월이가 숨을 거둔 날이라고 한다.

17. 지명에 얽힌 설화

담양군 용면 용연리는 담양호의 북쪽에 위치한 마을들로 용면 와우리의 정각산으로부터 시작하여 추월산 기슭을 통과하여 용연 삼거리에서 순창 쪽으로 4km를 가면 용추 계곡으로 갈라지는 삼거리 길까지 무려 8km의 긴 지역이다. 이 긴 지역의 골짜기에 분통, 용평, 용동 3개 마을이 삶의 보금자리를 이루고 있는데 분통리라고 한다. 그만큼 이 지역이 첩첩 산으로 이루어져 있기 때문이다.

분통마을 입구 오른쪽의 바위 위에 우뚝 세워진 정자가 동화정이다. 동화정 자리의 바위는 여자들이 사용하는 분을 담은 갑 모양인 분곽형이라 하여 분곽 바위라 칭한다. 마을 안으로 들어가면 2개의 골짜기를 볼 수 있는데 오른쪽 골짜기가 통소골, 왼쪽이 분주실(粉株室)이며 양 골짜기 사이의 쭉 뻗어 나온 작은 봉우리를 옥녀봉이라 칭한다. 통소골은 작은 나무통과 같이 협소한 계곡을 의미하며 분주실은 붉은 가루를 담은 계곡을 의미한다.

그리고 큰 도로(지방도 892호선)를 따라 순창방면으로 조금 가면 가마골 입구가 나온다. 가마골 진입로를 따라 왼쪽을 보면 주름 무늬의 바위가 있는데 이 바위를 치마바위라 칭하며, 입구에서 약 2km 정도 가면 민가가 나온다. 민가를 정면으로 바라보면 족두리 모양의 산봉우리 즉 족두리봉이 우아하게 솟아 있다. 가마골은 길게 늘어진 계곡의 모양이 가마 같다 하여 가마골이라 칭하며 또 일설에는 옛날에 이 골짜기에서 질그릇을 구웠다 하여 가마골이라 하였다고도 한다. 지금도 깨진 옹기 조각을 많이 볼 수 있다.

이 지명들에는 지금까지 전해 내려오는 전설이 있다. 즉 용동마을 앞 소년 바위는 어느 전란 때 씩씩하고 날랜 소년 장군이 이곳에서 전사하고 바위가 되어 붙여진 이름이라고 하는데 이 소년 바위의 늠름한 미 소년에게 시집가고 싶은 선녀가 옥녀봉의 옥녀단좌에서 화장을 하고 비녀실의 비녀를 꼽고 치마바위의 치마를 입고 족두리봉의 족두리를 쓰고 가마골의 가마를 타고 소년 촌 앞의 소년 바위인 소년한테 시집가서 어린애를 많이 낳아 이 아이들이 소년 촌에서 논다는 이야기이다. 옛 선인들의 지명에 얽힌 이야기가 그대로 재현되어 지금은 소년 바위가 있는 소년 촌에 용면북 초등학교가 들어앉아 어린이들이 공부하며 뛰노는 곳이 되었다. 그러나 산골짜기 마을인지라 지금은 폐교되어 몇 명 되지 않는 어린이들이 미니버스로 용면초등학교에 다니고 있다.

이 외에도 용면 기암괴석이 많아 지형에 따른 설화가 많은데 그 중에서도 월계리 복리암은 살쾡이가 엎드려 있는 바위 모습이라 하여 복리암이라 하였고 구복은 마을 옆 산의 노루봉을 향하여 포수와 사냥개가 엎드려 겨냥하고 있는 형국이라 하여 붙여진 이름이라고 전한다.

18. 정(井)자와 통천(通泉)

용면 소재지인 추성리의 서쪽에는 나라가 어지러운 난국에는 다섯 명의 장군이 나와서 나라를 구한다고 전해오는 봉우리가 다섯 개인 오장산이 우뚝 서 있고 오장산 남쪽 기슭에는 남쪽 지방에서 천치재나 밀재를 넘어 순창과 정읍으로 갈 때 날이 저물면 하룻밤 이 마을에서 숙박하고 가기 때문에 이름을 얻은 박곡이라는 마을과 매화나무의 전설이 담긴 매월, 그리고 통천이라는 마을이 있는데 통천 마을에는 다음과 같은 전설이 전해 내려오고 있다.

원래 통천 마을 남쪽 안터골에 관살이라는 마을이 있었다. 그런데 이 마을에는 까닭을 알 수 없는 불이 나서 매년 한 집씩 사라지곤 하였다. 불이 난 순서로 보아 내년이면 이씨부인네 집의 차례가 되었다. 이에 지혜롭고 과단성이 있는 이씨부인은

"주인 양반! 우리 새집을 지어 이사합시다. 불이 나서 타버리는 집을 새로 지으려면 그만큼 돈이 들 테니 아예 저 위 뜸 언덕에 새 집터를 닦아 집을 지어 새살림을 차리는 것이 좋겠어요."

하고 남편에게 권했다. 남편이 곰곰이 생각해 보니 그게 좋은 생각인지라 이른 봄에 집을 헐어 목재를 보충하여 더 넓고 큰 집을 지어 이사 하였다. 이를 본 마을 사람들이 너도나도 서둘러 이씨부인네 옆으로 계속해서 집을 짓고 이사를 하니 관살이란 마을은 빈터만 남아 전답으로 변하고 위 뜸에 새마을이 이루어졌다. 그런데 식수가 문제였다. 위 뜸에서 안터골까지 먼 길을 물을 길어야 하는데 추운 겨울철이면 아래의 안터골에서 언덕 위에 있는 새 마을로 찬 샘물을 저 날라야 하니 미끄럽고 추워 물을 굶다시피 해야 할 처지였다. 어느 추운 겨울날 지나가던 노승이 이 모습을 보고

"허어! 큰 샘이 두 군데나 있는데 헛고생을 하는군."

하며 혀를 찼다. 이 말을 들은 이씨부인이 달려와

"스님! 저희는 몰라서 그러니 어디를 파야 물이 나는지 가르쳐 주시옵소서."

하고 간절히 비니 지팡이로 두 곳을 찍어주며

"이곳에 다섯 자를 파시오. 그리고 나무토막으로 샘 정(井)자로 쌓아 올리면 물이 나올 것이오."

하고 일러주었다. 다음날 마을 사람들이 모여 노승이 시키는 대로 하니 두 샘에서 맑은 물이 철철 넘쳐 흘렀다. 이 샘물을 마셔보니 시원하고 달콤하여 물맛이 고로쇠 물만큼이나 좋아 마을 사람들이 음식을 장만하여 샘 굿을 치고 춤을 추었다. 그 후부터 마을

이름을 통새암 또는 통샘이라 불렀다. 샘물이 좋은 마을이란 소문이 근동에 퍼져 마을 호수가 늘어나 옆 마을인 매월과 박곡을 합해 통천리(通泉里)가 되었다. 이 통새암 물은 물맛 좋기로 소문이 나서 지금도 담양읍이나 멀리 광주광역시 주민들이 차에 물통을 싣고 와 물을 퍼서 식수로 이용하기 때문에 물을 길어가는 사람들이 줄을 서고 있다고 한다.

19. 왜적을 물리친 노적봉

금성산성은 담양읍에 읍성(邑城)이 없기에 전란 시에 오랜 기간 농성하면서 인근의 구원군이 도착할 시간적 여유를 가지려고 평지보다 유리한 산상(山上)에 축조한 것이다. 따라서 금성산성은 읍성적 산성(邑城的 山城)으로 관리 운영 되어 왔으며 우리나라 대표적인 산성이다.

성의 형태는 지형적인 여건으로 보아 산성(山城)으로 분류되며, 지리적으로 내륙성(內陸城)이고, 중복도(重複度)로 구분하며 복곽식(複郭式) 석성(石城)이다. 옛 문헌을 종합해 보면 외성(外城), 내성(內城), 성문(城門), 옹성(甕城), 망대(望臺) 등을 갖추고 성내에는 사찰(寺刹), 민가(民家), 33곳의 우물과 관아시설 및 군사시설 등 각종 시설물이 들어서 있어 산성으로 그 위용은 대단하였을 것으로 추측된다.

금성산성의 전체 길이는 7,345m이며, 외성(外城)이 6,486m, 내성(內城)이 859m이다. 연면적은 1,197,478m(362,237평), 내성(內城)의 면적은 54,474m(16,478평)이다. 금성산성 내남문에서 좌측에 성곽을 따라 올라가면 철마봉에 이르기 전에 왼쪽의 계곡을 내려다보면 산 중턱에 길쭉한 고구마를 세워놓은 것 같은 큰 바위가 있다. 이 바위를 노적봉이라고 부른다.

 1597년 임진왜란의 막바지인 정유재란 때 왜군들이 담양을 점령하였다. 이어서 담양 고을 백성들이 피해 들어간 금성산성을 빼앗기 위해 공격을 개시했다. 그러나 금성산성은 절벽인 철마봉 등 오르기 험한 산세를 이용하여 성을 쌓았기 때문에 작은 군사로도 몇 배가 넘는 적들을 방어할 수 있는 요새 인지라 아무리 공격을 해도 무너지지 않고 왜군은 큰 손실만 입었다. 그리고 산성을 수비하는 군사들과 의병들의 저항이 치열하여 왜군은 그때마다 공격의 실패가 거듭되자 그들은 공격 전술을 바꾸어 장기간 포위 작전으로 외부와의 접촉을 차단하면 산속에서 식량이 바닥나면 별도리 없이 항복할 것으로 생각했다. 금성산성은 왜군에 의해 물샐 틈 없는 삼엄한 경계가 계속되었다. 그런데 왜적들이 며칠간 공격하지 않고 경계만 하자 성루에서 적군의 동향을 살피던 별장이 가만히 생각해 보니 이는 장기전으로 성을 포위만 하여 식량이 떨어지기를 기다리는 작전이라고 판단했다. 별장은 즉시 병졸들을 모아놓고 의견을 물었다.
 "적이 장기전으로 들어가 성안의 식량이 떨어지기만을 기다리고 있으니 어찌하면 좋겠는가?"
 이 말을 들은 군졸 한 명이 대답했다.

"철마산 중턱에 우뚝 서 있는 바위가 있습니다. 이 바위를 수백 장의 빈 가마니로 아래부터 위까지 돌려가며 쌓아놓으면 노적봉처럼 보일 것입니다."

하고 말했다. 이 의견을 좋은 계책이라고 여긴 별장은 밤에 적군 몰래 빈 가마니에 마른 풀을 채워 바위 둘레에 쌓으니 과연 누가 보아도 틀림없이 수백 섬에 달하는 곡식을 산 중턱에 야적한 것으로 보였다. 다음날의 왜적의 지휘본부에 전령이 달려왔다.

"장군 산성에는 지금 엄청난 식량이 비축되어 있습니다. 산성 서문에서 북쪽의 가파른 철마산 중턱에 수백만 섬에 달하는 노적이 있습니다. 성밖에 이처럼 엄청난 곡식이 쌓여있는 것으로 보아 성안에는 더 많은 식량이 비축되어 있을 것입니다."

하고 보고하는 게 아닌가. 이 철마산은 깎아지른 절벽이기 때문에 외적들은 이곳으로는 공격할 수 없어 담양 쪽 골짜기로만 공격했기 때문에 그동안 바위 절벽 중턱에 있는 이 바위를 보지 못 했던 것이다. 그러나 장기전으로 돌입하자 철마산 기슭을 자세히 살피다가 이 노적봉을 본 것이다. 이 보고를 들은 왜군 대장은 멀리서 그 노적을 확인하고 과연 성안에는 많은 곡식이 비축되어 있음을 사실로 받아들여 더 공격해 봐야 아무런 소득이 없을 것으로 판단하고 철수했다고 한다. 이 사실은 그 후 왜병 포로의 입을 통해 드러났다. 그때부터 이 바위를 노적봉이라 불러왔다고 한다.

20. 석구(石狗)와 석계(石鷄)

옛날에 담양 고을의 세곡 창고를 노리는 도적 떼가 많아 부임하는 사또마다 도둑으로부터 세곡을 지키기 위해 골치를 앓았다고 한다. 새로 부임한 신임사또가 전임 사또에게 이 말을 전해 듣고 육방 관속들을 불러 물었다.

"우리 고을 세곡을 빈번하게 도둑맞는다고 하니 이게 어찌 된 일인가? 그 연유를 아뢰어라."

이에 이방은 사실대로 아뢰었다.

"우리 담양 고을 북쪽에는 노령산맥의 불대산(병풍산) 가지들이 울타리처럼 둘러있어 골짜기마다 산적들이 숨어있다가 세곡 창고를 급습하니 전임 사또들께서도 이를 막지 못해 골머리를 앓았사옵니다."

"그래? 그렇다면 도둑을 막아낼 무슨 방법이 없겠느냐?"

"사또들께서 지키는 군졸을 늘리고 갖은 방법을 다 써 보았으나 도로 아미 타불 이었나이다. 저희 같은 소인이 무슨 뾰족한 수가 있겠나이까?"

사또는 날마다 도둑 막을 궁리를 하였으나 신통한 방법이 떠오르지 않았다. 그러던 어느 날 밤 오경이 넘어 군졸이 동헌으로 득달같이 달려와 아뢰었다.

"사또 나리! 어젯밤에 또 도둑 떼가 몰려와 세곡을 탈취해 갔나이다."

사또는 '드디어 올 것이 왔구나!' 하고 이튿날 창고를 둘러보며 근심을 하고 있는데 이 모습을 본 지나가는 노승이 혀를 끌끌 차며

"허어! 한고을을 다스리려면 고을의 지형을 꿰뚫어 보아야 할 터인데 고을의 산세를 모르고 어찌 평안히 잘 다스릴 수 있을꼬?"

하고 혼자 탄식하고 지나갔다. 이 말을 전해 들은 사또는 부리나케 달려가

"대사님! 어젯밤에도 도적들에게 세곡을 빼앗겼소이다. 제발 도둑을 막아낼 방도를 가르쳐주십시오."

하고 말하니

"사또께서 이리 간곡히 말하니 내 방법을 일러주리다. 저기 저 불대산(佛臺山; 병풍산)은 병풍처럼 생겼다 하여 병풍산이라고 부르지만 실제로는 지네형국의 산이외다. 이 지네의 아홉 발 사이마다 산도둑들이 숨어있으며 수북면 대방리 한시동에는 산적의 두목이 들어앉아 호시탐탐 담양의 세곡을 노리고 있으니 고을의 군졸들만으로는 도적들을 막아내기 어려울 수밖에요. 자고로 풍수는 풍수로 막아내는 법이니 쌀 창고 주변에 다섯 마리의 진돗

개를 돌로 만들어 세우고 병풍산의 능선이 마치 지네가 담양부를 노리고 기어들어 오는 형국이니 담양부 서북쪽에 지네를 잡아먹는 천적인 닭 다섯 마리의 석계를 세우면 다시는 도둑이 범하는 일은 없을 것이외다."

하고 일러주었다. 사또가 도승의 말을 듣고 즉시 석구와 석계를 만들어 세워 지키게 하니 그 후로는 산적들의 침범이 사라졌다고 전한다. 이와 같은 사실을 증명해 주는 기록이 있으니 담양읍지인 추성지의 담양부 서부면 고적편에 다음과 같이 실려있다.

附之西五里 有裁松 又 有石狗石鷄 五俗傳辰城
(부지서오리 유재송 우 유석구석계 오속전진성)
地佛臺山形 如 蜈蚣偸偸竊 本府倉 故 置此物以鎭
(지불대산형 여 오공투투절 본부창 고 치차물이진)
之元今只 有數株以無 石狗石鷄
(지원금지 유수주이무 석구석계)

위 내용은 [담양 관아에서 서쪽으로 오리가 되는 지점에 전해오는 민속에 따라 소나무를 다듬고 또 돌로 만든 개와 돌로 만든 닭 다섯 마리를 만들어 세웠다. 이는 불대산의 모양이 지네가 본 담양부 창고를 도적질하려고 노리고 있는 형국인지라 이를 물리치기 위해 그 근본을 없애려고 석구와 석계를 만들어 기둥으로 세운 것이다.]라고 의역할 수 있다.

21. 복수비(復讐碑)의 내력

 담양읍 백동리에 수령이 약 300여 년이 넘는 느티나무 한 그루가 서 있고 나무 밑에는 조그마한 사우가 있는데 사우 안에는 돌에다 새긴 복수비(復讐碑)가 서 있다. 구전에 의하면 복수비 근처에서는 밤에 비만 내리면 사람의 날카로운 곡성이 들려와 간담을 서늘케 하여 백동 마을 사람들은 비가 내리는 밤에는 물론 낮에도 혼자 이곳을 지나가기를 꺼리는 곳이라고 한다. 이 복수비에는 다음과 같은 내력이 전해온다. 담양에 사는 김준민이라는 사람이 어느 날 장을 보러 오는 길에 도적을 만나 재물을 빼앗기고 죽임을 당했다. 칼에 찔려 죽은 아버지를 장사지낸 김성일과 김성구 형제는 하늘에 맹세하며
 "아버지를 죽인 원수와 같은 하늘아래서 숨 쉬며 살 수 없다. 기어이 아버지를 죽인 원수를 찾아 복수하고야 말리라."
 작심하고 아버지의 원수를 찾기 위해 혈안이 되어 이곳저곳을 찾아 헤매었다. 그러다가 드디어 담양 읍내 장날 장터에서 아버지를 죽인 원수를 만났다. 이 강도는 포악하기 이를 데 없는 흉악무도한 도적으로 장꾼들 모두가 두려워하여 그가 나타나면 마주

치지 않으려고 슬금슬금 피해버렸다. 그러나 효심이 두터울 뿐 아니라 남달리 의협심과 용기가 강한 형제는

"이 흉악무도한 도적놈아! 네 어찌 귀중한 사람의 목숨을 파리 목숨보다 가볍게 여기고 돈을 빼앗기 위해 함부로 사람을 죽이더란 말이냐? 너 같은 놈을 살려두었다가는 수많은 선량한 사람들이 또 목숨을 잃고 말리라."

하고 외치며 둘이 한꺼번에 달려들어 도둑을 베고 간을 꺼내어 아버지를 모신 사당에 바쳐 부친의 넋을 위로하고 한을 풀었다. 그리고 바로 관아에 자수하고 처벌을 기다렸다. 두 형제가 비록 아버지의 원수인 강도를 죽였지만, 법에 따라 사람을 죽인 죄인이 될 수밖에 없는 일이었기 때문이다.

때는 바로 조선의 인조 7년(1629년)의 일이었다. 담양부사 이윤후는 이 사실을 소상히 적어 전라감사 송상인에게 보고하였다. 전라감사는 이를 조정에 상세히 보고하였다. 사람의 목숨과 관련된 사건에 대해서는 조정에 소를 올려 상감마마의 판결을 받아야만 하는 중차대한 일이었기 때문이다. 이런 사실을 접한 인조대왕은 두 형제가 비록 인명을 살상하였으나 사람 죽이기를 대수롭지 않게 여기는 인간 백정을 죽여 후환을 없애고 지극한 효심을 발휘한 점을 가상히 여겨 특사하였다.

담양 고을에서는 사건이 발생한 자리에 복수비를 세워 이를 거울삼아 차후에는 이 고을에서 인명을 살상하는 도둑이 나오지 않기를 빌었다고 한다.

22. 애기바위의 전설

노적봉이 노적봉이란 이름을 얻기 전에는 이 바위를 애기바위라고 하였었다. 담양읍에서 국도 24호선을 따라가면 담양온천을 지나 담양호 제방 못 미쳐 제방으로 올라가는 오르막길 중간쯤에서 바라보면 동편 철마산 중턱에 마치 남근처럼 생긴 바위가 우뚝 솟아 있는데 이 바위가 바로 애기바위이다. 이 애기바위에 얽힌 전설은 삼한 시대 이전에 사람들이 이곳에 마을을 이루고 정착하여 살면서부터 용면과 금성면 인근 마을에 구전되어왔다고 한다.

아주 옛날 어느 마을에 6대 독자 외아들과 금부자라는 늙은 부부가 살고 있었다. 만석지기의 이 부잣집에는 남부러워할 것 하나 없었지만, 오직 건강한 며느리를 얻어 후손을 많이 얻고자 하는 것만이 큰 소원이었다. 아들이 혼기가 되자 각처에 매파를 보내 손이 많은 사주를 가진 규수를 찾기에 혈안이 되었다. 씨앗은 좋으니 기름진 밭만 구하면 후손을 얻어 독자로 내려오는 조바심으로 막힌 가슴에 숨통이 트일 것이라는 기대로 가득 찼다.
그러나 손자 보기에 너무도 성급했던 금노인은 아들을 혼례 시킨 지 한 해도 채 못되어서 며느리가 아이를 갖지 못한다고 새 며느리를 들였다. 이렇게 하여 여섯 번째 며느리를 들여도 아기가 들어서지 않으니 근심으로 끝내 마음과 몸이 쇠잔하여 병석에 눕고 말았다. 그런데 이상한 일은 여섯 며느리가 모두 입이 싸서 말이 많아 무슨 일에나 참견하고 입을 가볍게 놀려 말썽을 피우고 싸움질하기 일쑤였다. 그러나 금노인은 싸움질을 하거나 말거나 그저 몸져누워 있으면서도 오직 한가지 소망은 손자를 얻는 것뿐이었다.

그러던 어느 날 병석에 앓아누워있는 금노인이 스르르 선잠이 들었는데 꿈에 철마산 산신령이 나타나

"삼신을 쫓는 여자들만 맞아들이니 후손을 어찌 얻을 수가 있겠는가!"

호통을 치고 사라져 버렸다. 금노인은 산신령이 말하는 참뜻을 깨닫지 못해 그날로 일어나서 목욕 재개하고 새 옷을 지어 입고 산신령의 현몽을 애타게 기다렸다. 세이레째 되는 날 산신령이 다시 나타나서 이르기를

"새 며느리가 입이 걸지 않으면 자식을 얻을 수 있으리라."

하고 사라졌다. 금노인은 그날부터 새 며느리에게 울밖에 나가지 못하도록 하고, 먹고 부르는 말에 대답 이외에 말을 못 하도록 엄격히 입을 봉하여 벙어리로 살게 하였다. 인근 마을에서는 금부잣집 며느리 이야기가 화제가 되어 여자 셋만 모이면 콩이야 팥

이야 야단들이었다. 그리고 여자 입이 방정맞으면 손이 귀하다는 말이 나돌기 시작했다. 하고 싶은 말 한마디 못하고 산지 꼭 일 년이 되자 이 부잣집 며느리에게 태기가 있었다.

근처 마을 아낙네들은 산신령의 영험을 마음에 새기고 모두 여자 말소리가 울밖에 넘지 않아야 한다고 마음속에 새기며 살게 되었다. 금부자 며느리의 배가 남산같이 불러 오르던 어느 날 꿈에 또 산신령이 나타나 이르기를

"나는 철마산 중턱의 산신 제단 바위이니라. 날이 밝거든 나를 찾아오되 나를 만나서 제사를 끝내기 전까지는 절대로 입을 열어서는 안 된다."

하고 일러주고 사라졌다. 이튿날 며느리는 목욕재계하고 산신 제단이 있는 철마산을 찾아 나섰다. 금노인과 남편은 무슨 일이 있더라도 말을 해서는 안 된다는 당부를 수십 번 하였다. 좌우도 보지 않고 앞만 보고 철마산에 이르러 제단을 향해 오르던 며느리가 산등성이에 이르렀을 때였다. 집채만 한 바위가 바로 눈앞에 걸어오고 있지 않은가? 깜짝 놀란 며느리는 자신도 모르게

"워메! 뭔 바우가 걸어 온다냐?"

하는 말이 저절로 튀어나왔다. 말이 끝나자마자 온 산이 흔들리며 걸어오던 바위가 며느리를 깔고 주저앉아버리는 게 아닌가. 그러자 제단처럼 생겼던 바위는 남근 모양으로 우뚝 섰다. 며느리가 말 한마디를 참지 못해 금노인의 후손을 얻고자 하는 꿈은

사라지고 말았다.

 이후부터 근동 사람들은 이 바위를 애기바위라 불러왔으며 이 지역 여자들은 말없이 살아가게 되었고, 그래서 부덕을 갖춘 여인들이 많아 시집에서 대우를 받고 살았다고 한다. 그 후 이상한 일은 아이를 갖지 못한 여자들이 이 바위 앞에 와서 입을 열지 않고 마음속으로 아이 갖기를 정성으로 빌면 소원이 이루어졌다고 하는 전설이 전해 내려오고 있다.

23. 죽엽주와 평양감사

[담양 하면 대나무! 대나무 하면 담양!]을 떠올릴 정도로 담양은 대나무의 상징적인 고을이다. 마을마다 푸른 대밭이 무성하여 한겨울에도 고향 집들을 정겹고 따뜻하게 감싸주었다. 그리고 불과 100여 년 전까지도 대는 각종 생활용품의 재료로 가구나 농기구, 무더운 여름에는 부채나 베개는 물론 죽부인이 어른들의 사랑을 받아 우리의 일상생활에서 빼놓을 수 없는 자원이었다. 그런가 하면 죽순, 대통밥, 죽엽주 등 식용으로서도 한 자리를 차지했었으며 특히 죽엽주는 다음과 같은 유래가 전해온다.

아주 오랜 옛날 어느 부잣집에서 하녀가 지은 밥이 고두밥이 되어 어찌해야 할까 망설이다가 주인에게 꾸지람을 들을까 봐 몰래 뒤 안 대밭에다 버리고는 댓잎으로 덮어버렸다. 그런데 옛날에는 대밭이 황금밭으로 넓은 대밭만 있으면 부자로 살던 때라 주인이 전답을 돌아보듯 가끔 대밭을 순찰하였다. 주인어른이 대밭을 돌아보는데 어디서 아주 달콤한 향내가 코를 찌르는 게 아닌가.
"아니, 대밭에서 웬 향내가 이리 진동하지?"

하고 향내가 나는 곳으로 다가가니 땅 위에 쌓여있는 댓잎 사이로 김이 모락모락 솟아 나와 댓잎을 젖혀보니 하얀 쌀밥이 댓잎에 맺힌 이슬과 섞여 부글부글 끓고 있었다. 이상하게 여긴 주인이 좀 더 자세히 살펴보니 연한 댓잎과 섞여서 삭은 밥은 술이 되어 진한 술 내음과 향내를 내뿜고 있다. 주인은 하인들을 불러

"누가 쌀밥을 대밭에 버렸느냐? 사실대로 고하렷다."

하고 호통을 치니 나이 어린 하녀가

"제가 죽을죄를 지었습니다. 마님께 꾸지람을 들을까 봐 밥이 설어서 몰래 버렸나이다."

하고 엎드려 눈물을 펑펑 쏟으며 우는 것이었다. 주인은

"어린 네가 철모르고 저지른 일이니 이번만은 용서해 주겠다. 다시는 먹는 음식을 함부로 버리면 아니 되느니라."

이르고 며칠 전 하녀가 버린 밥이 댓잎과 섞여 삭아서 저절로 술이 된 것이니 연한 댓잎을 원료로 술을 담가 보는 것이 좋겠다고 생각해 술을 담았다. 사흘 후에 맛을 보니 술맛이 향기가 진하고 별미였다. 그 후부터 댓잎으로 술을 담가 마시기 시작하였고 죽엽주라 일컬었다고 한다.

죽엽주가 아직 세상에 알려지지 않은 어느 해, 평양감사가 나주 목사를 만나고 돌아가는 길에 날이 저물어 담양에서 하룻밤을 묵어가게 되었다. 그때가 마침 오월인지라 담양부사는 죽순으로 만

든 여러 가지 안주를 곁들여 죽엽주의 웃국인 맑은 청주를 대접하였다. 이를 맛본 감사가 부사에게 물었다.

"이 부사, 이 술이 무슨 술인데 이리도 맛이 좋고 향그럽소이까?"

"예, 이 술은 연한 죽순으로 담근 죽엽청주 이옵니다."

"그렇소이까? 원래 신령스러운 새 봉황은 댓잎만 먹고 산다는데 과연 댓잎으로 담근 술맛이 천하일품이로소이다. 허허허!"

하고 크게 기뻐하며 밤새도록 술을 마셨다. 담양부사는 평양감사에게 죽엽청주를 선물로 주었다. 그런데 가지고 올라간 술이 바닥이 나자 죽엽청주로 들인 입맛에 다른 술은 입에 대기조차도 싫은 게 아닌가. 감사는 이방을 불러

"여봐라. 어디서 죽순을 구할 수 없느냐? 속히 구해 오렷다."

하고 호통을 치니

"감사 나으리, 대는 따뜻한 지방에서 자라는지라 충청도 이북 지방인 평안도에서는 볼 수 없나이다. 그리고 설령 대밭이 있다 하여도 시절이 겨울철인지라 죽순이 나오지 않사옵니다."

"그러면 죽순이 아니라도 좋으니 대나무로 담근 술을 가져오너라."

그래서 이방은 하는 수 없이 대바구니를 물에 삶아서 끓인 물로 술을 담가 감사에게 올렸다고 전한다. 이처럼 죽엽주는 서양의

고급 양주에 못지않은 술로 지금도 애주가들의 사랑을 듬뿍 받는 술이다.

24. 무수리 최숙빈의 설화

　용흥사(龍興寺)는 전라남도 담양군 월산면 용흥리 574번지에 있는 절이다. 대한불교조계종 제18교구 본사인 백양사의 말사이다. 백제 때 창건되었다고 하지만, 조선 후기까지의 연역이 전하지 않아 절의 자세한 역사는 알 수 없다. 본래는 용구사(龍龜寺)라 했는데, 조선 숙종(재위:1674~1720) 때 숙빈(淑嬪) 최(崔)씨가 이 절에서 기도한 뒤 영조를 낳자 이후 절 이름을 용흥사로 바꾸었으며, 산 이름도 몽성산(夢聖山)으로 고쳐 불리게 되었다고 한다. 이 용동마을은 왕골이라고도 하는데 그 까닭은 다음과 같은 설화가 전해오기 때문이다.

　담양군 월산면 병풍산(822m)과 용구산(725m) 사이의 골짜기에 백제 때 남방불교를 전래한 마라난타가 창건하였다는 용흥사가 있다. 숙종 초에 용흥사 밑에 있는 용동마을에 괴질이 발생하여 이 마을 사람들이 모두 죽었으나 일곱 살 난 소녀 하나만 살아남아 이 마을 저 마을로 유리걸식을 하며 떠돌아다녔다. 그 무렵 숙종의 두 번째 왕비인 인현왕후의 부친 여양부원군(驪陽府院君)

민유중이 나주 목사로 부임하던 중에 정읍 태인의 한 대로변에서 백성들이 사또의 행차를 귀경하고 있었다. 이때 민중전의 어머니인 은진송씨(恩津宋氏)가 가마 문밖을 내다보다가

"가마를 멈추어라."

하고 명하였다. 송씨 부인은 헐어서 군데군데 속살이 비친 의복이 남루한 계집아이를 보고 가마를 멈추게 한 것이다. 비록 남루한 의복에 오래도록 몸을 씻지 않아 꾀죄죄한 거지 몰골이지만 눈빛이 초롱초롱 빛나는 모습이 영민하게 생겨 아이를 손짓으로 오라 하여 물었다.

"아비 어미가 없느냐?"

아이는 고개를 푹 숙이고 끄덕였다.

"그러면 네 이름이 무엇이며 나이는 몇 살이냐"

그때야 아이는 고개를 들고 또렷또렷 말했다.

"이름은 최복순이옵고 나이는 일곱 살 이옵니다."

"참! 네 처지가 몹시 안되었구나. 나를 따라가면 유리걸식은 하지 않을 테니 따라가겠느냐?"

부인의 이 말씀에 아이는 고개를 끄덕인다. 이 아이를 송씨 부인이 데리고 가서 잔심부름을 시키며 키웠다. 인현왕후가 친정에 갔을 때 어머니 곁에서 시중드는 아이를 보니 곱고 영민한 것이 마음에 들어

"어머니 저 아이를 저에게 주셔요."

이리하여 인현왕후가 대궐로 데리고 가 곁에 두고 심부름을 시켰다.

민중전이 폐비가 되어 대궐에서 쫓겨난 후, 어느 날 밤 불현듯 인현왕후에 대한 그리움이 솟아오른 숙종은 자신도 몰래 발걸음이 인현왕후가 머물던 전각으로 향했다. 아! 그런데 중전이 머물던 방의 창에서 불빛이 새어 나오고 있지 않은가. 숙종이 가까이 다가가니 방안에서 처량하게 흐느끼는 여인의 울음소리가 들려온다. 뜻밖의 상황에 왕은 살그머니 방문을 열고 보니 한 무수리가 작은 상에 초라한 음식을 차려놓고 두 손 모아 빌며 울고 있는 것이었다. 왕이 들어가니 깜짝 놀란 무수리는 왕 앞에 엎드려 죽을죄를 지었으니 용서 달라고 비는 것이었다. 왕은
"도대체 무슨 연유로 이리 하고 있었던 게냐?"
하고 물으니
"상감마마! 저는 중전마마를 모시던 무수리 이온데 오늘이 중전마마의 생신날이옵니다. 그리하여 중전마마를 그리워하며 강녕하시기를 빌고 있었나이다."
하고 여쭈니 숙종은 갸륵하게 여겨 그날 밤 무수리를 수청들게 하였는데 왕자를 잉태하니 이 왕자가 바로 연잉군으로 나중에 영조 대왕이 되었다.

참고로 「영조실록」에 따르면 숙빈 최씨가 태어난 곳은 여경방 서학동(현재의 서울 세종로 일대)이다. 서학동은 말 그대로 서부의 학교 서학이 있는 동네로 여경방에 속한 곳이었다. 영조는 이곳 숙빈의 생가에 숙빈의 아버지 최효원과 외조부 홍계남의 자손이 대대로 살면서 팔지 못하게 했으니 매우 중시했음을 알 수 있다. 물론 숙빈 최씨를 위해 별도의 사당 육상궁(毓祥宮)을 세우고 시호(諡號)를 올리는 등 추숭(追崇) 작업을 마무리한 뒤에 뒤늦게 생가 복원을 꾀한 것은 의심할 여지가 매우 크다. 육상궁이 경복궁의 서북쪽인 북부 순화방에 있었으므로 가까운 거리에 생가를 두고자 한 것일 수도 있기 때문이다. 또 숙빈 최씨의 본관이 해주 최씨라고 하나 해주 최씨의 시조 최온(崔溫)의 몇 대 후손인가는 불분명하다. 숙빈의 직계조상은 할아버지 최태일, 증조부 최말정, 고조부 최억지의 이름이 전하지만, 이들 역시 해주 최씨 족보에 실려있지 않으니 사실 여부는 불분명하다.

이는 무수리 소생인 영조가 출생에 대한 애환이 사무처 근본이 없는 무수리의 근본을 꾸민 것으로 짐작되며 최숙빈의 태생지가 용흥사 아랫마을임이 분명한 것이다. 이러한 사실을 뒷받침하는 점은 숙빈(淑嬪)이 되기 훨씬 전에 무수리 신분인 최(崔)씨가 한양에서 천 리가 넘는 멀고 먼 이 오지의 절까지 와서 기도하였다는 얘기는 도저히 불가능 한 일이다. 자신의 태생지가 아니고서는 상상도 할 수 없는 일로 자신의 고향을 기리는 마음에서 몽성산에 기도한 뒤 연잉군(영조)을 낳은 후 절 이름을 용흥사(龍興寺; 왕이 태어난 절)로 바꾸었다는 얘기로 꾸몄을 가능성이 크다. 골짜기 용동마을을 왕골이라 하고 뒷산을 몽성산(夢聖山; 성인을 태몽 한 산)이라 바꾸어 불렀다는 것 모두가 이를 증명해 주고 있다.

25. 효자리의 전설

　담양읍 남초등학교에서 남산리로 가는 길가에 비석이 하나 세워져 있다. 언제 누가 세웠는지 자세한 기록은 없으나 비석에는 〈효자리 전근〉이라고 새겨져 있고 풍우(風雨)에 씻긴 흔적으로 보아 새운지 매우 오래된 비석으로 보인다. 그런데 이상한 점은 이 부근에 〈효자리〉라는 마을이 존재하지 않는다는 점이다. 다만 비석 주변에 탱자나무 울타리가 둘러쳐진 기와집 한 채가 서 있고 그 주변을 파보면 집터로 추정되는 주춧돌의 흔적과 기와 조각들이 나오는 것으로 보아 이곳에 마을이 있었으며 이 마을 이름이 〈효자리〉라고 미루어 짐작된다. 이 효자리에 대해서 전해오는 이야기는 다음과 같다.

　아주 오랜 옛날 열네 살 한씨 성을 가진 처녀가 전씨가문 꼬마 신랑에게 시집을 왔다. 철모르는 개구쟁이 신랑의 비위를 맞추고 매운 시집살이로 갖은 고초를 겪으면서 견뎌온 보람이 있어 임신하였다. 이제 첫아들만 낳으면 매운 시집살이도 한결 누그러질 것이고 신랑도 다 컸으니 누릴 것은 복만 남았다고 생각하며 불러

오는 배를 쓰다듬으며 기쁜 나날을 보내고 있었는데 이 무슨 운명의 장난이란 말인가? 생때같은 신랑이 급병(急病)이 들어 손을 써볼 틈도 없이 죽고 만 것이다. 한씨부인은 꽃다운 나이에 청상과부가 된 것이다. 그러나 눈앞에 놓인 운명을 어이 할소냐? 참고 견디며 살아갈 수밖에…….

신랑이 죽은 뒤 꼭 석 달 만에 아들을 낳았다. 한씨부인은 신랑이 저세상으로 가면서 귀한 옥동자를 선물로 준 것이라 여기고 정성 들여 키웠다. 아들이 어느덧 자라 열다섯 살이 된 어느 봄날이었다. 이른 새벽 아들 근이가 눈을 떠보니 잠자리에 어머니가 계시지 않았다. '이처럼 이른 새벽에 부엌에 나가 일하시다니 홀로 사시는 어머니가 참 가엽기도 하구나.' 생각하며 부엌문을 열다가 멈칫하고 놀라 살그머니 문을 닫았다. 어머니가 치마를 걷어 올려 부엌 불에 말리고 계셨기 때문이다. '이른 새벽에 물을 길어 오시다가 엎질렀나?' 그러나 치마의 아랫부분만 젖어있는 게 이상하다는 생각이 앞섰다. 다음날도 새벽에 일찍 일어나 부엌문을 여니 어머니가 어제처럼 불을 때며 치마를 말리다가 깜짝 놀라는 게 아닌가?

"어머님, 왜 이리 일찍 일어나셨어요. 좀 더 주무시지 않고."

"아, 아무것도 아니다. 네가 별안간 문을 여는 바람에 잠시 놀랐을 뿐이다. 나는 괜찮으니 너나 더 자거라."

하고 태연한 척하였으나 어딘가 미심쩍은 부분이 남아 마음이 개운치 않았다. 그 후로도 며칠 거리로 어머니의 수상쩍은 행동이 계속되어 무슨 일 때문인지 알아보려고 초저녁부터 잠을 자는 척하고 기다렸다. 자정이 가까워 어머니의 방문 여는 소리가 들렸다. 근이는 이는 필시 어떤 곡절이 있으리라 생각하고 살금살금 어머니의 뒤를 밟았다. 그런데 어머니는 고개를 넘어 무정면 오계리 오실 마을 서당으로 들어가시는 게 아닌가. '아니, 한밤중에 어머니는 왜 서당을 찾아오신 것일까?' 중얼거리며 동정을 살폈다. 두 시경이 지나 어머니는 태연하게 나와 발걸음을 재촉하여 집으로 돌아와 부엌에서 이슬에 젖은 치마를 말리고 계셨다. 나중에 훈장이 홀아비라는 것을 알게 되었다.

그 뒤부터 아들은 어머니가 다니는 길을 풀을 베어 치마가 이슬에 젖지 않도록 하였다. 아들이 이러한 사실을 알게 되었다는 것을 안 어머니는 아들을 불러놓고

"부도덕한 에미의 행실을 용서해다오."

하고 지금까지의 일을 뉘우쳤으나 오히려 아들은 서당 선생님을 모셔다 함께 살 것을 간청하여 함께 살게 되었다. 당시의 윤리 도덕으로 볼 때 용납되지 않는 일이었으나 의부를 친아버지 이상으로 극진히 모시는 행실을 보고 감동한 마을 사람들은 아들의 지극한 효심을 기리기 위해 이 효자비를 세우고 마을 이름도 효자리라 부르게 되었다고 전한다.

26. 구암(九岩)의 전설

담양군 무정면 오봉리 뒷산인 오봉산에 올라 서쪽을 바라보면 봉산면 제월리와 기곡리 일대로 뻗어내린 야산 봉우리가 아홉 봉으로 보여 구암봉(九岩峰)이라 칭하였고 현 봉산면이 구암면(九岩面)이었으며 송산마을이 면 소재지였다. 세상에는 입을 가볍게 놀려〈제 어미를 잡아먹고 담양 아홉 바위에 갈 놈〉이라는 말이 회자 되어오고 있으나 이는 구전되어오는 과정에서 본래의 뜻과는 전혀 다른 의미로 전환된 것이다. 이 아홉 바위와 효자에 얽힌 이야기는 다음과 같다.

아주 먼 옛날 전씨 성을 가진 젊은이가 홀어머니를 모시고 살았다. 전씨는 집안이 너무나 가난하여 끼니를 거르는 형편인데 설상가상으로 어머니마저 몸져눕게 되었다. 그런 데다가 연이어 흉년이 들어 품팔이도 할 수 없고 숯을 구어도 팔길이 없어 초근목피로 겨우 연명하고 있는 처지가 되고 말았다. 병석에 누워 죽음을 눈앞에 둔 어머니의
"흰 쌀밥 한 그릇 먹어보고 죽었으면 한이 없겠다."

라는 탄식을 들은 젊은이는 자신도 부황이 들어 온몸이 퉁퉁 부어올라 운신하기 어려우면서도 억지로 몸을 일으켜 구걸을 나섰다. 그러나 연이은 흉년에 인심은 박해 질대로 야박한 세상이 되어 밥 한술 거저 주는 사람이 없었다. 며칠을 헤매다가 힘겨운 몸을 이끌고 돌아오는 길에 어느 집 앞에 이르렀는데 대문 앞에 개가 토해놓은 밥이 눈에 들어오지 않는가. 젊은이는 쪽박에 밥을 쓸어다가 냇가로 가서 밥을 물에 씻고 헹구어 깨끗이 씻어진 흰 쌀밥을 어머니 앞에 공손히 내어놓았다.

"어머니, 쌀밥입니다. 어서 드셔요."

"아야. 늙은 나는 지금 죽어도 괜찮다. 너 먹어라."

어머니는 배가 고프면서도 자식 생각을 하고 얼른 수저를 들지 못했다.

"아니어요. 어머니, 저는 많이 먹었습니다. 어서 드셔요."

하고 권했다. 아들이 밥을 먹었다는 말을 듣고 어머니는 그제야 숟가락을 들고 밥을 맛있게 잡수시는 것이었다. 어머니의 이 처량한 모습을 바라보는 아들은 마음속으로 울고 또 울었다. 그때였다. 갑자기 향기로운 연기가 하늘에서 내려와 집을 감싸고 돌더니 찬란한 빛이 일며 젊은이는 깊은 잠에 빠지고 말았다. 그리고 꿈속에서 하늘의 천사가 내려왔다. 천사는 복주머니 하나를 젊은이에게 내어주며

"당신의 소원을 아홉 번 들어줄 터이니 맑은 물에 잠긴 판판한

바위로 제단을 만들고 그 위에 이 복주머니를 놓고 소원을 비시오."

하고 사라졌다. 꿈에서 깬 젊은이 손에는 비단 복주머니가 들려 있었다. 젊은이는 선녀가 일러준 대로 제단을 만들고 소원을 빌었다. 첫 번째 소원은 어머니께 드릴 흰 쌀밥 한 그릇을 원하였고 두 번째, 세 번째 소원도 분에 넘치는 소원이 아니라 어머니를 위한 작은 소원들이었다. 여덟 번째 소원은 어머니의 두 눈이 밝아지기를 비는 소원이었으니 앞의 소원들이 얼마나 소박하고 작은 소원이었겠는가는 짐작할 수 있을 것이다.

그 뒤 의식주 걱정 없이 살다가 어머니가 세상을 떠나게 되었는데 마지막 아홉 번째 소원으로 어머니 곁에서 함께 죽게 해 달라고 빌어 죽음마저도 어머니와 함께하였다는 아름다운 전설을 담고 있다.

그 후 세월의 흐름에 따라 젊은이가 만들어 빌던 아홉 개의 제단도 흔적조차 사라지고 말았으나 사람들은 이곳을 아홉 바위 즉 구암이라 불러 젊은이의 효심을 전하여 고장의 얼을 빛내주고 있다.

27. 필이문(必貳門)과
정려비각(旌閭碑閣)

 담양읍 양각리 212-1번지에 있던 필이문이 2005년 4월 초에 용면 쌍태리 284번지로 옮겼다. 연유는 담양읍과 장성군 진원면 간의 도로 확 포장에 따른 것이다. 이 정려비각(旌閭碑閣)에는 국항순(鞠恒純; 1796년~1862년)의 효자 정려비와 그의 손주며느리 신씨(辛氏)의 열녀비, 그리고 신씨의 아들 국채학(鞠埰鶴)의 효자비가 나란히 서 있는데 중앙에 서 있는 비가 국항순의 비다. 국항순의 효성에는 다음과 같은 일화가 전해오고 있다.

 국항순은 낳은 지 22개월 만에 어머니를 여의고 계모 전씨(田氏)의 손에 자랐다. 국항순의 어릴 때 이름은 정순이었다. 정순은 천성이 온순하고 부지런하여 일곱 살에 효경을 읽고 효제충신을 좌우명으로 삼았으며 여덟 살에 소학을 통달하는 등 머리가 영리하고 학문이 뛰어났으나 워낙 가세가 빈곤하여 집안일을 돌보느라 학문 정진에 온 노력을 기울일 수 없었다. 스물여덟 살이 되던 해에 아버지 국윤원(鞠允源)이 중병을 앓아누워 의원이 산삼이 아니고서는 고칠 수 없다고 하였지만 때가 마침 엄동인지라 생산삼을 구할 길이 없었다. 그러나 효심이 지극했던 정순은 추월산 계곡에 이르러 무릎을 꿇고

"추월산 산신령님이시여! 저의 아버님을 위해 산삼을 내려주시옵소서."

하고 간절히 빌고 나서 산에 올라 산삼을 찾아 헤매었다. 그의 지극한 효심과 기도가 통했던지 한 계곡에 이르니 뿌리가 두 갈래로 뻗은 영초(靈草)가 눈에 어리지 않는가.

"신령님 감사합니다. 정말 감사합니다."

하고 울면서 몇 번을 엎드려 감사의 절을 올린 정순은 이 산삼을 캐어 아버지께 달여드리니 아버지의 병이 나았다고 한다. 사람들은 그의 효성에 감동한 산신령이 내려준 산삼이라고 한다.

그 후 3년 뒤에 아버지가 세상을 떠났다. 그는 아버지를 모시려고 묘지 주변을 성토하고 축대를 쌓는 일에 큰 힘이 들게 된 터인지라 걱정이 되었으나 몇 년이 걸리더라도 이 일을 해내겠다고 작심하고 일을 시작했다. 그런데 일을 시작한 지 며칠이 되지 않아 이적이 일어났다. 큰비가 내린 다음 날 인력으로는 몇 년이 걸릴 축대와 성토가 비에 밀려온 흙으로 이미 완성되어있지 않은가. 사람들은 역시 효자의 일이라 하늘이 도운 것이라고 이구동성으로 그의 효심을 칭찬했다.

그의 나이 환갑에 이르러 계모 전씨가 세상을 떠났다. 그는 매일 조석으로 묘소를 찾아가 문안드리고 그날그날의 일을 말씀드렸다. 비가 오나 눈이 오나 묘소를 찾아가 문안 여쭙는 것을 단 한 번도 거르지 않았다. 봄에 묘소 주변 소나무에 송충이가 번지면 정성으로 송충이를 잡아 불에 태워버려 소나무가 잘 자라 주변 사람들의 본보기가 되었다. 묘소를 돌보다 밤이 되면 호랑이가 그를 태워다 주거나 도깨비불이 인도해 주었다고도 전한다. 그가 죽은 지 19년 되던 고종 18년(1881년) 나라에서는 동몽교관(童蒙敎官)의 벼슬과 함께 정려비를 세우도록 교지가 내려 후세들에게 본받도록 하였다.

28. 조선 태조와 삼인산(三人山)

　삼인산(三人山 581m)은 담양군 수북면 오정리에 있는 산으로 그 모양이 사람인(人) 자 세자를 모아놓는 것처럼 보여 삼인산이라고 부른다. 담양과 장성의 경계를 이루고 수북면과 대전면 북쪽을 마치 병풍처럼 둘러싸고 있어 병풍산이라 부르는 산줄기의 한 지맥이 남쪽으로 벋어 나와 삼각뿔처럼 솟아 있다. 삼인산은 그 이름에서 알 수 있듯이 사람 인(人)자의 형상으로 고대 이집트의 거대한 피라미드를 연상케 하는데, 특히 해 질 무렵 담양읍 쪽에서 바라보면 더욱 그렇다. 이 삼인산은 동서로 길게 이어지는 병풍산 주 능선에서 남쪽으로 뻗어 추월산 쪽에서 바라보면 마치 거북이가 고개를 쭉 내민 형상의 머리 부분이 사람인(人) 자 세 개를 겹쳐 놓은 모습으로 보여 세 사람의 산이라는 의미가 담겨있으며 오정리 삼인동 마을에서는 삼인산을 몽선암(夢仙庵) 또는 몽성산(夢聖山)으로 불러왔다. 삼인산이 예로부터 성스럽게 여기며 정성스레 섬겨왔던 까닭에는 다음과 같은 전설이 담겨있기 때문이다.

고려 말에 남해에 출몰한 왜구들이 종전과는 달리 가히 침략군이라 할 만큼 규모가 커서 곡창지대인 전라도를 휩쓸고 다녀 큰 근심거리였다. 이에 조정에서는 북쪽 변방의 홍건적을 토벌하여 평정한 이성계 장군에게 왜구를 토벌토록 하였다. 이성계 장군은 남원 운봉에서 이지란(퉁두란)에게

"자네가 아지발토의 이마를 맞히게나. 그러면 내가 아지발토의 목을 겨누어 화살을 날릴 테니……."

하고 말하고 아지발토가 퉁두란의 화살을 투구에 맞고 고개를 젖히자 왜구의 신장 아지발토의 목에 화살을 명중시켜 사살하고 대승을 거두었다.

그 후 왜구의 잔재를 소탕하기 위해 전라도 경상도 등 남부지역 일대를 샅샅이 수색하며 섭렵하였는데 무등산 서석대에 올라 호남의 산천을 바라보고 하룻밤 유숙하였다. 그날 밤 꿈에 안개 자욱한 들판 위에 삼각뿔 모양의 성스러운 산이 현몽하였다. 다음날 담양에 이르러 참대가 우거진 그늘에서 잠시 휴식하며 주위를 둘러보니 꿈에서 본 산이 들 건너에 솟아 있는 게 아닌가. 이성계 장군은 이 산에 제를 올리고 삼인산이라 불렀다. 그때부터 이 산의 이름이 삼인산이 되었다고 한다.

그런데 이 고을 백성들은 이성계가 조선을 건국하자 이 삼인산에 제를 올리고 하늘에 기도하여 왕위에 오를 수 있었다고 말하며 꿈을 꾸고 나라를 개국했다고 하여 몽성산(夢聖山) 이라고도 불

렸다고 전한다. 풍수설에 의하면 호남 3대 명당으로 구례의 금환낙지 형, 태인의 평사낙안 형과 더불어 담양 삼인산을 만물 시생지지(萬物 始生之地)의 대 명당이라고 한다.

현대에는 1962년 6월 17일 박정희 국가재건 최고회의 부의장이 민정 시찰차 담양군 봉산면에 들러 이 삼인산을 보고는
"저 산이 보통 산과는 달리 묘한 정기가 흐르는데 산 이름이 무엇이오?"
하고 물으니 노인회장이
"저 산은 삼인산이라고 부릅니다. 그런데 조선의 태조 이성계가 왜구를 섬멸한 후 저 산에 천제를 올려 그 정기를 받아 조선을 건국하고 태조가 되었다는 전설이 전해오고 있습니다."
하고 대답하니
"과연 범상치 않게 보이는 산이구려."
하고 고개를 끄덕이며 전설이 깃들만한 산이라고 수긍하였다고 한다.

이보다 앞선 시기에 삼인산의 북쪽 골짜기에 삼인동(三人洞)이라는 마을이 있었는데 1,200여 년 전 고려 때 몽골군이 쳐들어오자 피난 온 여인들이 몽골의 병졸들에게 붙잡혀 능욕을 당하느니 차라리 목숨을 버리겠다는 각오로 삼인산의 정상부 몽성암(夢成

岩) 위로 올라가 절벽 아래로 뛰어내려 몽골 군사들의 만행을 죽음으로 항쟁했다는 슬픈 이야기도 전해 오고 있다.

　이 삼인산의 전설이 조선 태조가 나라를 세운 후에 전국을 순회하는 길에 무등산에서 현몽하고 삼인산에 태평성대를 기원하는 천제를 올렸다는 이야기는 믿기 어려운 얘기다. 조선의 태조 이성계가 등극하기 훨씬 전에 삼남 지방에 출몰하여 노략질하는 왜구를 토벌한 후 잔재를 색출하며 남부지방을 누빌 때 남해섬에서 보리암에 올라 '내가 왕이 되면 이 산을 비단으로 씌우리라.' 하여 조선 건국 후 비단 금(錦) 자를 써서 금산으로 불리었다는 얘기가 전해오는 데 삼인산의 얘기도 이와 같은 맥락으로 보는 것이 타당할 것이다.

29. 느티나무에 깃든 전설

　삼인산 산밑 오정리에서 서쪽으로 4km쯤 가면 담양군 대전면 대치마을에 이른다. 이 대전면(大田面)은 지명이 말해주듯 북으로는 병풍산이 병풍처럼 둘러친 양지바른 산밑에 옹기종기 마을들이 들어앉아 북풍을 막아주고 남쪽은 막힘없이 드넓은 들이 열린 데다가 들 가운데로 추월산 용소에서 흘러온 용천이 죽록천, 대교천과 합류한 창강이 흐르고 있어 첫눈에 보아도 살기 좋은 곳임을 알 수 있다. 그런데 이 대치마을 중심(대전면 대치리 787-1)에 자리한 한재초등학교 교정에는 수령이 약 650여 년으로 추정되며, 높이가 26m, 밑동 둘레가 8.31m, 면적 314㎡의 거대한 한 그루의 느티나무가 서 있어 이 나무의 그늘 밑이 아이들의 놀이터가 되고 있다.
　느티나무는 우리나라 시골이면 어느 곳이든 마을 앞에 서서 마을의 경관을 아름답고 포근하게 꾸며주어 고향마을을 더욱 정겹게 느끼게 하는 당산나무로 정자처럼 마을 사람들의 쉼터 역할을 하여 정자나무라고도 한다. 줄기가 굵고 수명이 길어서 대게는 마을을 보호하고 지켜주는 당산나무로 신성시하여 당산제를 올렸으며 그런 까닭에 당산나무의 전설은 마을마다 다양하게 전해 내려오고 있다. 대전면 한재초등학교 교정에 서 있는 느티나무는 다음과 같은 전설이 전해 내려온다.

이성계 장군이 삼인산에서 제를 지낸 후, 군사들을 이끌고 이곳을 지나다가 훤히 트인 이곳 대치마을에서 행군을 잠시 멈추고 쉬고 있었다. 그런데 마을 앞이 막힘없이 드넓은 들인데다가 구름 한 점 없이 하늘이 맑아 햇볕이 너무 따갑게 비추는데 사람이 잠시 쉴 수 있는 그늘이 없었다. 이리저리 주변을 살펴보던 이성계 장군은 울타리에 꽂혀있는 작대기 하나를 쑥! 뽑아오더니 땅이 도도록하게 올라붙은 이곳에 작대기를 꾹! 박아놓고는
"내가 왕이 되면 이 작대기에 뿌리가 나오고 새순이 돋아서 큰 나무가 되어 마을 사람들의 편안한 쉼터가 되리라."
하고 말하였다. 그 이듬해 봄이 되자 바짝 마른 작대기에서 새순이 나오고 잎이 무성하더니 점점 자라 몇 해가 지나자 마을 사람들의 쉼터가 되어 오늘에 이르렀다고 한다.
또, 일설에는 이 나무는 원래 장성 백양사로 넘어가는 한재 골짜기에서 자라던 나무였는데, 조선 태조(재위 1392~1398)가 전국을 돌면서 명산을 찾아 나라의 태평성대를 위한 공을 드리던 중 이곳에서 천신께 기도드리고 그 기념으로 손수 옮겨 심은 나무라는 이야기가 전해오고 있다.

대개의 전설이 현대인들에게는 받아들이기 어렵게 황당하거나 터무니없이 과장된 이야기들이 대부분이다. 이 전설 역시 왜구를 섬멸한 뒤 대치마을에 머물며 〈한재골에서 뽑아다 심은 나무〉를 〈마른 막대기를 꽂아 새순이 나왔다〉는 식으로 과장된 것으로 보이며 태조 이성계가 왜구를 토벌하며 지나가다가 심은 나무일 것이라고 사료 된다.

 어떻든 이 느티나무는 조선을 세운 태조 이성계와 관련된 이야기가 전해오는 역사적 자료로서의 가치가 깃든 나무이며 수령이 오래된 나무로 생물학적 보존가치도 높아 천연기념물(제284호)로 지정하여 보호하고 있다.

30, 〈팥죽배미〉의 전설

 옛날 담양군 고서면의 어느 마을에 〈매미부자〉라는 사람이 살고 있었다. 대개 선조 대대로 벼슬을 하며 양반들이 사는 마을을 반촌(班村)이라 하고 평민들이 사는 마을을 민촌(民村)이라 하였는데, 이 매미부자는 양반이면서도 민촌에 살았다. 부모님으로부터 물려받은 전답이 많아 천석꾼 부자로 부러운 것이 없었다. 그래서 날이면 날마다 빈둥거리고 놀면서 논밭에 나가 땀 흘려 일하는 사람들을 보고는
 "허어! 저런 머저리들, 사람으로 태어나서 죽자사자 일만 하니 무슨 재미로 사누?"
 하고 부지런히 일하는 사람들을 비웃으며 멸시하였다. 그리고 자신은 대궐 같은 집에서 수십 명의 하인을 거느리고 낮에는 기생을 품고 술타령으로 소일하고 밤이면 밤마다 꽃 각시를 바꿔가며 환락에 빠져 밤을 지새웠다. 마음에 드는 여자만 보면 남의 부인이나 처녀를 가리지 않고 논밭을 떼어주고 소실로 삼았다. 생활이 이러하니 매미부자의 천석꾼 살림도 마포 잠방이에 구린내 빠지듯 슬금 살금 줄어들었지만, 주지육림에 빠진 부자는 알 도리

가 없었다. 어느 해 몹시 큰 가뭄이 들어 헐벗고 굶주린 사람들의 몸이 누렇게 부황이 들어 죽어갔지만 매미부자는 마을 사람들에게는 인색하여 이웃 오막살이 집에서 가난한 사람들이 굶어 죽거나 말거나 병들어 죽거나 말거나 거들떠보지도 않았다. 그리고 이런 흉년에도 밥상을 올리면

"여봐라. 큰 쇠고기는 질겨서 못 먹겠다. 석 달 된 어린 송아지만 잡아 상에 올리렷다."

하고 하인들을 닦달하여 주지육림에 빠져 있으면서도 피골이 상접한 노부모나 어린 자식을 이끌고 와 도와달라고 애원하는 가난한 사람들을 보고는

"평생 일이나 해 먹고 짐승처럼 사는 상놈들은 사는 게 사는 것이 아니니 굶어 죽는 게 낫다. 도와주는 게 오히려 고통을 길게 이어주는 것이니 쌀 한 톨도 주어서는 안 된다."

하고 하인들에게 호령하였다. 곧 끝날 줄 알았던 가뭄은 3년이나 계속되어 사람들은 초근목피로 연명하고 가뭄을 이겨내고자 노력하였으나 매미부자는 방탕한 환락 속에서 기둥뿌리가 썩어 무너지는 줄도 모르고 있었으니 하인들이 하나둘 소실들과 배가 맞아 보물을 빼내어 줄행랑을 치고 천석 지기 전답은 모두 남에게 넘어가고 지붕에 잡초가 우거져 폐가가 되어버렸다.

삼 년 가뭄도 물러가고 단비가 내린 봄이 되자 가뭄을 견딘 사람들은 농가월령가를 부르며 논밭에 나가 씨앗을 뿌려 가을에 누

렇게 익은 곡식을 거둬들일 꿈에 부풀었으나 예전의 부귀영화는 흔적마저도 사라져 버린 매미부자는 들녘을 바라보며 한숨만 쉬는 신세가 되고 말았다.

또 한 해가 바뀌자 매미부자는 끼니를 이을 수도 없었다. 한때는 상놈들이라고 거들떠보지도 않던 마을 사람들을 찾아가 어떻게 먹고 살길이 없겠느냐고 하소연하였다. 마을 사람들은
"양반을 팔아서 먹을 것을 사시지요."
하고 고개를 돌려버렸다. 매미부자는 후회가 뼈마디에 사무쳤으나 어쩔 도리가 없었다. 사흘을 굶고 난 동짓달 스무날 밤, 재산이라고는 외진 곳에 숨어있어 하인들조차도 알 수 없었던 단 하나 남은 고개 넘어 말가웃지기(300평) 논 문서를 가지고 품팔이꾼을 찾아가 살려달라고 애원하였다. 논문서를 받은 사람은 팥죽 한 동이를 쑤어 주었다. 결국은 몇 끼니 목숨을 연명하기 위해 팥죽 한 동이와 외진 논배미를 바꾼 것이다. 이후부터 이 논배미를 〈팥죽배미〉라고 부르게 되었다고 전한다.

이 전설은 [개미와 베짱이]의 동화를 연상케 한다. 그리고 이 전설은 우리에게 〈부자 삼대를 못 간다.〉는 옛 속담을 되새기게 한다. 이는 제아무리 물려받은 재산이 많을지라도 부지런하지 못하고 방탕한 생활을 하면 결국에는 망하여 거지꼴이 되고 마는 것이니 근면 성실 하라고 경고하며, 농사는 천하지 대본이라는 선조들의 교훈을 일깨워주는 전설이라고 사료 된다.

31. 전우치의 금괴

　전우치는 조선 중종(1506~1544) 때 사람으로 신출귀몰한 도술로 가히 중국의 손오공에 견줄만한 재주를 가진 인물이었다고 전한다. 그는 기상천외한 기행을 일으켜 세상을 어지럽게 한다고 조정의 노여움을 사서 신천 감옥에서 옥사하였다고 한다.
　동서고금을 막론하고 서민들이 의적에게 환호하는 이유는 단순하다. 권력자와 부자들에게는 도둑이지만 가난한 백성들의 입장에서는 부정하게 모은 재산을 가난한 사람들에게 나눠주는 의로운 기행으로 고달픈 세상살이에 마음껏 웃을 수 있는 기쁨을 주기 때문이다. 그렇다고 의적의 힘으로 부패한 세상을 바로잡을 수 있는 것도 아니요, 강자와 약자로 나뉜 세상이 평등한 세상으로 바뀌는 것도 아니라는 사실을 대중들도 모르는 바가 아니다. 그러나 의적의 기행은 서민을 괴롭히는 권력자와 부정한 방법으로 축재한 더 큰 도둑들을 조롱하고 힘없는 백성들이 속 시원하게 웃을 수 있는 웃음거리를 제공해 준다는 점이 홍길동이나 임꺽정, 장길산 같은 의적들에게 아낌없는 박수를 보내는 것이다.
　전우치의 도술은 위에 언급한 의적과는 달리 단순히 희극적인 환술(幻術)이라고 할 수 있으며 도깨비처럼 사람을 골탕 먹일 수 있는 장난이라면 무엇이든 할 수 있다. 호리병 안에 들어갔다가 나온다거나 조정에 붙잡혔을 때는 그림 속으로 탈출하는 도술까지도 보여준다. 심지어는 그의 도술로 만든 술을 먹여 양반들의 성기를 떼어버리는 장난까지도 서슴지 않는다. 이처럼 전우치는 의적이 아니라 요술을 부리는 도인이었다.

야사에 따르면 전우치는 신숙주의 후손 신광한의 초청을 받아 그의 집에서 도술을 부려보라는 요청을 받았다. 신광한의 집에는 인근 마을 사람들이 전우치의 도술을 구경하려고 구름떼처럼 몰려들었다.

"내가 가장 쉬운 도술을 부려볼 터이니 밥상을 차려오시오."

하고 말한 다음 하녀가 밥상을 가져오자 밥 한 수저를 입에 넣고 오물거리더니 씹던 밥알을 내뱉었다. 그러자 입에서 튀어나온 밥알들이 하얀 나비가 되어 마당 가 남새밭 위로 훨훨 날아가는 게 아닌가! 놀란 사람들이 날아가는 나비를 넋을 놓고 바라보고 있을 때 이번에는 콩나물 한 젓가락을 입에 넣고 오물거리더니 사람들을 향해 내뱉는다. 그러자 콩나물은 지렁이로 변해 사람들의 옷에 붙어 징그럽게 꿈틀거린다. 구경꾼들은 혼비백산하여 '걸음아 날 살려라.' 하고 줄행랑을 쳤다고 한다.

전우치는 황해도 송도에서 태어나 자라고 도술을 익혔으나 담양전씨의 후손으로 자신의 선조들이 묻힌 담양 고을을 고향으로 생각하며 담양으로 내려와 살려고 작심하였다. 그는 중국에서 모은 황금으로 금괴를 만들어 구름을 타고 하늘을 날아 서해를 지나오고 있었다. 정읍 내장산과 장성 백암산을 넘어오자 병풍산에서 새하얀 구름이 몰려와 천지를 분간할 수 없는 지경에 이르러 담양을 불과 몇 걸음 앞두고 그만 황금 금괴를 떨어뜨리고 말았다. 전우치는 황금을 떨어뜨린 곳이 병풍산 아래라 짐작하고 백방으로 찾아보았으나 끝내 찾지 못하자 이는 하늘이 '담양 사람들에게 선물로 주어라.'는 명으로 받아들이고 찾는 것을 멈추었다고 한다.

전해오는 얘기로는 황금 금괴를 담양군 수북면 황금리(黃金里)에 떨어뜨렸다고 하여 이때부터 이곳의 지명을 황금리라고 불렀다. 그 후 많은 사람이 황금리에 와 전우치가 떨어뜨린 금괴를 찾기 위해 땅을 파헤쳤으나 금괴는 찾지 못하였다. 그러나 산기슭의 박토가 금괴를 찾기 위해 파헤치자 옥토로 바뀌어 가을이면 들판에 황금 물결이 넘실거리는 황금들판으로 변했다. 이게 바로 전우치다운 면모다. 구름을 타고 하늘을 날던 전우치가 구름 속에서 금괴를 떨어뜨렸다는 아이러니, 사람들이 몰려들어 황금을 찾기 위해 파헤친 땅이 황금들녘으로 변했다는 사실이 바로 전우치 기행의 참모습이 아닌가 한다.

32. 아이로 둔갑한 산삼

월산면 홍암(弘岩)마을은 뒷산 기슭 중턱의 넓고 큰 바위 아래에 마을이 들어서 있어서 얻은 지명이다. 이 마을에는 파평윤씨가 살았는데 이 댁에 대를 이을 하나뿐인 손자가 불치병을 얻어 목숨이 오락가락하는 지경에 처해 있었다. 그러던 어느 날 하루는 저녁 어스름이 되어 할머니가 화로에 불씨를 담아 선조를 모신 사당에 놓아두고 나오는데 한 소년이 사당으로 들어가는 모습이 얼핏 눈에 스쳤다.

'저 아이는 처음 보는 아이인데 뉘 집 아이이며 무슨 까닭으로 남의 집 사당으로 들어가는 것일까?'

하고 궁금증이 솟아올라 살금살금 다가가 문구멍으로 내다보니 아이는 대뜸 화로로 다가가더니 허리춤을 내리고 오줌을 싸서 불씨를 꺼버리는 게 아닌가? 할머니는 괴이하게 여겨

'대체 저 아이는 웬일로 남의 사당에 불씨를 끄는 것인가?'

생각할수록 이상하여 살그머니 사당 옆 느티나무 곁에 숨어 아이의 다음 행동을 엿보았다. 그러자 사당에서 나온 아이는 담장을 훌쩍 뛰어넘어 홍암 바위를 향하여 기지개를 켜더니 큰 산삼으

로 변해 순식간에 사라져 버리는 것이었다. 할머니는

'저 산삼만 얻을 수 있다면 손자의 병을 고칠 수 있을 텐데 뾰쪽한 방법이 없을까?'

하고 날마다 어스름 녘만 되면 사당에 불씨를 가져다 놓고 망을 보았다. 똑같은 일이 계속되자 할머니는 아주 큰 화로에 불씨를 담아 놔두고 망을 보니 아이가 화로가 너무 커서인지 사방을 두리번거리더니 탁자를 가져다 놓고 그 위에 올라가 역시 오줌을 싸서 불씨를 꺼버리고 사라진다. 할머니는 사당의 신주 앞에 엎드려

"선영이시여! 제발 저 산삼을 구하여 이 집안 대를 이을 손자의 병을 낫게 해주옵소서!"

하고 간절히 빌었다. 그날 밤 꿈에 백발노인이 나타나

"손자의 병을 낫게 하려는 네 정성이 지극하구나. 너의 정성이 갸륵하여 산삼의 모습이 네 눈에 보인 것이니라. 내 산삼을 얻을 방법을 일러줄 터이니 그리하여라. 오늘 밤에는 큰 항아리 속에 작은 불씨를 넣어두거라. 그리고 망을 보고 있다가 아이가 항아리 속으로 들어가면 얼른 뚜껑을 덮어버려라. 그리고 뚜껑을 열지 말고 석 달 열흘 후에 뚜껑을 열어보아라."

일러주고 사라져 버렸다. 꿈에서 깨어보니 동창이 밝은 아침이었다. 할머니는 백발노인이 꿈속에서 가르쳐 준 대로 하였다. 그리고 초당에는 그 누구도 얼씬 못하게 하고 일백일만에 뚜껑을 열어보니 커다란 산삼이 새파랗게 잎이 돋아 탐스럽게 자라고 있는

게 아닌가. 할머니는 이는 필시 조상님께서 보살펴주시는 음덕이라 여기고 정성을 다하여 손자에게 달여 먹이니 불치의 병이 씻은 듯이 낳았다. 이리하여 파평윤씨는 대가 끊기지 않고 이어왔다고 전한다.

33. 삼지내 성황당

 담양군 창평면 삼지내 마을은 2007년 우리나라 최초로 슬로시티로 지정된 곳 중 하나다. 빠르게 변화하는 도시민의 삶과는 상대적으로 자연 속에서 먹거리와 지역의 문화를 경험하며 느리게 살아가는 이곳에서는 우리의 전통 과자인 한과와 고풍스러운 한옥이 조화를 이루어 한 번쯤 체험해 볼만 한 곳이다. 이 삼지내는 지형적으로 월봉산 줄기의 주산 끝에 자리 잡고 있으나 월봉산의 맥에 이어진 것이 아니고 만덕산의 지맥이라고 한다. 즉 만덕산 줄기에서 바위가 이어지는데 삼천리에 세 개의 바위가 일자를 이루고 있다. 그 바위 속에는 신(神)으로 여기는 커다란 뱀이 도사리고 있어 삼천리를 지켜주기 때문에 이 바위들을 신성하게 여기며 혹여 재앙을 입을까 봐 이 고장 사람들은 바위 근처에는 얼씬도 안 한다고 한다. 만덕산은 만인에게 덕을 베푸는 산이며 산맥을 잇는 바위가 삼지내에 이어지고 있다고 하며 이 바위를 〈덕의 바위〉라 일컫는데 일바위, 이바위, 삼바위, 사바위, 오바위, 또바위, 쇠바위, 수바위, 고바위 등 아홉 개의 크고 작은 바위가 늘어서 있다.

이 주산의 혈은 마치 물오리가 날개를 펼치고 내려앉으려는 모습이다. 그래서 전(殿; 궁궐)에 천신이 살고 있다는 바위 아래쪽에 방죽을 파고 오리촌이라 일컬으며 오리촌 끄트머리의 논에 세 개의 방죽을 더 만들어 〈오리방죽〉이라고 하며 창평리를 오리촌이라고도 부른다. 또 삼지내는 천룡의 주산 끝에 천룡이 살고 있어 이 산등성이를 천룡 등이라고 하며 기풍이 센 천룡의 북소리가 땅속으로부터 울려 나와 이 고을에서 큰 인물들이 나온다고 하며 매년 음력 정월 열엿새 날 천신께 정성으로 제사를 모신다. 제주는 이레 동안 하루도 빠짐없이 이른 아침에 떠온 맑은 물로 목욕하고 제사를 모시기 위해 천룡 등에 오를 때나 내려올 때는 사람이 밟고 다니지 않은 논 가운데로 걸어야 한다.

또 창평고씨 선대가 모든 재앙을 막기 위해 천룡 등 밑에 작은 기와집 두 채를 지어 한 채에는 신랑을 한 채에는 꽃각시 둘을 나무로 조각해서 모셨다. 이는 신랑 한 사람이 두 각시를 거느리고 사는 모습인데 두 각시가 신랑에게 예쁘게 보이기 위해 자신의 몸을 가꾸고 서로 시샘하여 싸우게 되어 천신의 노기(怒氣)를 막아주는 신(神)으로 숭상하였다. 이 신각(神閣)에는 1년 내내 제물이 끊이지 않아 주민들에게 선을 베푸는 집이라 하며 〈성황당〉이라 불렀다.

이곳은 집안에 우환이 있거나 자식을 얻지 못한 사람이 정성을

들이는 기도처였다. 아기를 원하는 여인이 공 드린 후에 임신하면 바위 밑 고인 물속에 알몸으로 들어가 목욕을 하면서 물을 세게 밟아 발가락 사이로 물을 뿜었을 때 아들의 경우에는 미꾸라지가 나오고 딸일 때는 붕어가 나온다고 하며 만약 임신이 아니면 아무것도 나오지 않았다고 전한다.

34. 가마골의 비가

 1950년 6월 25일에 발발한 전쟁에서 국군은 며칠 만에 낙동강까지 밀려 낙동강 전투가 한창일 때 경상남도 일부를 제외한 전국은 공산화되어 가을에 벼 알맹이를 세어서 세금을 물리던 인민군 세상이 되었다. 그러나 맥아더 장군이 9.28 인천상륙작전을 감행하여 남한에 있는 인민군은 독 안에 갇혀버린 쥐 꼴로 태백산맥을 타고 북으로 도망쳤다. 미쳐 후퇴를 못 한 인민군과 빨치산들은 외진 산속에 숨어 밤이면 산골 마을 민가에 내려와 식량을 빼앗아 가곤 하였다. 이러한 인민군들을 밤손님이라고 하였는데 가마골 산속에도 밤손님들이 많이 숨어있었다. 추월산, 용추산과 산성산, 강천산 사이에 낀 가마골 마을들은 첩첩산중 골짜기 틈새에 박혀있는 동네여서 국군과 인민군이 밤낮을 가리지 않고 뺏고 뺏기는 국지전을 벌이는 형편인지라 주민들의 피해는 언급하기조차도 진저리가 치는 슬픈 얘기들이 숨어있다. 그중에서 이 처참한 모습을 몸소 겪은 한 노인의 증언을 소개한다.

 [몰라? 우리 아부지도 몰라. 이짝 시상이 이길지 저짝 시상이

이길지 귀로 쫑곳허니 듣고만 있었제. 그때가 아마 나락가실 해 각고 베눌 눌러놓고 안 훑어요? 무시도 다 뽑아서 짐장헌 사람은 허고 안직 안 헌 집은 안 허고 그맨디 무장경찰이 동네 넓은디로

"다 나와! 후딱후딱 다 나와라."

불러 모아 놓고

"빨치산 가족들 다 나와!"

허고 말허지만 누구 한 사람 안 나오지라우. 그래도 희생은 안 시켰지라우.

그런디 군인 척후병이 우리 동네에 들어왔제. 밭에서 어떤 사람이 똥장군을 지고 있어. 그때가 늦가을이나 되었능갑소. 보리밭에 소메(오줌)를 주고 있었는디 척후병이 들어와서 물었제.

"인민군들이 얼매나 왔다 갔냐?"

허고 물으니 우리 동네 사람은 옳게 가르쳐줬어.

"잘은 몰라도 쩌그까지 왔다갔다 허고 엊저녁에도 왔다 갔지라우."

"그래. 알았다. 빨리 들어가그라."

허고 보내 주었지라우. 그런디 저짝 동네 입구에 있는 집에서는 웃골양반이 초가집 지붕을 이을라고 용마름을 엮고 있는디 큰길에 총을 들고 옹께로 겁나서 뒤안으로 숨었지라우. 긍께 쫓아와서 총소리 안 낼라고 칼로 찔러 죽에뿌렀당께에~. 숨지만 안 했으면 안 죽었을 것인디 숨다가 되려 죽어뿌렀제. 척후병은 그렇

게 해요. 전투상 그래요.

  그라고 어느 지역에 맨 첨에 들어가면 군인들이 엄포 사격을 허고 들어가요. 민간인이고 애기고, 재수 없는 사람이 먼첨 총맞어 죽어요. 새벽에 총소리가 나고 가마골 전체가 난리가 나요. 그렁께 우리 동네 사람들은 항상 꼰하고(정신을 한곳에 집중하여 바짝 차리고) 있어요. 어디서 총을 쏘면 어디로 도망가야 것다고 항상 꼰하고 있어요.

  아! 그런디 우리 동네는 당산거리 들어오면서 '탕!탕!탕!' 이짝 저짝에서 총알이 날라오고 가마골 골짜기가 난리가 났는디 총소리가 난께로 분주실 골짝으로 들어갔는디 총소리가 그친께 나오라고 그래. 군인들이 왔다 갔다 험서 다 나오라고 허니 안 나올 수 있간디? 지금 당산거리 있죠? 귀목나무 있는디 넓은 자리에 사람들을 모아놓고 물어봐 각고 젊어서 또록또록 해각고 뭣인가 있겄다 싶으면 강압을 쓰고 쬐께만 이상허다 싶으면 빳다로 몇십 대를 때려 탁! 뻐드러지게 빙신을 맹글어부러. 짐승도 그렇게는 안 다뤄요. 동네 사람들을 앞뒤로 앉으라고 해각고 둘이 상대방 뺨을 붙이라고 그래요. 그러면 어떤 사람은 형하고 동생하고 앉은 사람도 있고, 아저씨하고 조카하고 앉은 사람도 있것지라. 그래각고 서로 뺨을 붙이라고 그래요. 살짝살짝 때리거나 안 때리면 자기들이 잡어서 무작시럽게 쳐요. 긍께 헐수읍시 동상이 성 뺨을 때리기도 허고 조카가 아자씨 귀싸대기를 붙이기도 허는디 참!

얼매나 기가 맥힌 일이요? 긍께로 우리 동네사람덜 맞기도 많이 맞었지. 디지게 맞어서 제 명에 못 살고 죽은 이도 있고 했지만, 워쩔 것이요. 그냥 그렇게 시키는대로 했지라우. 사람 목심이 포리(파리) 목심인디 안 그러면 죽웅께.

근디 저 건너 동네는 30여 호 살았어요. 척후병이 삼거리 동네 입구에 잠복했는디 전쟁이 나면 제일 먼첨 척후병이 정탐을 안 허요. 그런디 그쩍에 우리 동네에 기계방앳간이 있었어요. 삼거리 동네에서 잘 산 사람이 즈그 머슴한테 나락 가마니를 짊어지고 기계 방애를 찧어오라고 혀서 찧어각고 새복에 일찍감치 노지(시내)를 건너 가는디 인민군 척후병이 총을 들이대고

"어디 갔다오냐? 이로코 이른 새복에 뭐하고 오냐?"

물었제. 근디 같이 간 여자가 입이 빨랐제. 인민군인 줄 알고 호감 살라고

"인민군 아저씨들 밥 해줄라고 방애 쪄각고 오요."

허고 말헝께로 대번에 그 자리서 총으로 쏴 죽여부렸제. 그렁께 고것이 뭣이냐 허면 국군이 인민군 옷을 입고 위장 혔는디 그것을 누가 알아먹을 것이여? 그렁께 입방정 떨어각고 찍소리도 못허고 쌩죽음 해부렀단 말이여. 글고는 척후병이 대장한테 가서

"쩌그 저 마을은 인민군이 지금 들어와 인민군 밥을 해줄라고 방애찧어각고 간 마을이고 주민들이 민민군 보급물자를 대준갑습니다."

허고 보고를 해서 동네 사람덜얼 당산나무 밑에 모아놓고 다 총으로 쏴 죽여부렀당께~. 하루 지녁에 지사가 서른 몇 명인가 될 것이오. 그런디 젊은이 시명이 도망가서 뒷산으로 올라갔지라. 소년바우 옆으로 기어올라강께 거그서 못가게 잡아각고 전라북도로 넘어가 쩌만큼 가다가 만세를 불러라 했든 모양이여. 그렁께 인자는 군인인지 아니께

"대한민국 만세!"

허고 씨게 불렀던 모양이여. 그렁께

"야! 이 자식아! 은제는 인민공화국 만세고 지끔은 대한민국 만세냐?"

험시로 죄다 죽에 불었드라요. 허이구, 징헌 놈에 시상!

35. 추성리 축지법 대왕

　축지법이란 지맥(地脈)을 축조하여 먼 길을 가깝게 만들어 눈 깜짝하는 순간에 오갈 수 있다는 선술(仙術)의 한가지다. 이러한 축지법이 실지로 존재하는 것인지? 웃고 넘겨야 할지? 믿는 사람이 있다는 사실이 신비로운 일로 궁금하기 짝이 없다. 그런데 지금부터 65년 전인 최근에 정확히 1955년 3월에 축지법대왕(縮池法大王)이 용면에 출현하여 일대에 큰 화제가 되었었다.

　담양군 용면 출신인 조종화(趙鍾華) (당시 62세)가 전주철(田柱哲) (당시 24세) 이라는 청년을 꼬여 노금파(魯金波)라는 축지법 대왕을 만나 가르침을 받으면 축지법을 쓸 수 있다고 온갖 수단과 방법으로 끝내 전주철 씨를 홀렸다. 조씨는 사전에 불갑산을 답사하여 범행 장소로 정해놓고 1955년 1월 초에 전씨를 꼬여 영광군 불갑산(靈光郡 佛甲山)으로 가자고 유인하였다.

　"이보게 주철이, 노금파 대왕은 중국의 깊은 산속 유명한 사찰에서 50여 년간 수도(修道)하여 신선들만 가질 수 있는 선술(仙術)인 축지법을 터득하고 축지법대왕으로 우리나라에 왔다네. 그리고 우리 한국에서 입지적 조건이 가장 좋은 전남 영광군 불갑산이 선택되어 상주(常駐)하게 되었다네. 지금 노금파 대왕께서는 극비리에 제자 두 사람을 엄선 중인데 불갑산 동북쪽에 귀인도사(貴人道士)가 있다는 신선의 명을 받들어 축지법을 가르쳐 도사를 기르려고 헌다네. 그런데 바로 추월산 아래 우리 용면에 귀인도사가 있다고 하네. 자네 성씨는 임금 왕(王) 자의 양옆에서 창을 든 군사가 호위하고 있는 모양의 전(田→ㅣ王ㅣ) 씨 이고 자네 이름이 기둥 주(柱)자에 쇠 철(哲)자이니 왕을 철로 만든 창으로 기둥처럼 호위하고 있는 것이니 노금파 대왕을 만나보면 자네가 바로 귀인도사라는 것을 알 수 있을 것이네."

하고 하루에도 몇 번씩 충동하였다. 전씨는 동네에서 남에게 아쉰소리 안 하고 살 정도로 부자 축에 든 형편이었으나 어수룩한 사람이었던지 끈질긴 조씨의 말에 그만 넘어가고 말았다. 조씨와 전씨는 축지법대왕이 날짜를 지정해 주었다는 1월 초에 영광 불갑산을 향해 떠났다. 전씨의 호주머니에는 32만 환의 현금이 들어있었다. 그리고 조씨는 수통에 물을 담아 불갑산에서 이르러 수도 중인 노금파대왕(魯金波大王)을 만나러 산에 오르고 있었다. 불갑산 중턱에 오르자 조씨는 사전에 계획했던 대로

"아이구! 다리야. 노금파 대왕한테 축지법을 배운 뒤에는 이런 산쯤이야 담배 한 대참이면 오를 수 있겠지? 우리 여기서 잠시 쉬었다 가세."

하고 바위 턱에 앉아 전주철이에게 물을 권했다. 전씨는 권하는 물을 마시다가 이상한 물맛에 입에서 수통을 떼자 조씨는

"집에서 만든 누룩 술이니 안심하고 마셔도 되네. 한 모금 더 마시게나."

하고 말했다. 그런데 전씨는 한 모금 더 마시고 병에서 입을 떼자마자 갑자기 신음하기 시작했다. 그러다가 전씨는 그 자리에서 숨을 거두고 말았다. 조씨는 전씨가 소지하고 있었던 현금 32만 환과 시계, 양복 등 시가 10만 환에 달하는 물품을 절취 하여 광주를 경유 고향인 담양으로 돌아왔다. 조씨는 전씨가 분명히 죽은 것을 확인까지 했는데도 웬일인지 9일 후에 전씨는 의기양양하게 조씨 영감을 찾아왔다. 그리고 사기죄로 조씨를 고소하여 법정에 오른 수수께끼 같은 축지법대왕 사건이다.

이 사건은 광주지방법원 김성진(金聲振) 검사의 기소로 재판장 유재방(劉載邦) 부장판사, 양회철(梁會喆). 고재량(高在亮). 두 판사가 배석한 심리에서 피고 조씨는 전씨에게 약을 먹였다는 것은 시인하였으나 죽이기 위해 약을 먹인 것이 아니라 축지법대왕을 만나게 하려고 잠드는 약을 먹였다고 진술하였으며 현금과 물품은 절취 한 게 아니라 축지법 대왕을 만나게 해준 대가로 자신이 가지고 있다고 순순히 자백하였다. 그리고 조씨는 법정에서도 끝내 축지법대왕인 노금파 대왕이 살아있다고 단언하여 방청객

들이 폭소를 터뜨렸다고 한다. 더욱 우스운 것은 축지법대왕인 노금파는 일반 사람이 볼 수도 만날 수도 없는 신령(神靈)님이며 자신과 제자만 만날 수 있다고 끝까지 주장하여 법정에 있는 사람들은 어처구니없는 황당한 꼴을 보고 말문이 막혔다고 한다.

이 사건은 오랜 옛날의 이야기가 아니라 현대에 있었던 일로 요즈음 사이비 종교가 모두 전지전능한 신을 믿게 하여 헌금이라는 명목으로 금품을 갈취하는 모습과 다름없으니 문명이 발달한 우주 시대인 지금도 사이비 신앙의 그물을 씌워 속이는 교주, 속는 신도들이 세상에 수두룩하여 세상을 어지럽히는 사례가 많음은 부정할 수 없는 사실이다.

사이비 종교를 신봉하는 어리석은 자들이여!

그대들은 사이비 교주의 감언이설에 홀려 정신과 재물을 빼앗기는 것이니 속히 깨어나 어두운 그물에서 벗어날지어다.

백수해안도로

※ 참고문헌

☆ 國史百科事典 국사백과사전 편찬위원회 1975년 6월 3판 발행
☆ 靈光郡誌 영광향교 공자탄강 2515년 8월 발간
☆ 靈光郡誌 영광문화공보실 1998년 7월 발행
☆ 靈光의 說話와 民謠 1986년 5월 1일 영광향토문화연구회
☆ 高敞郡誌 고창군지 편찬위원회 2009년 11월 발행
☆ 潭陽郡誌 담양군지 보정판 발간위원회 2002년 5월 발행
☆ 龍面愛鄕誌 담양용면 애향지 발간위원회 2009년 2월 발행
☆ 潭陽邑誌 담양읍지 편찬위원회 2018년 12월
☆ 朝鮮王朝實錄 성종, 숙종, 영조, 정조실록
☆ 韓末靈光義兵史料集 영광향토문화 연구회 1993년 12월
☆ 全州李氏靖孝公派世譜 사단법인 청권사 1983년 12월
☆ 潭陽 이야기 편저자 이해섭 담양향토문화 연구회 2007년 12월

※ 전설 이야기를 들려주신 분들

☆ 필자의 할머니 진주정씨; 1894년 5월 19일생~1970년 1월 11일 졸. 고창 동촌 정 참판의 증손녀로 학문과 식견이 매우 높았으며 손자들에게 성현의 가르침이나 옛날이야기를 들려주어 교육하였음.
☆ 김옥진 옹; 필자의 아랫집에 살던 사랑방 이야기꾼 할아버지. 당시에 필자 나이 7~10세 때였으니 1952년~1955년으로 김옥진옹은 당시 60대 중반이었으니 1890년대 초에 태어난 분으로 추정됨.

※ 자료수집을 도와주신 분들

☆ 김준석(81세)-영광군 홍농읍 단덕리 단지동 거주
☆ 김규식(76세)-담양군 용면 와우리 와산(현재 광주광역시 거주)
☆ 김방식(75세)-담양군 용면 와우리 와산 거주
☆ 김주은(53세)-고창군 고창읍 거주(고창문화원 사무국장)

고향 마을의 전설

초판 인쇄   2021년 6월 16일
초판 발행   2021년 6월 23일

글쓴이 이흥규
발행인 임수홍
기 획 김종대
디자인 맹신형

발행처 한국문학신문
주 소 서울 강동구 양재대로 114길 32 2층
전 화 02-476-2757~8   FAX 02-475-2759
카 페 http://cafe.daum.net/lsh19577
E-mail kbmh11@hanmail.net

값 20,000원

ISBN 979-11-90703-38-3

· 저자와의 협약에 의해 인지는 생략합니다.
· 이 책의 글은 저작권법에 따라 보호를 받는 저작물이므로 저자와 출판사의 동의 없이는 무단 전재 및 무단 복제를 금합니다.

· 잘못된 책은 바꾸어드립니다.